因陀羅禪畫研究的
以寒山拾得繪畫為核心

蘇原裕 著

推薦序──解密的文明建構

臺南市美術館館長　潘襎

　　歷史上有許多謎樣人物，因為他們留有一些在人類文明發展史上具有意義的事情或者物件，成為後代的人們去追求與探討的對象。即使他們留下來的線索是那麼樣的微薄，歷史無親，因緣際會，終將引起人們再次追索的機緣。

　　「因陀羅」這個奇妙的名字出現於元代那個種族複雜的時代。他的名字是如此的奇妙，因陀羅乃是印度神祇Indra的譯音，如此奇妙的名字在引人遐想之際，卻是事蹟不明。如果沒有一幅〈寒山拾得圖〉，加上這幅作品在往後禪宗公案畫逐漸受到重視的時代，或許在歷史長河當中我們就失去了去了解這條線索的好奇心。歷史是人類文明積累的歷程，同時也是埋葬人類記憶的墳場。幸而這幅作品被日本叢林界珍藏，因陀羅成為後世「禪餘畫派」的重要宗師，於是其人其事就具有值得我們去凝思、追想的意義與價值。

　　有趣的是，不論是因陀羅其人或者寒山、拾得，都是謎樣的人物。因此，謎上加謎，多麼湊巧？多麼富有趣味性呢？

　　原裕兄這本《因陀羅禪畫的研究──以寒山拾得繪畫為核心》或許是一場美術史上解謎的邏輯推理過程的歷程與結晶。

　　有關本書的作品遺跡、文獻是所有解開因陀羅、寒山與拾得形象蛻變過程的重要線索，但是時代複雜性以及文獻關聯性之

間的線索卻相對薄弱。特別是在二十四史當中，《元史》被後世稱為撰寫最冗雜的一部正史，要搜尋其蛛絲馬跡談何容易呢？正因為這樣，旁及其他的資料也就更加重要；此時學養成、耐心與反省就成為解謎的眾多條件之一。陳寅恪晚年雙目失明、雙腿殘廢，卻能依著博學強記，完成《柳如是別傳》，全書八十餘萬言，何等功力！

這本《因陀羅禪畫的研究 —— 以寒山拾得繪畫為核心》是原裕兄耗盡數年心血的結晶，透過文獻、字跡、畫跡去建構出因陀羅、寒山與拾得人間形象的艱苦歷程。

《因陀羅禪畫的研究 —— 以寒山拾得繪畫為核心》寫作初期，本人經歷有生以來最痛苦的疾病歷程，經歷半年有餘身體才逐漸康復，在痛苦之間彼此一起討論。之後，原裕兄論文寫作期間，因為他個人身體因素而中斷。此後，他陷入另外一個瓶頸，本人從佛光大學借調台南市美術館，挑起開啟兩座館舍的艱苦重擔，此後他幾乎憑著自己對於研究的熱忱，獨力完成其博士論文。

這本書可說是原裕兄經歷長時間學習的結晶，從時代脈絡、佛教叢林到公案、繪畫、書跡等等的龐大研究工程，如沒有意志力與熱忱恐難完成。聽聞這本書的出版之際，我在府城借調生活也開始進入倒數的日子，原裕兄盛情請我書寫序文，雖是在府城生活的尾聲，但陷入卸任前繼任者的人事紛擾的激烈時刻。在這個階段，我的感受五味雜陳，我在這篇序文中留下上述一點線索給後世追索，而原裕兄卻是完成了他解謎的豐碩成果。人類文明就是如此，有些人沒有留下任何紀載或者引發不了人們興趣而沒沒無聞，有些人僅有蛛絲馬跡的痕跡，有些人卻刻意留下許多線索。

線索與解謎永遠有待好奇心的驅使來成就人類文明。原裕兄

大作終能付梓出版，有心人終有豐碩成果，無疑是一件令人振奮的事情。

推薦序

國立故宮博物院圖書文獻處研究員　劉國威

　　過去我在佛光大學任教時，曾在法鼓佛教學院兼任開設「西藏佛教史專題」、「西藏佛教文獻」等課程時，蘇原裕先生曾選修我多門的課，因此熟識。2013年轉任至故宮後，因工作較忙，雖未再於法鼓任課，但仍擔任其碩士論文指導教授。蘇先生一直對佛教藝術抱有高度研究熱誠，當時其碩士論文是針對密教本尊「怖畏金剛」（Vajrabhairava）的圖像研究，從該論文即可見蘇先生對研究主題相關材料的用心蒐集及論文撰述的分析視野。畢業後考入佛光大學佛學研究博士班就讀，仍持續致力於佛教藝術領域的研究，期間也曾至大陸東南大學進修藝術領域課程，足見其研究熱誠。

　　這本《因陀羅禪畫的研究——以寒山拾得繪畫為核心》是蘇先生博士論文的研究主題，藉由對主題人物因陀羅的研究分析，進一步探討其繪畫對蒙元時期禪畫的影響，是相當獨特的研究主題。我雖非專長於此領域，但因研究印度與西藏佛教，對元代佛教稍有認識，因此他在構思研究與蒐集文獻時，曾與我討論多次。台灣從事佛教藝術研究的學者本就不多，涉獵蒙元禪畫藝術更是少數，他能以嚴謹的研究態度，結合史料文獻，從中釐清其間發展脈絡，其總體論述脈絡明確，並能博引佐證，可見其研究的細心。

　　首先，此書對因陀羅其人進行相當深入的分析探討：從留下的有限傳記材料中，他似乎是一位學過禪宗的印度裔人士，過往學者雖有討論，無有定論，蘇先生不僅透過史料文獻進行探討，並能從其書法技巧的運用，切入分析其筆法似非元代傳統文人所習用，其另闢蹊徑的思考，頗有突破性，也是有力的佐證。

　　其次，則是此書對禪畫與禪境的論述：過往對禪畫的研究多半從藝術史的角度切入，對禪畫中圖像所欲表現的禪境，過往學者多未能從唐宋以來禪宗發展的內涵加以分析，缺乏義理層次的掌握，此書在這方面做了脈絡清楚的綜合論述。

　　過往對寒山拾得為主題的研究其實不少，但對禪畫中所表現的此類主題卻未有深入研究，可能因為因陀羅的禪畫在偶然的機緣下，多半典藏於日本，對日本的禪畫藝術多所影響，因此多半只見到日本學者的論述，但日文論文所關注的多半是日本文化環境下的禪畫意境與繪畫技巧，蘇先生作為台灣學者，從漢傳佛教的立場所做的思考，頗能補充前人研究未關注之處。從小問題中作出大道理，是此部專著的卓越之處。故樂意為序。

自序

　　佛教藝術到了宋代時，因禪僧與文人、畫家之參予，交融衍生出禪畫來，由北宋之梁楷啟其濫觴，牧谿繼之，及至元代之因陀羅時期，達到了頂峰，對於此禪畫藝術之研究者極少，我因此而深入研究，作為寫博論之主題。

　　在法鼓文理學院就讀佛教學系碩士班時，於劉國威老師的指導下完成了《大威德金剛圖像研究》之碩論，並發表了〈藏傳格魯派大威德怖畏金剛之形象初探〉《第十七屆『宗教與心靈改革學術研討會』論文集》；並在2014年第二十五屆全國佛學論文聯合發表會發表了陳清香老師指導的〈佛陀左手握執衣角造像源流與發展之探討〉一文。

　　到了佛光大學博士班以後，修了萬金川院長之「漢傳佛教專題研究」課後，深深的愛上漢傳佛教藝術。博二時，在指導教授潘襎老師之指導下發表了〈試探討漢代考古遺跡中可能的「佛教成分」〉《新世紀宗教研究 第十五卷第三期》。

　　並曾於2016年9月到南京東南大學藝術學院在汪小洋教授指導下學習「中國美術考古」、「中國藝術批評史」及陶思炎教授指導之「民俗藝術學」一學期，並發表了〈北朝佛教造像碑與佛教之本土化跡象初探 以臺北歷史博物館藏之張解等造佛七尊像碑為例〉《中國美術研究 第22輯》（東南大學出版社）。

　　2019年於法鼓中華佛研所雜誌發表了〈試論宋元時期禪畫特質〉《中華佛學研究 第20期》頁187-219；並於2020年1月完成了

博士論文《因陀羅繪畫的研究—以寒山拾得繪畫為核心》，取得
了宗教學博士學位，感謝諸位老師之指導，尤其是劉國威老師，
在我求學八年的期間，始終不厭其煩地為我解惑、指點。

由於因陀羅之史料，極度的缺乏，有關之研究論文又極少，
在博論寫作時，遇到了很多的瓶頸，幸賴指導教授潘襎老師對我
的研究之指導、教授，才得以順利的完成了我的博士論文。

此書為就我的博論，略加修整而出版，時間倉促，恐有疏略
之處，請不吝指教，以便於再版時修訂之。

目　次

圖　目次

表　目次

第一章　緒論

　　禪或謂禪那dhyāna，為梵語之古音譯，其意譯為「靜慮」或「思惟修」。禪定Samādhi，梵語之音譯為：「三昧」、「三摩地」，其意為「心一境性」，義理上分為「止」（奢摩他samattha bhavana）、「觀」（毘婆舍那vipassana bhavana）。禪那及禪定在釋迦摩尼之前，已是印度的傳統修行方式之一，在印度傳統思想書中，如：《奧義書》（Upaniṣad）、[1]《瑜伽經》（Yoga sutra）[2]等書中均可見到，為八支瑜伽中的第七支及第八支。後為佛教所吸收，將「止」與「觀」分別作為戒、定、慧三無漏學中之「定學」與「慧學」來行持。

　　作為中國佛教的一支，禪宗之修行自然是以禪修為主體，禪宗初祖菩提達磨（或譯為菩提達摩）（Bodhidharma，369-385?～535-536）[3]史載其為南印度諸邦國中的一位王子，於梁武帝（蕭

---

[1]　為印度傳統之思想、修行的重要聖典，屬於晚期吠陀梵文聖典。

[2]　約成書於西元2-4世紀，由印度古哲帕譚佳里（Patanjali）編纂，將古印度瑜伽的傳統加以整理，形成四品195頌。記載了印度教瑜伽派的修持方法，分為八支行法：持戒（Yama）、奉行（Niyama）、調身（Asana）、調息（Pranayama）、攝心（Pratyahara）、凝神（Dharana）、禪那/靜慮（Dhyana）、三摩/入定（Samadhi）。參見：Patanjali編著、清河新藏譯著，《瑜伽經》，pp.15-19。

[3]　參見：法鼓，《人名規範資料庫》，達磨條：南天竺香至國王子，中國禪宗初祖，西天第二十八祖。從般若多羅學道，與佛大先並稱為門下二甘露

衍，464～549）大通元年（527），由南印度泛舟至廣州登陸，
轉往健康（今之南京）與武帝晤談，不投機，渡江北上至嵩山少
室面壁九年，[4]傳法於二祖慧可（487～593），以次下傳至三祖僧
璨（504?～606）、四祖道信（580～651），四祖在黃梅破頭山建
立道場，之後五祖弘忍（602～675）續在此山之東頭，弘揚黃梅
禪法，史稱東山法門，而確立了「中國禪宗」之傳承，五祖之後
先由神秀（大通禪師，605～706）[5]在兩京（長安、洛陽）傳法，
曾獲得唐武后、中宗、睿宗三帝之皈依，有「兩京法主、三帝門
師」之稱，其後嗣法弟子普寂（651～739）、義福（658～736）
續盛行於江北兩京，直到慧能（大鑑禪師，638～713）[6]之弟子
荷澤神會（684～758）[7]於開元二十年（732）在河南滑台（今屬

    門。於劉宋之際，泛海達廣州。與梁武帝論佛理不契，折蘆渡江入魏，居
    嵩山少林，面壁九年。隨緣倡禪，弘揚二入四行。有弟子慧可、道育。另
    由弟子曇林，集師言行成《達磨論》一卷。

4 此說法之記載，現今有學者有不同之研究成果，然此並非本書探討之重
    心，於此不多予加論述。

5 參見：法鼓，《人名規範資料庫》，神秀條：北宗禪之祖。尉氏李氏。剃
    染受法，尋師訪道，後至蘄州雙峰東山寺，參謁五祖弘忍（602-675），
    師深器之，令為教授師，有神秀上座之稱。又與慧能（638-713）親近，
    互有啟發；有名偈「身是菩提樹，心如明鏡臺；時時勤拂拭，莫使惹塵
    埃。」力闡漸悟之說，南宗禪慧能則主頓悟，故有「南頓北漸」之稱。法
    嗣有普寂、義福等。

6 參見法鼓，《人名規範資料庫》，慧能條：俗姓盧，禪宗第六祖。父盧行
    瑫，母李氏。一日聞客誦《金剛經》而悟，往謁五祖弘忍於蘄州黃梅東
    禪院。儀鳳元年（676）至南海，依法性寺印宗法師出家，受具足戒。次
    年，韶州刺史韋璩仰其道風，率同僚入山請於大梵寺講法。又移住韶陽曹
    溪寶林寺，弘揚頓悟法門。弟子法海將其說匯編《六祖法寶壇經》。

7 參見：法鼓，《人名規範資料庫》，神會條：襄陽高氏。幼學《五經》、
    《老》、《莊》等，後投國昌寺顥元出家。參謁六祖慧能（638-713），
    得其旨。開元二十年（732），設無遮大會於河南滑臺大雲寺，與山東崇
    遠論戰；斥神秀一門「師承是傍，法門是漸」，指出漸修之非。有〈顯宗
    記〉行世。奉為中國禪宗七祖，其法流稱「荷澤宗」，門下英才甚多，有

河南省安陽市滑縣）大雲寺設無遮大會和普寂之弟子辯論南北二系禪法，轟動一時，安史之亂平定之後，於肅宗時被召入內道場供養，並立（神會）為七祖，確立了慧能之南宗禪法為「中國禪宗」之正宗禪法，其師慧能自然成為禪宗之六祖，至此展開了中國禪宗「南宗禪」之禪法的傳承，流傳、演化至今日之所謂的「禪」（Zen、Chan）。

　　一般而論，由隋至盛唐時期是禪宗的發軔期，中、晚唐時期是禪宗的成長期，五代、兩宋時期是禪宗的成熟期，元之後逐漸的走下坡，外與儒、道融合，內與淨、密合修，走向世俗化、大眾化…。禪也由不立文字、言語道斷、不可言說，走入了文字禪，再由語言文字的詩偈，進入了詩、書、畫合一，開展開了畫禪、禪畫的時代。

第一節　選題因緣

　　數年前在作維摩詰（Vimalakīrti）[8]畫像之研究時，發現了因陀羅（生卒年不詳）[9]所畫之〈維摩詰圖〉（見下圖之左圖1-1），與一般文人、畫家如顧愷之（344?～405）、[10]李公

　　無名、法如等。

[8] 參見法鼓，《人名規範資料庫》，維摩詰條：維摩詰居士，傳為金粟如來之化身。精通大乘教義，修為高遠。是《維摩詰經》之主要人物，其中以〈文殊師利問疾品〉最為著名，記載彼嘗稱病，但云其病是「以眾生病，是故我病」，待佛陀令文殊菩薩等前往探病，即以種種問答，揭示空、無相等大乘深義。

[9] 因陀羅，元代之禪僧畫家，為本書研究之主要人物，將會在下文中詳述之。

[10] 參見《畫史會要卷一》：顧愷（凱）之（344?～405）字長康小字虎頭晉

麟（1049～1106）[11]等人所畫之〈維摩詰圖〉（見下圖之中圖
1-2），非常得不一樣，更有別於一般石窟、寺院所見之華麗、
莊嚴的佛菩薩畫像（見下圖之右圖1-3），對此產生了極大的好
奇與興趣，覺得這個問題，至今在學界中甚少有較深入的專題
研究及文獻論文，有加以深入研究、探討之必要，因而開始了對
因陀羅繪畫的禪境形象作深入的探尋、研究，從而踏入了這個論
題。

陵無錫人義熙中為散騎常侍多才藝尤工丹青傳寫形勢莫不妙絕謝安謂之曰
卿畫自生人以來未之有也常悅一鄰女乃畫女於壁當心釘之女患心痛告於長
康拔去釘乃愈又欲寫殷仲堪真仲堪素有目疾固辭康曰明府正為眼耳若明
點瞳子飛白拂其上使如輕雲之蔽月畫人嘗數年不點睛人問其故答曰四體妍
媸本無關於妙處傳神寫照正在阿堵中又畫裴楷真頰上益三毛云楷俊朗有識
具此正是其識具觀者詳之定覺神明殊勝重稽康四言詩畫為圖嘗云手揮五弦
易目送飛鴻難又畫謝幼輿於一岩裏曰一丘一壑自謂過之此子宜置丘壑中又
曾於瓦棺寺北小殿畫維摩詰畫訖光彩耀目數日桓大司馬每請與羊欣論書畫
竟夕忘疲曾以一廚書暫寄桓玄皆其妙跡所珍秘者封題之玄開其後取之誑言
不開愷之不疑是竊去直雲畫妙通神變化飛去猶人之登仙也故人稱愷之三絕
畫絕才絕癡絕張懷瓘云顧公運思精微襟靈莫測雖寄跡翰墨其神氣飄然在煙
霄之上不可以圖畫求象人之美張得其肉陸得其骨顧得其神神妙亡方以顧為
最喻之書則顧陸比之鍾張僧繇比之逸少俱古今之獨絕所著有論畫一篇皆模
寫要法。pp.14-15。

[11] 參見《畫史會要卷二》：龍眠居士，李公麟（1049～1106）字伯時，為舒
城大族登進士第博覽法書名畫故悟古人用筆意作畫有晉宋風格繪畫集顧陸
張吳及前世名手所善以為己有專為一家……作畫多不設色獨用澄心堂紙為
之惟臨摹古畫用絹素著色筆法如雲行水流有起倒論者謂鞍馬愈於韓幹佛像
追吳道元山水似李思訓人物似韓滉尤好畫馬故坡詩有雲龍眠胸中有千駟不
惟畫肉兼畫骨以其好禪多交衲子一日秀鐵面忽勸之曰不可畫馬他日恐墮其
趣於是絕筆不為專意於諸佛矣其佛像每務出奇立異嘗作長帶觀音其紳甚長
過一身有半又作石上臥觀音皆前此所未見者又畫自在觀音趺跏於崖而具自
在之相曰世以坐破為自在自在在心不在坐也乃知高人達士縱施橫設無所不
可平生所畫不作對多以澄心堂紙為之不為縑素不施丹粉其所以超乎一世之
上者此也。pp.10-11。

圖1：〈維摩詰圖〉，左圖1-1為因陀羅之〈維摩詰圖〉，中圖1-2為李公麟之〈維摩演教圖〉局部，右圖1-3為敦煌石窟103窟〈維摩詰經變圖〉局部，分別引自：〔日〕川上涇、戶田禎佑、海老根聰郎等著，《水墨美術大系》第四卷《梁楷・因陀羅》p.29；釋如常執行編輯，《世界佛教美術圖説大辭典》16，頁902；敦煌研究院編《敦煌莫高窟》第三卷，圖155。

第二節　研究思路與方法

　　「禪畫」，泛稱為禪宗繪畫、或禪意畫，是一種獨特的藝術表現形式，禪者藉由繪畫來表達出自己所感受到之禪意、禪境。禪畫的特點在於：筆法簡約、畫面質樸、題材單純、意境幽遠，體現出禪之「不立文字，直指本心」的直觀思想。禪畫雖説不拘形式，直用以寫禪、寫境，但既然是繪畫，還是須以「形象」來表現，「形象」決不是最終之目的，但要能傳達出畫者之禪意、禪境，要能使觀畫者感知此禪境。歐陽修（1007～1072），彼雖無畫名，然其有觀畫詩：「古畫畫意不畫形，梅詩詠物無隱情，忘形得意知者寡，不若見詩如見畫。」[12]以禪者之心，來觀畫之畫外意。如此畫者有禪意，觀者有禪心，機鋒相應，構成了禪畫。

---

[12]　參見：《歐陽修全集・居士集卷六》，〈盤車圖〉，pp.42-43。

　　因陀羅存世之數幅繪畫，在日本被列為國寶級文物，稱之為
《禪機圖》，為典型之禪畫，幅幅皆蘊藏著深深的禪意、禪境。
本書擬藉由以寒山拾得為題材之繪畫，切入探討因陀羅之繪畫之
禪境的表現，結合禪與繪畫圖像作跨領域之探討、研究。

　　繪畫是圖像（images）[13]的一種表現，圖像是一種符號，是
人類的第二語言，人們以圖像來表達他所欲傳達之意，包括圖像
上明顯之表象，及隱含在圖像背後之意涵，它不僅傳遞能直接辨
識之訊息，亦傳遞著無法以語言表達之「言外之意」、「弦外之
音」，它無所不在。以圖像來詮釋事物之現象，雖可上朔到上古
時期之圖騰（totem），原始藝術並不是人類無意識的宣洩活動，
它其實是在傳達某種信仰、信息，它可構成宗教、祭祀活動中之
主題。古希臘哲學家亞里士多德（Aristotle，384～322BC）認為
圖像也是一種語言的形式，古羅馬詩人賀拉斯（Quintus Horatius
Flaccus，65～8BC）提出「詩與畫的同一」（ut pictura poesis），
要求以詩（學）和語言（修辭學）來做為繪畫、圖像的指導原
則，構成以文字概念作為圖像表達依據的要求，一直到德國劇
作家萊辛（Gotthold Ephraim Lessing，1729～1781）出版了《拉
奧孔》（Laocoon），以後詩與畫、造型藝術與語言才有了明確
的分界。[14]然而圖像詮釋學卻經常被排除在學術研究之外，直到
二十世紀初德國藝術史學家阿比・瓦堡（Aby Warburg，1866～
1929）在1912年於羅馬藝術史研討會提交了〈費拉拉無憂宮中的
義大利藝術與國際占星術〉之論文，他藉由文藝復興時期占星術

---

[13] 圖像包括：各種繪畫（素描、寫生、水彩畫、油畫、版畫、宣傳畫、漫畫
　　等）、雕像、壁畫、攝影照片、電影電視畫面、及各類印刷、工藝品上之
　　畫像等。

[14] 參見：陳懷恩之《圖像學 視覺藝術的意義與解釋》，pp.49-50。

之手稿，解讀出費拉拉（Ferrara）無憂宮（Palazzo Schifanoia）中之一濕壁畫上的十二件圖像內容，開創了「圖像解釋學的分析（ikonologische analyse）」[15]以圖像與文本並用來寫作一部藝術史，取代了以往之以文本為主之圖像學（ikonographie）[16]從此建立瓦堡學派之圖像學（ikonologie）之研究方法。之後其繼承者艾文・潘諾夫斯基（Erwin Panofsky，1892～1968）因逃避納粹之迫害，將圖像學之研究方法帶到美國之紐約大學與普林斯頓大學，（與此同時，瓦堡圖書館也遷移到倫敦），並於1939年出版了《圖像學研究：文藝復興時期藝術的人文主題》，奠定了圖像學（iconology）之作為學術研究之學科的地位。潘諾夫斯基將圖像學研究分成三個層次：

第一層次，Primary or natural subject matter，依經驗對圖像之線條、色彩作前圖像描述（pre-iconographical description）。

第二層次，Secondary or conventional subject matter，依經典、原典之知識對圖像上所表述之故事、寓意作分析、解釋。

第三層次，Intrinsic meaning or content，依該圖像之時代、文化象徵歷史來對圖像作正確、深入之解讀。[17]

潘諾夫斯基有一句名言：「澳大利亞叢林中的居民識別不出〈最後的晚餐〉（圖四）的主題，對他們而言，這幅畫所傳達的思想只不過是一次令人興奮的聚餐而已。」[18]雖然圖像學（iconology）具有學術上詮釋之功能，但它還是有其限制：它過

---

[15] 詳見：陳懷恩之《圖像學 視覺藝術的意義與解釋》，p.79。

[16] 有關Ikonologie與Ikonographie之差異與爭議，不在本書討論之範圍，可參見：陳懷恩之《圖像學 視覺藝術的意義與解釋》，pp.15-27。

[17] 詳參閱：Erwin Panofsky, *Studies In Iconology Humanistic Themes in the Art of the Renaissance,* pp.3-17。

[18] 轉引自：〔英〕，Peter Burke著，楊豫譯，《圖像證史》，p.40。

於依賴研究者之「直覺」，及過多之「推測」，且易於忽視圖像之時代、社會背景，也因此而受到學術界之批判。

本書將藉用潘諾夫斯基之圖像學方法：「描述—分析—解釋」，對因陀羅現今留存於世之繪畫作分析、研究，將因陀羅之繪畫所寓含之禪意、禪境，點明表述出來。為避免落入圖像學為學術界所詬病之窠臼，本書將會對因陀羅所處之時代—宋元時期之社會、文化等環境背景，及當時之禪宗氛圍，作詳細之考察。

因為因陀羅之繪畫為中國式之水墨畫作，除了以西方潘諾夫斯基之圖像學來研究因陀羅繪畫之圖像造型外，本書同時會以中國傳統繪畫理論家謝赫（生卒年不詳，南朝時齊梁之畫家、畫論家）的「六法」[19]中之「筆法」、「構圖」及荊浩（855?～915?）的「六要」[20]中之「墨法」來檢視、分析因陀羅之繪畫技法及風格。並以歷代禪宗大德之公案、語錄，來分析、探討因陀羅繪畫中所蘊含之禪意、禪境。

圖2：〈最後的晚餐〉，達文西（Leonardo da Vinci，1452～1519）於1495～1498年間，繪於意大利米蘭的聖瑪利亞感恩修道院（Santa Maria delle Grazie）的多明我會院食堂牆壁上。[21]
http://whc.unesco.org/en/documents/137378 2019.06.08擷取。

---

[19] 參見：謝赫，《古畫品錄》：「畫有六法，一日氣韻生動，二日骨法用筆，三日應物象形，四日隨類賦彩，五日經營位置，六日傳移模寫。」，p.1。

[20] 參見：荊浩，《筆法記》：「六要：一日氣，二日韻，三日思，四日景，五日筆，六日墨」，pp.449-454。

第三節　學界研究現況與文獻回顧

　　要探討因陀羅其人及其繪畫，以及他在作畫時之意境─禪境的形象，然而，迄今有關因陀羅之研究甚少，甚至連因陀羅是誰？都是個謎。最主要的原因是在於中國自明清以來，並無他的繪畫流傳下來，且在中國之畫史及僧傳中皆無他的之任何記載，只有在卍字續藏經中之《元叟行端禪師語錄》[22]有：「…因陀羅以傳記所載，耳目所接，幽明彼此之事，筆成此圖。」[23]及其（元叟行端禪師）法嗣楚石梵琦之《楚石梵琦禪師語錄》[24]卷14中有：「因陀羅

---

[21]　參見：：E.H.Gombrich著，雨雲譯，《藝術的故事》，pp.297～300。

[22]　參見法鼓，《人名規範資料庫》，行端條：臨安徑山元叟行端禪師（1255～1341），臨海何氏。雪峰珍（1194-1277）禪師法嗣，大鑑下第二十世。幼從叔父茂上人，得度於餘杭化城院。初參藏叟於徑山，後謁雪峰珍得法。出世湖之資福，特旨賜「慧文正辯禪師」。遷中天竺寺、靈隱寺，後住徑山三十年，為第四十八代住持。有《元叟行端禪師語錄》。法嗣有梵琦、至仁、福報等。

[23]　詳見：《元叟行端禪師語錄》卷7：「題跋　題聖凡融會圖：『迦文神道設教。故幽明無間。仲尼以人道設教。故彼此有殊。由性命言之。幽明不得不通。由形跡論之。彼此不得不分。伯陽清淨無為。幾乎聲聞四諦之作。書曰：為道不同。同歸于治。三聖之同。同於善世利人也。文中子曰。觀皇極讜議。三教可一。其斯之謂乎。因陀羅以傳記所載。耳目所接。幽明彼此之事。筆成此圖。豈亦文中子之意耶。雖然。世之覽者。切忌按圖索駿。』」（CBETA, X71, no. 1419, pp. 539c20-540a5 // Z 2:29, p. 27c3-12 // R124, p. 54a3-12）

[24]　參見法鼓，《人名規範資料庫》，梵琦條：楚石梵琦（1296～1370）俗姓朱。9歲受永祚寺訥翁謨師，旋至崇恩寺從晉翁詢師，16歲於昭慶寺受具足戒，22歲為道場寺侍者，典藏鑰。後隨元叟行端，為大慧宗杲第五傳弟子。至正十九年（1359）隱於永祚寺，於寺西側建院舍，作《西齋淨土詩》，專淨土業。洪武間主持重建千佛閣，被詔說法。著《楚石梵琦語錄》、《上生偈》等。

所畫十六祖,聞上人請贊…」及「因陀羅所畫諸聖,聞上人請贊
…」[25]共三處有出現此「因陀羅」三個字,但亦無其出身年代、生
平事歷之記載,是個謎樣之人物。而他的畫作在元明之際,從明
州[26]由入華日僧(日本來華的學僧)、渡日僧侶(中國去日的傳
教僧)、及往來中日之商人攜帶、販賣至日本,而流傳了下來。

---

[25] 詳見:《楚石梵琦禪師語錄》卷14:「因陀羅所畫十六祖,聞上人請贊
　初祖　易掩當門齒。難藏蓋膽毛。神光三拜後。熊耳一峯高。
　六祖　惹起風幡話。流傳辛未休。有人來問我。六耳不同謀。
　牛頭　盤陀石上坐。幾度見春來。百鳥無消息。山花落又開。
　鳥窠　太守名居易。禪師號鳥窠。相逢休話險。一片好山河。
　南岳　試問曹溪印。令人下口難。只因無染污。突出萬重關。
　馬祖　磨甎不成鏡。坐禪不成佛。泥牛鬪折角。虛空搥出骨。
　百丈　從他鼻頭痛。不是祖師機。日日江湖上。紛紛野鴨飛。
　趙州　南泉王老師。有此寧馨兒。勘破臺山話。回來人不知。
　雪峯　對眾輥木毬。當陽拈鼈鼻。明明出骭襟。一一蓋天地。
　玄沙　拋却釣魚船。走上飛鳶嶺。觸著脚指頭。當下便心肯。
　雲門　打佛乞狗喫。知恩方報恩。後來真淨老。又要罷雲門。
　慈明　骨董箱兒裏。拈來幾百般。白金歸壽母。覷著骨毛寒。
　楊岐　踢出一頭驢。只有三隻脚。寸步不曾移。踏徧長安陌。
　白雲　雲門上大人。白雲丘一己。從此化三千。清風來未已。
　圜悟　奇哉認得聲。有意却無情。一片碧巖集。開將肝膽傾。
　大慧　華擘首山禪。深為衲子冤。竹篦生鉄鑄。石火迸青天。」
　「因陀羅所畫諸聖。聞上人請贊
　空生　寂寂巖間坐。喃喃口更多。只言無法說。爭奈兩花何。
　豐干　寺裏隨僧住。山前跨虎過。閭丘太守到。道你是彌陀。
　寒山　不居妙喜界。不戀清涼山。簡簡求成佛。輸他道者閑。
　拾得　當初因拾得。便以此為名。欲識這簡意。無生無不生。
　寶公　刀尺杖頭懸。時時走市廛。蕭家菩薩子。只解說因緣。
　布袋　浪走草鞋穿。長挨布袋眠。天宮衣鉢在。歸去是何年。
　懶瓚　爐中煨芋火。香不到青霄。世主緣何事。頻令敕使招。
　船子　曉出天連水。昏歸月滿舟。錦鱗如不遇。垂釣幾時休。」(CBETA,
　X71, no. 1420, pp. 622b4-623a5 // Z 2:29, pp. 110c16-111b11 // R124, pp.
　220a16-221b11)
[26] 1381年(明洪武十四年),改名為寧波,迄今。為明代對日開放之唯一港
　口。

日本中世紀室町幕府時代（亦稱足利時代），由於當時之將軍、武士上層階級對禪宗修行之喜好，因而對於禪畫亦廣加收羅，舉凡上至五代之貫休、宋之樑楷、牧谿、玉澗、乃至元代之顏輝等之畫作，無不大事集藏。也因此而見錄於日本中世紀室町幕府時代之《君台觀左右帳記》[27]中，但也只是寥寥數字而已：「因陀羅，[28]天竺寺梵僧　人物　道釋。」[29]然而我們卻可以從他流傳下來之畫蹟─《禪機圖卷斷簡》中的一幅東京國立博物館收藏之〈寒山拾得圖〉中有其墨書款記曰：

「佛慧淨辨圓通法寶大師壬梵因
　宣授汴梁上方祐國大光教禪寺住持」[30]
（見圖3）

圖3：〈寒山拾得圖〉中因陀羅之落款；引自：《水墨美術大系》第四卷《梁楷‧因陀羅》p.32。

---

[27]　《君台觀左右帳記》，詳見本書第二章第一節。

[28]　有些版本之記載，書寫為「印陀羅」，對「因陀羅」、「印陀羅」兩者之日譯均為「インダラ」。（中國早期之譯經，對此二詞亦有混用之情形。）

[29]　詳見本書第三章第一節之附表四。

[30]　根據川上涇的研究此落款墨書，應從左行（本書之下行）看起，再看右行（本書之上行），即應讀為：「宣授汴梁上方祐國大光教禪寺住持　佛慧淨辨圓通法寶大師壬梵因」。
　　參見：〔日〕川上涇、戶田禎佑、海老根聰郎等著，《水墨美術大系》第四卷《梁楷‧因陀羅》，p.42。

中得知他是「汴梁路[31]祐國大光教禪寺的住持，法名佛慧、淨辨、法號圓通法寶大師壬梵因。」，在歷史文獻中，所能見到的只有這些。查之現代文獻，《中華百科全書》：

> 　因陀羅，元代的僧侶畫家，生卒年不詳，其名未見於中國畫史，俗家姓名與出身地均不明。只是自他的畫蹟「禪機圖斷簡」內的一幅「寒山拾得圖」中有墨書的款記：「佛慧淨弁圓通法寶大師壬梵因；宣授汴梁上方祐國大光教禪寺住持。」因而得知他是元代開封大光教禪寺的住持，法名壬梵因。若依日本「君臺觀左右帳」所載，他曾是杭州中天竺寺的梵僧。又自他畫中有「楚石梵琦」（元末禪僧）的讚語，而推定他活躍的年代是元代末年。
>
> 　因陀羅長於畫達磨、丹霞、布袋、寒山、拾得等禪林祖師或高僧。他的畫是一種用禿筆的減筆畫法，好以渴筆擦皴描寫粗放的樹木，並以濃墨附苔在小灌木上，土石以渴筆速寫，人物畫用濕筆，頭髮用吹墨或淡墨，眼、口、耳孔、鼻穴等用濃墨點出，顏面多帶滑稽味，衣紋用淡墨畫輪廓，但領襟、袖口、衣帶則用焦墨點出，由於墨色濃淡對比有致，使得畫面活潑清新，在稚拙而樸質中，有明朗而秀緻的韻味，在晚期宋元禪餘水墨畫中，因陀羅

---

[31] 今之河南省開封市。夏朝時為都城老丘邑。春秋時為鄭國之啟封邑、陳國之陳留邑、衛國之儀邑，戰國時為魏國之都城大樑邑、浚儀邑。秦時設啟封縣、浚儀縣，西漢時避景帝劉啟之諱，改名為開封縣，寓「開拓封域」之意，東魏設梁州、北周改為汴州，唐延和元年設開封縣，為汴州治下，五代時為後梁之東都開封府，後唐改為汴州，後晉改回開封府稱東京，後漢、後周均都於此，北宋亦為國都，金初為汴京路，貞元元年改為南京路為中都，元世祖至元二十五年改為汴梁路。詳見：高俊良，《中國縣級以上政區地名考》，pp.588-9。

的畫是很傑出的作品。今存畫蹟有不少流傳於日本等國外，代表的遺作為祖師禪機圖斷簡，計五幅：丹霞燒佛圖、智常禪師圖、智常李渤圖、布袋圖、寒山拾得圖等，均描寫禪門祖師機緣問答的逸話和公案，五圖中除了丹霞燒佛圖橫度稍短外，其他各幅的紙質、尺度、筆法、「楚石梵琦」讚語書體、「楚石」的印章等，均呈一致，可能是由一連橫卷，再經切斷隔離而成。（陳清香）[32]

《佛光大辭典》：

　　元代畫僧。一名壬梵因。自古以來，以其傳記無存，無法確知生平事蹟，且我國無「因」姓者，自古即被視作天竺僧；然於其所繪之「寒山拾得圖」上，留有款記「宣授汴梁上方祐國大光教禪寺住持　佛慧淨辨圓通法寶大師壬梵因」，其中，汴梁係指元代在開封置治之汴梁路，由此推測，師應為元代僧，住持於大光教禪寺，授有大師號。其繪畫蘊藏禪機，頗富氣魄，深受楚石梵琦之激賞。在日本，多處保有其所繪之圖，如東京根津美術館所藏之布袋圖與靜嘉堂之智常禪師圖寺。此二圖與寒山拾得圖、丹霞燒佛圖，於昭和二十八年（1953），被指定為日本國寶。〔楚石梵琦禪師語錄卷十四〕[33]

另有學者吳永猛在其〈論禪畫的特質〉一文中之〔註11〕：

---

[32]　參見：《中華百科全書》，http://ap6.pccu.edu.tw/Encyclopedia/data. asp?id=10235 2019.05.27.點擊。

[33]　參見：《佛光大辭典》p.2296，http://www.muni-buddha.com.tw/ buddhism/025.htm　2019.05.27.點擊。

因陀羅，生卒年不詳，以他所畫的「寒山拾得圖」款記，得知他是當過元代汴梁（開封）上方祐國大光教禪寺的住持，法名壬梵因。是一位擅長繪畫的梵僧。又畫中有楚石梵琦讚語，而楚石梵琦（一二九六——一三七〇），在元文宗天曆元年（一三二八）當杭州永祚寺（中天竺寺）住持，元順帝至正十七年（一三五七年）退隱。由此推理因陀羅活躍年代將是元末。

因陀羅，尚存的禪機圖斷簡，計七幅皆流落國外，以日本居多。

關於現存因陀羅的禪機圖斷簡：「布袋圖」（根津美術館藏，日本國寶）、「李渤參智常圖」（口山紀念館藏，日本國寶）、「寒山拾得圖」（東京國立博物館藏，日本國寶）、「智常禪師圖」（靜嘉堂藏，日本國寶）、「丹霞燒佛圖」（Bridgestone美術館藏）、「寒山拾得圖」、「蕭王問答圖」等七幅筆法一致將是同一長卷被後人分斷。

又以中國禪宗用語為例，「李渤參智常圖」、「蕭王問答圖」、「智常禪師圖」是禪會圖；而「丹霞燒佛圖」是祖會圖。

再者，以楚石梵琦之因陀羅畫讚：「因陀羅所畫十六祖聞上人請讚」與「因陀羅所畫諸聖聞上人請讚」作為區別。前者是繪初祖（達摩）起以下算到大慧，臨濟宗法系為主的禪宗祖師，就其法脈相傳，一共畫十六位師祖，從其膾炙人口的「公案」作為繪畫的體裁；後者是以應化的聖者，如布袋、豐干、寒山、拾得、船子等八人為體裁，寫其洒脫自在的風貌。這一系列的畫題，盛行於宋元，影響後世甚深，明清以來莫不以此為臨模範本。

　　　　參考資料見「水墨美術大系」，第四卷，東京，講談
　　社，一九七八年。[34]

及學者陳清香《羅漢圖像研究》書中亦有提到：

　　　　因陀羅是元末的僧侶畫家，生卒年不詳，依他畫蹟上
　　的款記得知，他是開封大光教禪寺的住持，法名壬梵因，
　　又因日本「君台觀左右帳」所戴，他曾是杭州中天竺寺的
　　梵僧。[35]

　　以上就是我們現今所能得到有關因陀羅之資訊。在第三章
中，本書將進一步從各方面來探討、梳理出因陀羅其人之輪廓。
　　以下筆者將現今學界，有關述及因陀羅之繪畫及禪畫、禪境
之書籍及論文作一回顧與簡述，並就其所未論及與不足之處，於
本書中詳加以探討、演繹，期能補足一些缺縫，並希望能拋磚引
玉，有更多學者、先進的研究來完整此一論題。

一、有關因陀羅繪畫的研究

　　1.〔日〕矢野環著，《君台觀左右帳記の總合研究 茶華香の
　　　　原点 江戶初期柳營御物の決定》，東京市：勉成出版，
　　　　1999.02。
　　2.〔日〕戶田禎佑著，《水墨美術大系》第三卷《牧谿・玉
　　　　澗》及川上 涇、戶田禎佑、海老根聰郎等著，《水墨美術

---

[34] 參見：吳永猛，〈論禪畫的特質〉，《華崗佛學學報》第08期，1985年，
　　臺北：中華學術院佛學研究所，pp.257-277。此文另收錄於：吳永猛，
　　《禪畫欣賞》，pp.1-46。
[35] 參見：陳清香《羅漢圖像研究》，p.230。

大系》第四卷《梁楷·因陀羅》，東京市：第一出版セン
ター編集出版，1975。

3.〔日〕鈴木敬著，《中國繪畫史 中之一 南宋遼金》、《中
國繪畫史 中之二 元》，東京市：吉川弘文館株式會社，
1981。

　　首先，先簡述有關《君台觀左右帳記》此書，《君台観左右
帳記（くんだいかんそうちょうき）》為日本中世紀室町幕府
時代（又稱足利時代）之手記帳卷軸，記載著執政者足利義政
將軍[36]在東山御殿的裝飾布置情況及其裝飾物、收藏品，由能阿
彌（1397～1471）、藝阿彌（1431～1485）及相阿彌（1454?～
1525）祖孫三代[37]紀錄流傳下來的。現今存有超過150種手抄本或
刻印之版本，正如同眾多的古籍一樣，這些版本亦存在著殘缺、
脫落、錯簡、注記嵌入條文、注記紛雜等諸多的現象，更有一些
由後人增補、添加的狀況，不過近二、三十年來日本研究此帳記
之學者頗多，尤其村井康彥氏及矢野環氏之專門研究，成果輝
煌。

　　「君」指的是君王，這裡是指當時之執政將軍—— 足利義
政，「台觀」是指君王（將軍）的居所、行在—東山御殿，「左
右帳記」是指日常流水帳紀錄。此帳記大約始記于1430年（永享

---

[36] 足利義滿於1336統一南北朝，開展了室町幕府時代，因其雅好中國文物
　　且又思與中國通商獲取巨大利益以支應其財政，受明成祖封為「日本國
　　王」、卒又諡「恭獻王」，彼營建北山殿，內飾以中國文物、書畫，其孫
　　義政更是營建東山殿，大量收羅中國文物、書畫。是時日本朝野、上下瀰
　　漫著追求中國文物衣物、絹緞、茶碗日用物、乃至書畫，均大量購輸。參
　　見：鄭樑生著，《明代中日關係研究—以明史日本傳所見幾個問題為中
　　心》，pp.157-186。
[37] 主要是由相阿彌所筆錄下來的。

2年）能阿彌32歲時，至相阿彌卒時1525年（大永5年）。尤其是在1504年永正元年（至少為永正8年，1511年）至1525年（大永5年）時，相阿彌完整了《君台觀左右帳記》各部分之記錄。此書主要包括:「畫人錄」、「座敷飾」、「器物說明」三部分：

「畫人錄」：唐繪[38]畫人分上、中、下三品，及印譜[39]。

「座敷飾」[40]：包括：書院飾、押板飾[41]、違棚飾[42]。

「器物說明」：彫物：盆、香合（盒）等漆器。

金物：胡銅之物、三（或五）具足[43]。

土物：陶瓷物、茶碗、茶盞、葉茶壺、抹茶壺、墨、硯、水滴、筆洗、筆、書/紙鎮等。[44]

或亦有批評《君台觀左右帳記》實為「名物集」。諸如在「畫人錄」中只記畫人及畫題。而沒有述及畫幅、畫作內容等細節。器物則如抹茶壺則只記載其壺形之一般名稱而已。然而就其

---

[38] 指的是從中國攜去或輸入的繪畫品，有少數之唐畫，大多是宋、元之畫。

[39] 僅有少數之版本附有畫人印譜，然此可能為後人附加進去的，僅供參考。

[40] 東山御殿的裝飾布置及其裝飾物。

[41] 押板（おしいた）：為觀看唐畫、卷軸畫（單軸或三、五軸）時，用來懸掛之壁板及其下方置小擺飾如三/五具足之檯（桌）面，（尤其是在13～14世紀に流行した軸裝の宋元画を鑑賞するためにつくられたとされる。）

[42] 違棚（ちがいだな）：由長短不一之橫隔板組成之放置擺飾的木架子，有如博古木架子。（床の間の脇に２枚の板を左右段違いにして作りつけた棚のこと。上板と下板を結ぶ束（つか）をえび束，上板の端の突起を筆返しという。いけ花，裝飾品等を置き，形式は多樣であるが，天袋，地袋を併設する/もの。出典　株式会社平凡社百科事典マイペディアについて）。

[43] 三具足為香爐（中央）、花瓶、燭台（分置於左右）各一，五具足則花瓶、燭台（左右均各一），皆為「銅胎」之器物。

[44] 詳見：村井康彥校訂訳注之《君台觀左右帳記 御飾書》。

名稱「左右帳記」，實際上它只是以當時實際生活中存在的物品為基礎而記錄下來的帳卷/本而已，它並非是畫史、畫論（或器物史、器物論）之專論書籍。縱然如此，它補充一些在《圖繪寶鑑》中沒有記載之畫人及其落款，例如本書所研究之因陀羅，提供了現今作研究之重要訊息。據記載《君台觀左右帳記》中之「畫人錄」的編纂上，使用了《圖繪寶鑑》之資料，[45]但在部分之版本上又增加了《元朝畫者傳》作為《圖繪寶鑑》之補遺。[46]總言之，《君台觀左右帳記》有它的歷史上之重要的貢獻，它開啟了日本的花道、香道、茶道之傳承，所謂的：「花伝書の母胎」、「茶道名物記の溢觴」、「香道書の第一」。並推廣了「禪畫」之收藏與流傳。

矢野環氏在其《君台観左右帳記の総合研究 茶華香の原点 江戸初期柳営御物の決定》（東京市：勉成出版，1999.02）中，對《君台觀左右帳記》之版本做了詳細之研究、羅列，並對當時幕府所收藏之器物，作一綜合的研究與介紹，不僅僅是關於畫人/家，還包括器物、器形及其布置，這些延伸到後世，開啟了日本之花道、香道、茶道的興起。不過對於禪畫藝術的發展與繪畫史之研究顯得十分的不足。

其次，有關日本藝術學者群所編著的《水墨美術大系》，（東京市：第一出版センター編集出版，1975），共有十四大

---

[45] 在1420年（應永27年）之後，確定了以內閣文庫藏之《圖繪寶鑑》的和刻本為畫人錄之編纂基準資料，並參酌禪僧之記錄。詳見：〔日〕矢野環著，《君台観左右帳記の総合研究 茶華香の原点 江戸初期柳営御物の決定》，研究篇，p.211。

[46] 靜嘉堂本之《君台觀左右帳記》附錄有《元朝畫者傳》及《圖繪寶鑑》補遺，但據海老根聰郎之論文〔注〕18所言：此（《元朝畫者傳》）實抄錄自《圖繪寶鑑》。詳見：〔日〕矢野 環著，《君台観左右帳記の総合研究 茶華香の原点 江戸初期柳営御物の決定》，研究篇，p.218。

冊，從中世紀至近代，含括有關之中、日著名水墨畫家的水墨畫介紹、講解，是一套研究水墨畫美術之學者、畫家不可少之書，本書主要參考：戶田禎佑著，第三卷《牧谿・玉澗》及川上涇、戶田禎佑、海老根聰郎等著之第四卷《梁楷・因陀羅》，這二冊，尤其是川上涇、戶田禎佑二氏，對因陀羅之繪畫，作了詳細之介紹與描述，對本書有關因陀羅繪畫之部分探討，很具參考之價值。

另日本藝術史學者，鈴木敬著作之《中國繪畫史》計分：上（北宋及其前）、中之一（南宋遼金）、中之二（元）、下（明）四部分及各部分均附有一冊圖版及索引附冊，全套共八冊，（東京市：吉川弘文館株式會社，1981），非常詳細的介紹、記述中國之繪畫史，從中國的繪畫起源、魏晉南北朝、隋唐、北宋、南宋遼金、元、一直到明代。本書主要參考《中國繪畫史 中之一 南宋遼金》、《中國繪畫史 中之二 元》此二部分，尤其是其對南宋之道釋人物畫，及元代之佛教繪畫之論述。

此書對樑楷、牧谿、因陀羅等人之繪畫，均有記述，但都為簡短之介紹而已。

二、有關禪畫的研究

1. 〔日〕久松真一著，《禪と美術》，京都市：思文閣株式會社，1976。
2. 〔日〕久松真一著，《久松真一著作集》第五卷，京都市：法藏館株式會社，1955。
3. 〔日〕中村宗一《禪の公案畫》，東京市：誠信書房株式會社，1989.05。
4. 〔日〕福嶋俊翁、加藤正俊著，《禪畫の世界》，京都市：淡交社株式會社，1978.07。

5.〔德〕Kurt Brasch（クルト・ブラッシュ）著，《禪畫》，5東京市：二玄社株式會社，1962.05。

6. 妙虛法師、孫恩揚合著，《禪畫研究》，北京市：人民美術出版社，2015.01。

　　首先，先簡述有關日本京都學派巨擘久松真一之著作：《禪と美術》與《久松真一著作集》第五卷，中有關「禪藝術」、「禪美術」、「禪畫」等論題。日本中世紀自從中國禪之傳入後，在日本本土不但落地生根，還延伸、發展出一系列與日常生活有關之各種禪藝術之「道」，如花道、茶道、香道、能劇等，這些禪藝術之「道」結合了生活日用活動與禪之修行，落實了中國禪/南宗禪之「行住坐臥皆是禪定」[47]、馬祖之「平常心是道」，行住坐臥、應機接物盡是道。[48]同時還把中國之書法、繪畫，從文人、士大夫階層專屬之「墨戲」，推廣到人人均可參與、參究、鑑賞之書道、禪畫之禪藝術、禪美術。久松真一氏為近現代京都學派主要之學者，他把這些在日本發展出來之禪藝術，加以申述、介紹，並歸列出一些規則、典範。例如他著名的「七ツ」[49]理論，已成為當今判別是否為禪藝術之準則。本書也將

---

[47] 參見：《少室六門》：「行住坐臥皆是禪定」（CBETA, T48, no. 2009, p. 370c28-29）。

[48] 參見：《馬祖道一禪師廣錄（四家語錄卷一）》卷1：「道不用脩。但莫汙染。何為汙染。但有生死心。造作趨向。皆是汙染。若欲直會其道。平常心是道。何謂平常心。無造作。無是非。無取捨。無斷常。無凡無聖。經云。非凡夫行。非聖賢行。是菩薩行。只如今行住坐臥。應機接物。盡是道。」（CBETA, X69, no. 1321, p. 3, a12-16 // Z 2:24, p. 406, c6-10 // R119, p. 812, a6-10）。

[49] 「七ツ」：久松真一氏所提出了之七個禪畫的特性（七つの性格）
　1.「不均齊」：高低錯落、前後不齊、沒有幾何之對稱。
　2.「簡素」：色彩單純、以墨色之濃淡來表現。

運用此「七ツ」論點，來對因陀羅之繪畫來加以探討。接著來回顧現今學界之幾本有關「禪畫」、「公案畫」之著作於下：

中村宗一之《禪の公案畫》，此書作者中村宗一氏挑選自道元（どうげん，えいへいどうげん日本曹洞宗創始祖師，1200～1253）之《正法眼藏》、圓悟克勤（1063～1135）之《碧巖錄》、萬松行秀（1166～1246）之《從容錄》、無門慧開（1183～1260）《無門關》、桃水雲溪（とうすいうんけい，1612～1683）、大愚良寬（たいぐりょうかん，1758～1831）等祖師語錄中之公案為題材，畫成公案圖案畫，主要是以圖案、繪畫來介紹禪宗公案以接引禪和子，中村宗一云：「是以佛祖的機緣之語要作為公案，禪師是對學人之修證、體得作印證，對言外之語、山川、草木等一切現象之當下的體悟。」[50]是一本近現代之禪公案的繪畫本。

福嶋俊翁、加藤正俊著之《禪畫の世界》，為自五代之石恪[51]以至南宋之梁楷[52]、牧谿法常[53]、直翁一舉[54]、玉澗若芬[55]，元代之

3.「枯高」：挺拔、勁道。

4.「自然」：不做作，無心、無念。

5.「幽玄」：深邃、有餘意。

6.「脫俗」：灑脫、不流於凡俗。

7.「靜寂」：安定、寂靜。

此七個特性中，並沒有先後順序或是哪個比較重要的問題，且不需全部具備，只要繪畫裡能具備此七個特性中之某一點或某幾點即可稱其為禪畫。

參見：久松真一，《禪と美術》，pp.23-44。

[50] 參見：中村宗一《禪の公案畫》：「仏祖の機縁の語要を以て公案となす。師が学人の修証の体得を導くために、言外の語、山川、草木等の現象を真理の当体として指示し」p.2。

[51] 參見：《畫史會要卷一》，石恪（生卒年不詳），字子專，成都郫人，性輕率尤好陵轢人，常為嘲謔之句。略協聲韻與俳優不異，有雜言傳於世，初事張南本，才數年已出其右，多為古僻人物、詭形殊狀，以蔑辱豪右。pp.41-42。

因陀羅等中土「禪畫」之濫觴者。以及日本後繼發揚光大者：默庵靈淵（日入元學僧，1271～1368）、玉畹梵芳（ぎょくえん-ぼんぽう，1348～1420）、一休宗純[56]、大巧如拙（じょせつ，活動於15世紀前期）、天章周文（しゅうぶん，活動於15世紀中期）、雪舟等楊[57]、白隱慧鶴[58]、東嶺圓慈[59]、仙厓義梵（せんがい ぎぼ

---

[52] 參見：《畫史會要卷三》，梁楷（生卒年不詳），東平相義之後，善畫人物、山水、道釋鬼神，師賈師古，描寫飄逸青過於藍。南宋嘉泰年畫院待詔，賜金帶楷不受，挂於院內。嗜酒自樂，號曰梁風子，院人見其精妙之筆，無不敬伏，但傳於世者皆草草謂之減筆。pp.15-16。

[53] 參見：夏文彥（生卒年不詳，活動於元末），《圖繪寶鑑》云：「僧法常，號牧溪，喜畫龍虎、猿鶴、蘆雁、山水、樹石、人物，皆隨筆點墨而成，意思簡當，不費妝飾。但麤惡無古法，誠非雅玩。」P.284
湯垕（生卒年不詳，活動於元文宗時），《畫鑑》說：「近世牧溪僧法常作墨戲，麤惡無古法。」p.215。
莊肅（1245～1315），《畫繼補遺》卷上，云：「僧法常，自號牧溪。善作龍虎、人物、蘆雁、雜畫，枯淡山野，誠非雅玩，僅可供僧房道舍，以助清幽耳。」，收錄於《續修四庫全書‧子部‧藝術類》，1065冊，p.3。《畫史會要卷三》，法常（生卒年不詳，宋末元初的禪僧），號牧溪，畫龍、虎、猿、鶴、蘆雁、山水、人物皆隨筆點墨而成，意思簡當，不費妝飾，但粗惡無古法，誠非雅玩。pp.32。

[54] 參見：《世界佛教美術圖說大辭典》（人物卷）：直翁一舉 生卒年不詳。為南宋（1127～1279）曹洞宗禪僧，東谷妙光（?～1254）之法嗣，住四明天寧寺…擅繪道釋人物，受梁楷、牧谿影響，畫風極為相似，p.252。

[55] 參見：據史書記載，南宋時玉澗至少有四人：孟玉澗、彬玉澗、玉澗若芬、瑩玉澗，據日本，《松齋梅譜》中記載，此處所言之玉澗應為玉澗若芬，乃天臺僧人。詳見：東京國立博物館監修，《宋元の繪畫》，〈圖版解說〉，p.34。
《畫史會要卷三》，若芬（生卒年不詳，宋末元初畫僧），字仲石，婺州曹氏子，為上竺寺書記模寫雲山以寓意，求者漸眾，因謂世間宜假不宜真，如錢塘八月潮、西湖雪後諸峰，極天下偉觀，二三子當面蹉過，卻求玩道人數點殘墨何邪？歸老家，山古澗側流蒼壁間占勝，作亭扁曰「玉澗」，因以為號，又建閣對夫容峰，號「夫容峰主」。嘗自題：畫竹雲，不是老僧親寫，曉來誰報平安？pp.33-34。

ん・1750〜1837）等，室町時代到江戶初期，日本禪畫之黃金時期，共128幅的禪畫，對作者、作品作一簡短之介紹。

Kurt Brasch（クルト・ブラッシュ）著（日文著作），《禪畫》，作者柯特・布拉希[60]德國人，為日本書學博士、美術研究家。此書亦如同上述之《禪畫の世界》一樣，期間從中世紀中國（日本之鎌倉幕府時期）跨到江戶時代之日本（中國之明清時

---

[56] 一休宗純（いっきゅうそうじゅん，1394〜1481），是日本室町時代禪宗臨濟宗的著名奇僧，也是著名的詩人、書法家和畫家。從小就很聰明。"一休"是他的號，"宗純"是諱，通常被稱作一休。乳名千菊丸，後來又名周建，別號狂雲子、瞎驢、夢閨等。

[57] 雪舟等楊（せっしゅう　とうよう，1420〜1506），俗姓小田，名等楊，法號雪舟，日本漢畫、山水畫集大成者，被尊稱為日本「畫聖」。

[58] 參見法鼓，《人名規範資料庫》，白隱慧鶴條：白隱慧鶴（1685〜1768），日本臨濟宗僧。駿河（靜岡縣）人。十五歲出家於松蔭寺（靜岡縣駿東郡原町），嗣法於信濃（長野縣）飯山之正受老人，為妙心寺第一座。世稱臨濟宗中興之祖，或現代臨濟宗之父。師為數百年來日本禪師中最具才藝而穎悟超群之一人。

[59] 東嶺円慈（とうれい　えんじ，1721〜1792），は日本の江戸時代の臨済宗の僧侶であって、近世臨済禅中興の祖と言われる。白隠慧鶴禅師に師事し,その法を嗣いだ。白隠の弟子は多いが、中でも東嶺円慈と遂翁元盧の二人は特に有名である。俗姓は中村。諡号は仏護神照禅師。

[60] Kurt Brasch クルト・ブラッシュ（1907〜1974），ドイツの文学研究家、美術研究家。西ドイツ出身（西独）。父は親日家で第三高等学校ドイツ（独）語教授で浮世絵の研究家、母は日本人。少年期、父の版画の手伝いを通して日本語、日本の文化に触れる。1928年同志社高等商業学校卒業、京城ドイツ領事館勤務後帰国。1948年再来日、貿易商を営み、K.ブラッシュ商会を設立、代表取締役。この間仏教美術、日本書学を専門に研究、1963年日本の文学博士号取得。1971年ドイツ連邦共和国政府から一級功労十字勲章受章、死後日本政府から勲4等旭日小綬章追贈、著書に「禅画と日本人」（木耳社、1975年）等がある。出典：日外アソシエーツ「20世紀西洋人名事典」（1995年刊）20世紀西洋人名事典について情報。https://kotobank.jp/word/%E3%82%AF%E3%83%AB%E3%83%88%20%E3%83%96%E3%83%A9%E3%83%83%E3%82%B7%E3%83%A5-1630174　2019.06.08點擊。

代），不過此書兼述及中、日禪宗之歷史傳承，及在日本演化出
之書、詩、畫三者之間的相互交融，及在日本曾興盛一時之「圓
相畫」[61]、「俳畫」[62]，及「茶道」[63]之興起。此書對禪畫之發展
史做了詳細的介紹，但有關因陀羅之記載，僅只提了一幅〈丹霞
燒佛圖〉而已。

最後，有關妙虛法師、孫恩揚合著之《禪畫研究》，此書主
要是敘述晉唐以來之佛畫，受到唐宋之南宗禪，以及兩宋之文人
墨戲之影響，在宋元之際發展、演變出來之禪宗繪畫，為一本中
國禪畫源流之綜合介紹之書。

三、有關禪畫的博論

1. 孔濤，《北宋院體、文人和禪畫研究—兼論真情理三境繪
   畫美學》，博士學位論文，山東大學，2009。
2. 李靜，《南宋禪宗繪畫研究》，博士學位論文，山東大

---

[61] 參見：Kurt Brasch著，《禪畫》：「円相画」：心に重点をおき禅機を直
的、かつ瞬間的に画面にぶつけて大胆さと美しさとをもって表現したも
のに円相画というものがある。p.90。
圓相之由來：參見《袁州仰山慧寂禪師語錄》：「耽源謂師云：「國師
（慧忠）當時傳得六代祖師圓相，共九十七箇，授與老僧乃云：『吾滅後
三十年，南方有一沙彌到來，大興此教，次第傳受，無令斷絕。』我今付
汝，汝當奉持。」、「師（慧寂）於紙上畫一圓相」（CBETA, T47, no.
1990, p. 582a19-23，p. 584c21-22）。
但此圓相畫在中國並不流行，在日本彼時非常盛行，尤其是東嶺圓慈之圓
相圖。

[62] 《漢語大詞典》：1.雜戲。《史記·李斯列傳》：「是時二世在甘泉，方
作轂抵優俳之觀」。
「俳畫」即是以俳優之俚俗之戲語、劇情畫成一幅小圖，類似宋元文人所
言之墨戲圖，然而其所寫則為市井俳優所樂道之事，非為文人墨客胸中之
鬱壘。此後來演化為日本普世之「浮世繪」。

[63] 唐代百丈禪師之「禪林規式」中的「茶儀」，室町時期傳到日本，由相阿
彌、千利休（1522～1591）等演化、發展成「茶禪一味」之茶道。

學，2017。

3. 孫恩揚，《潑墨畫研究》，博士學位論文，中國藝術研究院，2010。

　　首先，關於孔濤之博論《北宋院體、文人和禪畫研究─兼論真情理三境繪畫美學》，此博論細述了北宋繪畫之時代特徵、分期、院體畫與文人畫的分流與畫家及代表作品之分析，及北宋諸儒對繪畫藝術之發展與促進作用、莊禪之互補與互相之影響，儒禪之交流與禪宗之世俗化等幾個促成南宋禪畫之萌發之因由。

　　其次，李靜之博論《南宋禪宗繪畫研究》，探討南宋禪畫之產生的社會背景、禪畫的特性與分類，並述及南宋禪畫與文人畫、院體畫之間的關聯探討，尤其是最後一章討論南宋禪畫與其他佛教藝術之間的關聯，特別值得關切。

　　最後，孫恩揚之博論《潑墨畫研究》，此博論雖以潑墨畫研究為題，但實際上是以潑墨畫為切入點，由此論及水墨畫，再由水墨畫的寫意畫境論及於禪畫意境。

　　綜合上面所述，有關本書之研究：〈因陀羅禪畫的研究─以寒山拾得繪畫為核心〉，對因陀羅繪畫的專門研究非常的少，尤其是以禪畫之視角來探討，現今之學界尚付之闕如，希望本書對此結合因陀羅之繪畫與禪境的跨領域之探討、研究，能拋磚引玉，開啟此領域之新境界。

第二章　因陀羅所處之時代與環境

　　研究因陀羅之繪畫，一定得先了解他所處之時代背景，首先，來看因陀羅活動時期，十三、四世紀—元代之中、末期，當時之政治環境、社會階層、民生經濟以及貴族、庶民之宗教信仰、文化藝術之活動等等，這些都是影響因陀羅繪畫之重要外部因素。

第一節　十三到十四世紀之中國

一、元代之政治環境

　　元朝之統治者，是來自北大荒游牧民族之蒙古族，掘起於南宋開禧二年（1206）蒙古族[1]乞顏部族鐵木真（元太祖，1162～1227）會蒙古各部族於斡難河（今鄂嫩河）之源流處[2]，他們公推驍勇善戰之鐵木真為「成吉思可汗」，[3]此後他率領諸子窩闊台，察合台，蒙哥，拖雷數度西征，滅西遼、平西夏、降伏畏

---

[1]　蒙古族之起源說法紛紛，有說出於韃靼、室韋、匈奴、吐蕃、東胡等，至今尚無定論。參見：王明蓀，《宋遼金元史》，p.81。

[2]　參見：〔元〕陶宗儀，《南村輟耕錄》卷一，p.9。

[3]　據歷史學家黎東方云：「汗」是王，「可汗」是皇帝，鐵木真當時是被推為「成吉思可汗」。

兀兒、斡赤剌惕、花剌子模等諸族，大敗欽察、斡羅斯、波蘭、匈牙利等中亞、東歐諸國，建立了橫跨歐亞之大國，到了窩闊台（太宗，1186～1241）、蒙哥（憲宗，1209～1259）、忽必烈（蒙文：𐰇𐰏，世祖，鐵木真之孫，1215～1294）又滅了金、大理、南宋，真正的成為世界第一大帝國。1266年忽必烈被擁立為大蒙古國大汗，即所謂之「大蒙古國皇帝」，1271年在劉秉忠的建議，改國號為「大元」，建都於大都（今之北京），開啟了元朝97年之新紀元。[4]

在鐵木真統一了蒙古部族，並掃平了北方大草原時，他任用了乃蠻族之掌印官畏兀兒族人塔塔統阿，續為之掌印，並命之以畏兀兒字來創建蒙古字，以通行政令；並修訂原通行於蒙古族之習慣法、族規，成「成吉思可汗法典」，以用來管理、統治蒙古族大帝國。

因元朝帝室為蒙古游牧民族，一向慣於騎馬征戰，但是取了天下後，面對的是天下的治理、國家的統治，鑒於「可以馬背上取天下，不可以馬背上治國」，成吉思可汗之後，窩闊臺於1229年繼任可汗後，他重用耶律楚材施行漢化政策，設立漢制之中書省，以耶律楚材為中書令。耶律楚材雖是契丹人，但彼漢化很深，並皈依於曹洞宗禪師萬松行秀門下，號湛然居士，並建立了二元化管理，遊牧民族遵循原先之蒙古律令，漢人則依儒家之規治理。

及至1266年忽必烈被擁立為大蒙古國大汗，除了北方草原外，擁有整個大華北漢人農墾地區，那些原始、簡陋的法令，已遠遠不足以統理帝國了。因此，忽必烈採用了劉秉忠之建議：

4　若朔自1206年鐵木真稱「成吉斯可汗」建立「大蒙古國」起算，則稱為蒙元時代。

「治亂之道，系乎天而由乎人」，建議參照漢人法律、改善蒙人之游牧法制、革除現時之弊政，做了七點之措施：

一、建國號及年號：以《易經》中之「大哉乾元」，將國號稱為「大元」，並建元「中統」，中國統一之意。

二、建太廟，以立法統。蒙人原無此祖制、法統。

三、定律令、曆法，由原「成吉思可汗法典」，改由「金律」，再修「至元新格」行之於元朝；並依當時通行於華北之「金曆」修改制定為元之「新曆」。

四、發行國鈔，仿宋、金之鈔法，以「絲」為本，發行紙幣「交鈔」[5]，及「中統元寶鈔」[6]為現存的最早由官方印行的紙幣實物（宋代紙幣雖為最早之紙幣，但今無實物留存）。

五、治河渠[7]、通海運[8]，以便利南北物資之運送，有利於經濟之發展。

六、設行省，中央為「中書省」，地方為「行中書省」，中央、地方一元化管理。

七、定朝儀，以漢制之朝廷規儀，君臨天下。官制雖也保留舊蒙制，然多加了漢制，起用漢人，以並行蒙漢二元之法來治理國家。隨著滅了南宋，統一了大江南北後，更

---

[5] 每五十兩銀易絲鈔一千兩，諸物之值，以絲值為本，稱「中統鈔」或「交鈔」。

[6] 以金、銀、絹為交鈔之儲備金。

[7] 至元二十六年（1289）開會通河（山東安山至臨清之御河，長二五〇里），二十八年開通惠河（大都至通縣，長一六四里），貫通了大都至杭州之大運河。

[8] 據〔明〕宋濂，《元史·食貨志》記載，至元十九年時，海運由江浙至京師須行月餘，到了至元三十年只須旬日。p.616（按：二十四史：p.2366）。

向江南文人、士人界徵才取士，企圖以儒士、儒術治國；元初著名的書畫家趙孟頫（1254～1322）[9]即是那時入仕元廷的。 縱然如此，漢人、南人之待遇，還是極不平等的。

二、元代之社會階層

因元帝國版圖東西橫跨歐亞、南北從大理（南詔）、雪山北麓至極北，版圖遼闊，人民種族繁多、複雜，大分有一百多氏族，[10]元廷將之分為四階層：

---

[9] 趙孟頫，於至元23年（1286），由程鉅夫之推薦入仕元廷，授刑部主事，在京十年，至元末年，轉仕江南。歷官至翰林學士、承旨、榮祿大夫，史稱「趙承旨」。趙孟頫在詩、書、畫、印上皆有很高造詣，與高克恭、李衎、商琦，並稱元初四大家。

[10] 參見：〔元〕陶宗儀，《南村輟耕錄》卷一：「氏族△蒙古七十二種：阿刺刺扎刺兒歹忽神忙兀歹甕吉刺歹晃忽攤永吉列思兀魯兀郭兒剌思別刺歹怯烈歹禿別歹八魯剌歹忽曲呂律也里吉斤扎剌只刺脫里別歹塔塔兒哈答吉散兒歹乞要歹別腓歹顏不花歹歹別里養賽散腓兀歹減里吉歹阿大里吉歹兀羅歹別帖里歹鑾歹也可抹合刺那顏吉歹阿塔里吉歹亦乞列歹合忒乞歹木里乞外兀歹外抹歹阿兒刺歹伯要歹擔古歹外刺歹末里乞歹許大歹晃兀攤別速歹顏不草歹木溫塔歹忙兀歹塔塔歹那顏乞台阿塔力吉歹忽神塔一兒兀魯歹撒腓歹減里吉阿火里力歹扎馬兒歹兀羅羅歹別帖乞乃鑾歹答答兒歹也可林合刺甕吉歹腓里歹忙古歹外秣歹乃朵里別歹入憐察里吉歹八魯忽歹哈答歹外刺△色目三十一種：吟刺魯欽察唐兀阿速禿八康里苦里魯刺乞歹赤乞歹畏吾兀回回乃鑾歹阿兒渾合魯歹火里刺撒里哥禿伯歹雍古歹蜜赤思夯力苦魯丁賣赤匣刺魯禿魯花喻刺吉答歹拙兒察歹禿魯八歹火里刺甘木魯徹兒哥乞失迷兒△漢人八種契丹高麗女真竹因歹腓里闊歹竹溫竹亦歹渤海（女真同）△金人姓氏完顏，漢姓曰王。烏古論，曰商。乞石烈，曰高。徒單，曰杜。女奚烈，曰郎。兀顏，曰朱。蒲察，曰李。顏盞，曰張。溫迪罕，曰溫。石抹，曰蕭。奧屯，曰曹。孛腓魯，曰魯。移刺，曰劉。斡勒，曰石。納刺，曰康。夾谷，曰仝。裴滿，曰麻。尼忙古，曰魚。斡准，曰趙。阿典，曰雷。阿里侃，曰何。溫敦，曰空。吾魯，曰惠。抹顏，曰孟。都烈，曰強。散答，曰駱。阿不哈，曰由。烏林答，曰蔡。僕散，曰林。腓虎，曰董。古里甲，曰汪。」pp.12-14。

蒙古人：為蒙古族人及北方之遊牧民族；

色目人：中亞、東歐等之西域人（即非為黑眼珠之人種）；

漢人：為契丹高麗女真等北方已部分漢化之民族及「非南
宋」之北方漢民族；[11]

南人：南宋之漢人及東南方之少數民族。

依序以蒙古人為最高階層、色目人次之、漢人再次之、南人為最賤之民，不平等之階層待遇，社會、政治地位差別待遇，連科舉取士用人也不一樣，元代之科舉，分左右二榜、二考場，以右榜為尊，為蒙人及色目人之場次，左榜為漢人及南人之場次；對統治階層（征服者──蒙古人、色目人）採取寬鬆之考選，僅試經、策二場（第一場試經問五條，從大學、論語、孟子、中庸內設問，用朱氏章句、集注。其義理精明，文詞典雅者，為中選。第二場試策一道，以時務出題，限五百字以上。）[12]保障名額，錄取者授予正官；而對文化較高之被統治階層──漢人、南人採取較為嚴苛之沙汰、取選，須考三場，加考古賦、詔誥、章表等多科（第一場明經、經疑二問，大學、論語、孟子、中庸內出題，並用朱氏章句、集注，復以己意結之，限三百字以上。經義一道，各治一經，詩以朱氏為主，尚書以蔡氏為主，周易以程氏、朱氏為主，以上三經，兼用古注疏，春秋許用三傳及胡氏傳，禮記用古注疏，限五百字以上，不拘格律。第二場古賦、詔誥、章表內科一道，古賦、詔誥用古體，章表四六、參用古體。

---

[11] 在1126金太宗圍攻宋京城開封，於1127春攻陷，金軍俘宋徽、欽二帝及大批宋太宗一系的皇族北去，北宋滅亡。康王趙構於南京應天府稱帝，是為宋高宗，史稱南宋。淮河以北之地，被金所佔領統治，雖有一部分之漢族人隨南宋政府而南遷，然此大多為士大夫階層，一般之平民百姓還是留在原地，接受金（女真人）之統治，這些人到了元朝（蒙古人）時，被劃分為漢人階層，而南宋治下之漢人則別稱為南人。

[12] 參見：〔明〕陳邦瞻撰，《元史紀事本末》，pp.52-53。

第三場策一道,經史時務內出題,不矜浮藻,惟務直述,限一千字以上。)[13]錄取者多僅授予副官職。如此雖保障了對征服者族群之選官與任用,但卻無形中加速了這些族群之漢化、[14]民族之融合。

而之所以同樣非蒙古族之色目人,為何較漢族人為高等?原因有三:一、色目人多亦屬草原游牧民,生活方式較接近。二、色目人較早被征服、統治,且較單純、直樸。三、漢族人生活方式與遊牧民族迥異,且思想、文化較高,統治不易。四、漢人在元初忽必烈時有過數次的叛變,[15]使得蒙人引以為戒,藉色目人來加以監視、牽制。另北方原為遼、金統治下之漢族人,因長期胡、漢雜處,生活習俗較接近,且彼等人較能接受蒙人之統治,因之置於南宋統治下之江南漢族人(稱為南人)之上。如此,同樣是被征服之民族,就有高低之別。

由於自五代、兩宋之時,北方胡漢長期的雜處,數百年來之交融,華夷之分界,已經較為模糊了,到了元初時,有許多的儒者,已認為「中國而夷禮則夷之,夷而進於中國則中國之」,朱熹就有「只要政治上統一天下,就可為正統,華夷之別並不重要」[16]

三、十三、四世紀時之民生經濟

宋代之經濟以手工業、[17]商業、貿易為主,庶民多集中到都市

---

[13] 參見:〔明〕陳邦瞻撰,《元史紀事本末》,p.53。
[14] 參見:蕭啟慶,〈元代科舉特色新論〉《中央研究院歷史語言研究所集刊》第八十一本,第一分。
[15] 尤其是李璮、王文統之叛變,影響巨大。
[16] 參見:王明蓀,《宋遼金元史》,p.103。
[17] 當時之所有的工業製造舉凡製鹽、冶鐵、織造、印刷、陶瓷等工業製造都稱之為手工業。

來求職、謀生，都市化之程度相當高。北宋時之經濟體系[18]可以四大都市為中心來劃分：

　一、以汴京為中心之北方市場

　二、以蘇杭為中心之東南市場（東南六路）

　三、以成都、興元府為中心之西南市場（川蜀諸路）

　四、以太原、永興軍為中心之西北市場

　　北方市場偏重國家、及軍需消費，較樸實；南方市場則偏重居民生活物資消費，多浮誇、奢侈。《宋朝事實類苑》卷六〇〈杭人好飾門窗什器〉云：「杭人素輕夸、好美潔，家有百千，必以泰半飾門窗、具什器；荒歉既甚，鬻之亦不能售，多斧之為薪，列賣於市，往往是金漆薪。」[19]歐陽修在〈送慧勤歸餘杭〉亦云：「越俗潛宮室，頃貲事雕牆，佛屋尤其侈，耽耽擬侯王。文彩瑩丹漆，四壁金汀……南方精飲食，菌笋比羔羊，飯以玉粒粳，調之甘露漿，一饌費百金，百品羅成行。」[20]除此之外，東南

　　《馬可孛羅遊記》中云：「…這城有公會十二所，每一公會代表一種重要職業，十二公會代表十二種最興旺的職業，其他小職業就不可勝數了。在那文書裏又說，每一公會有一萬二千商鋪，就是一萬二千座房屋。每一鋪內最少不能少過十人，其餘有十五人、二十人、三十人、或四十人的。當然並不是一齊皆是精巧的藝匠，但皆在一個首領指導之下。這城供給這省許多別的城市，所以藝徒如此之多，乃屬於當然必需之事。商人如此之多、和如此之富。其中全部確實情形，就沒有人能說了。這實在是非常的事情，我還要說大人物和他們的妻妾，以及我所講的店鋪首領，皆不用手親自操勞，他們生活嬌養、清潔，儼如王者，他們的婦女，也皆是極其嬌嫩，如仙女一樣。」pp.306-307。

18　參見：程民生，《宋代地域經濟》，pp.247-248。

19　參見：〔宋〕江少虞，《宋朝事實類苑》卷六〇〈杭人好飾門窗什器〉：「熙寧八年，淮浙大旱，米價翔踊，人多殍餓。杭人素輕誇，好美潔，家有百千，必以太半飾門窗，具什器。荒歉既甚，鬻之亦不能售，多斧之為薪，列賣於市，往往是金漆薪。」pp.789-790。

20　參見：《歐陽修全集・居士集》卷二〈送慧勤歸餘杭〉（慶曆三年）：「越俗僭宮室，傾貲事雕牆。佛屋尤其侈，耽耽擬侯王。文彩瑩丹漆，

之民風又好奢、好爭。〔宋〕楊簡在其《慈湖遺書》中云：

> 「大患有二：其一，風俗好奢，故雖耕而終貧；其二，風俗好爭，以好爭故，雖耕而終於貧。人情豈惡富而喜貧哉？風俗之所習。尚舉一世，皆以奢侈為美、為榮，父子兄弟意向州閭鄰里，意向無不趨於奢，無不羞於儉，今欲改奢而為儉，其勢固難。但奢則坐見貧困。」[21]

四壁金馳汀， 閒百寶蓋，宴坐以方床。胡為棄不居，淒身客京坊。辛勤營一室，有類燕巢梁。南方精飲食，菌筍鄙羔羊。飯以玉粒粳，調之甘露漿。一饌費千金，百品羅成行。晨興未飯僧，日昃不敢嘗。乃茲隨北客，枯粟充飢腸。東南地秀絕，山水澄清光。餘杭幾萬家，日夕焚清香。煙霏四面起，雲霧雜芬芳。豈如車馬塵，鬢髮染成霜。三者孰苦樂，子奚勤四方。乃云慕仁義，奔走不自遑。始知仁義力，可以治膏肓。有志誠可樂，及時宜自強。人情重懷土，飛鳥思故鄉。夜枕聞北雁，歸心逐南檣。歸兮能來否，送子以短章。」p.10。

[21] 參見：〔宋〕楊簡撰，《慈湖遺書》卷五〈永嘉勸農文〉：「古者舜大聖人也而耕，伊尹聖人也而耕，耕者常情之所賤、君子之所敬，尤為本朝列聖之所敬。故守令皆以勸農繫銜，今爭田之訟累累，豈有田而不肯耕？然大患有二：其一，風俗好奢，故雖耕而終貧；其二，風俗好爭，以好爭故，雖耕而終於貧。人情豈惡富而喜貧哉？風俗之所習。尚舉一世，皆以奢侈為美、為榮，父子兄弟意向州閭鄰里，意向無不趨於奢，無不羞於儉，今欲改奢而為儉，其勢固難。但奢則坐見貧困，鄰里罕能救，雖至親亦罕能救。審思至此，則泛泛羞儉、喜奢之浮，毀譽何足顧，恤顏子簞瓢，垂芳萬世，崔烈雖富，人謂銅臭。願父老訓諭子弟，勿循羞儉喜奢之浮毀譽，自取貧困；顏子有負郭之田六十畝，尚簞食瓢飲。今田家未必人人有田，豈可不計度孔子曰：君子無所爭。老子曰：天道不爭，而善聖。人情率喜爭，豈以爭為美德？私意作于中，好已勝而恥於下人。故爭不思爭，則非君子爭，則為小人爭，則違天道上帝所不與，禍災隨之。故好爭者，多敗家遭刑，願父老訓諭子弟，切勿爭敗家遭刑，自取貧困、自陷於小人之域。戒之！戒之！小人以求己勝為榮，君子以求己勝為辱。以求己勝者小人也，天道虧盈而益謙，人道惡盈而好謙，鬼神害盈而福謙，謙即不爭，謙反尊而光，今不與尊光而取虧害，利害甚明。願父老從容、暇日審思詳慮，與子弟共議，切勿以奢為榮，當以顏子簞瓢為榮，切勿以好爭為榮，當以不爭退遜為榮，勿以老太守諄諄為虛文，非真情此實老太守，

　　靖康之難後，北宋亡、南宋在東南之臨安立祚，除了失去北方半壁之江山外，君民偏安餘東南之心態，東南方之經濟奢華之風猶存，「山外青山樓外樓，西湖歌舞幾時休？暖風薰得遊人醉，直把杭州作汴州。」[22]就這樣，再加上後期南宋，對金朝之歲貢、及連年用兵、貪官汙吏之貪腐，韓侂胄（1152～1207）、賈似道（1213～1275）之亂政，南宋之政治敗壞，經濟力衰退，礦冶、手工業生產力下降，稅收嚴重不足，國庫空虛、財政危機，只好加重賦稅，稅賦的加重，使得商業、貿易萎縮，又因連年之被金兵南侵、破壞，農耕也多廢，農民逃離家鄉[23]，土豪劣吏強取豪奪，兼併農民之土地，剝削佃農之勞獲，整個南宋之民生、經濟垮落，[24]一百五十年過去了，蒙人南下，有如摧枯拉朽、兵敗如山倒，終至亡國。

　　蒙人興起後，席捲北方大草原，成吉斯可汗滅了遼國，窩闊臺繼任可汗，滅了金後，入主了華北地區，他重用耶律楚材施行

　　　愛汝輩切至之實情。」pp.1161-57-58（《慈湖遺書》卷五，pp.27-29）。

[22] 參見：《全宋詩》宋 林升〈題臨安邸〉：
　　　「山外青山樓外樓，西湖歌舞幾時休？
　　　　暖風薰得遊人醉，直把杭州作汴州。」

[23] 從唐末、五代起，到宋初統一全國時，漢地之農民就因天災、戰亂流離逃亡，一霸部分之農地荒蕪，此情形一直持續到元末，都未改善，歷代帝王屢下詔，「招輯流亡、募人耕墾」。詳參：王志瑞，《宋元經濟史》，pp.102-104。

[24] 或有說南宋歲入高於北宋，（按：北宋神宗時最高之歲入為6000萬貫，南宋孝宗時最高之歲入為6500萬貫），此乃因一則剝削、苛刻加稅，二則通貨膨脹之故。吳詠言在《鶴林集》卷三十九〈寧國府勸農文〉中云：「一斗之米，向者百錢，今九倍其值矣；一疋之絹，向者三千，今五倍其價矣。」、葉適所則在《水心別集》卷二〈民事〉中云：「米粟布帛之值三倍於舊，雞豚菜菇樵薪之鬻五倍於舊，田宅之值十倍於舊，其便利上腴爭取而不置者數十百倍於舊。」參見：程民生，《宋代地域經濟》，pp.362-363。

漢化政策，建立了二元化稅則，漢地居民則以戶計稅，由耶律楚材負責；西域地區游牧部落以丁出賦，由牙老瓦刺行其責，調和了民族間之差異。隨著，忽必烈滅了南宋，統一了大江南北後，建立了元帝國，然而賦役政策仍是依舊是分蒙漢為二，蒙人、西域遊牧族照游牧舊制，納丁稅，其稅較輕；漢人、南人依唐宋之兩稅法，且徵之以苛。並以阿合馬（？～1282）等一干西域商賈出身之色目人，苛稅嚴徵，「河東賦役，素無適從，官吏囊橐為奸，賦一徵十，民不勝其困苦，故多流亡。」[25]、「戊戌（1238）…初，籍天下戶，得一百四萬，至是逃亡者十四五，而賦仍舊，天下病之。」[26]再加上，蒙古族王公官吏之惡習，大肆搜刮掠奪之後，農民民不聊生，無以繳賦稅、買苗種耕作，蒙古王公官吏，利用胡賈放高利貸於民，收取「羊羔兒利」[27]生民塗炭，終元之世，屢禁不斷。整個漢地之民生經濟，仍然如同南宋末年戰亂時期，甚至於更糟。

---

[25] 參見：《元朝名臣事略》卷十之四：「河東賦役，素無適從，官吏囊橐為奸，賦一徵十，民不勝其困苦，故多流亡。」p.208。

[26] 參見：《元朝名臣事略》卷五之一：「戊戌（1238）…初，籍天下戶，得一百四萬，至是逃亡者十四五，而賦仍舊，天下病之。」p.82。

[27] 高利貸謂羔羊利或羊羔兒利，蒙語言：斡脫（蒙音：orto，《元史》謂：斡兒朵；蒙古包之意，指稱王公貴族們）。《元文類》《卷五十七》〈中書令耶律公神道碑〉「取借回鶻債銀，其年則倍之，次年則併息又倍之，謂之羊羔兒利，積而不已，往往破家散族，至以妻子為質，然終不能償。」p.635。

第二節　禪宗在元代時之狀況

一、元代之宗教信仰

　　蒙古族人原是信奉「薩滿教」，薩滿就是巫師，負責與神靈溝通，為宗教之領袖，是一種泛靈信仰，萬物皆有神靈，而以「長生天」（蒙語為「蒙克‧騰格里」）為最高神祇，以「翁袞」為其守護神，偉人或祖先逝去後，都可成為「翁袞」，此為歐亞北方遊牧民族普遍之原始信仰，在成吉思可汗統一北方草原之後，因其地域遼闊，涵蓋歐亞兩大洲，其統治下之子民，計有上百種族，當然不同地域、不同種族，就出現了各種不同之信仰，包括了正統之宗教，諸如：佛教、道教、基督教、伊斯蘭教、猶太教等大的宗教，當然也包含了如祆教（又稱拜火教、瑣羅亞斯德教）、景教、摩尼教等一些小型之地區性信仰。然而蒙元之統治者，一本宗教自由之宗旨，聽任人民自由信教，並不加以排斥、干涉。不僅如此，在蒙元興起之初期，其帝室本身就有各種不同之信仰，例如：成吉思可汗（太祖）、窩闊臺可汗（太宗）、蒙哥可汗（憲宗）為虔誠之薩滿教信徒；貴由可汗（定宗）、察合臺汗及太宗之后脫列哥那（馬真皇后）、睿宗（拖雷）之后唆魯禾帖尼信基督教；太祖之孫別兒哥及世祖之孫安西王阿難答信伊斯蘭教；忽必烈可汗（世祖）及皇后察必皈依了藏傳佛教等等，[28]由此可窺見蒙元之統治者對宗教信仰之態度。

　　道教起於東漢之時，張道陵之五斗米道及張角之太平道，奉

---

[28]　參見：任宜敏，《元代佛教史》，p.5。

老子為始祖；道教本身並無唯一之創始人，及根本之經典，最初是以神仙術、煉丹、占卜、巫術、禁咒為主，不求來世，無輪迴之說，樂生厭死，追求永生，把死當作屍解，依修行之功力淺深，分羽化升天為仙及死後屍解為仙。是經歷多個朝代及眾多的個人創建的派別，[29] 逐漸匯流合成的，分為丹鼎派（外丹、內丹）和符籙派（讖緯、符咒）兩大分支。丹鼎派又分為外丹、內丹兩派，符籙派則包含有讖緯及符咒。到了六朝時，佛教初傳入華時，歷經數百年的佛道之爭，而凝聚成型，當時北朝有寇謙之（著有《圖籙真經》）、崔浩，南朝有葛洪（著有《抱朴子》）、陸修靜（著有《三洞經書目錄》）[30]、陶弘景（著有《真誥》）融合了老、莊、易、佛教諸經。初唐時時，太宗、高宗因國姓李，自稱為老子李耳之後代，唱尊道抑佛，到了盛唐、武周時，謠稱彼為彌勒佛下世，又反過來揚佛抑道，彼時亦正逢，神秀、慧能之時，禪宗大興，及至中唐安史之亂，天下動盪，禪宗亦發生南北宗之爭，直到武宗會昌毀佛（840～846）之前，一直是佛、禪之天下，過後佛教才又慢慢的恢復。道教趁勢崛起，到了北宋末，徽宗寵信道士林靈素，自稱為「道君皇帝」，篤信道教，壓抑佛教，僅僅才一年（宣和元年至二年，1119～1120），為時甚短，影響不大；六年後發生靖康之難，為金所擄，北宋亡。王重陽（1113～1170）於金熙宗正隆四年（1159）在終南山劉蔣村，創立全真教，不談爐鼎煉丹，講求修心、養氣練內丹，吸收了佛、禪之思想，尤其是南宗禪之「無念」、「無相」、「無住」、「即心即佛」之思想，其第二代掌門人馬鈺語錄中云：「身中之氣不可散，心中之神不可昧。」前一句說的是養

---

[29] 依據北京白雲觀的《諸真宗派總簿》之抄本記載共有86派，實際上更多。參見：李鳴飛《蒙元時期的宗教變邊》，p.63。
[30] 陸修靜收集整理了1090卷之道經，分門別類成洞真、洞玄、洞神三部。

氣，後一句說的是修性。弟子問：「怎樣氣才能不散？」馬鈺說：「身無為」。弟子又問：「怎樣神才能不昧？」馬鈺說：「心無事」。[31]基本上融合運用了南宗禪之思想；道教追求的是肉體長生不死、羽化登仙，不過全真道吸收了佛教之思想，修正為追求超生死的不生不滅，稱之為「元神」，只要能修煉成內丹，將人之精、氣、神合而為一成「元神」，即可超越生死，元神從頂門自由的出入。另為能全心修行，全真道亦如佛教一樣，需要出家守戒清修。金世宗大定七年（1167），全真道移往山東甯海地區發展，王重陽收有七個弟子，號稱全真七子。[32]北宋張伯端（紫陽真人，978～1082）在臺州天臺山創立金丹派，自為開派祖師，以內丹修煉為主的，亦尊全真教為宗，自稱南宗，把王重陽山東這派稱為北宗。蒙元時，道教分為四派：全真道教、真大道教[33]、太一道教[34]、正一道教[35]，以全真道為最興盛，1209年長春子丘處機接任為北宗全真教主教主。

　　成吉思可汗曾在1219年西征花剌子模之時，召見道教之長春子丘處機（1148～1227），請教治國之道，丘處機應之以：「欲一天下者，必在乎不嗜殺人。及問為治之方，則對以敬天愛民為本。」、問及養生之道，告知曰：「以清心寡欲為要」[36]成吉思可

---

[31] 引自：李鳴飛，《蒙元時期的宗教變遷》，p.83。

[32] 為馬鈺、譚處端、劉處玄、丘處機、王處一、郝大通、孫不二七人。

[33] 金熙宗時劉德仁所創，元初時分大道及真大道兩派，後在元中葉時又合併成真大道教，在泰定三年教主張志清去世後，沒落。此派以老子之《道德經》為教義，如同全真道一樣注重內修、養氣，但亦類似正一道一樣為人召神、驅鬼、治病，但不用符籙。

[34] 金熙宗時蕭抱珍所創，以符籙為主，到元末時已絕。

[35] 又名天師道，為自漢朝之五斗米教衍伸下來的，以符籙為主，又分為茅山宗、龍虎宗、閤皂宗。

[36] 參見：〔明〕宋濂，《元史》〈列傳第八十九　釋老〉：「太祖時方西征，日事攻戰，處機每言欲一天下者，必在乎不嗜殺人。及問為治之方，

汗敬之，呼之為「神仙」而不名，過後又數度下詔問安，並諭令
道教免差發稅賦。[37]長春子丘處機逝後，其弟子們不事修行、飛揚
跋扈、霸占佛寺、欺壓善良，引起士大夫、僧人的不滿，[38]於憲宗
朝時召開了三次的佛道辯論[39]落敗，而終至趨於沒落。

　　在1219年時，成吉思可汗之大將木華黎奉令率軍南征伐金，
攻破山西嵐城時，俘獲海雲印簡禪師（1203～1258）和他的師父
中觀沼（慈雲正覺禪師，生卒年不詳），因見年輕的海雲印簡禪

則對以敬天愛民為本。問長生久視之道，則告以清心寡欲為要。太祖深
契其言，曰：「天錫仙翁，以窘朕志。」命左右書之，且以訓諸子焉。
於是錫之虎符，副以璽書，不斥其名，惟曰「神仙」。一日雷震，太祖以
問，處機對曰：「雷，天威也。人罪莫大於不孝，不孝則不順乎天，故天
威震動以警之。似聞境內不孝者多，陛下宜明天威，以導有眾。」太祖從
之。歲癸未，太祖大獵於東山，馬踣，處機請曰：「天道好生，陛下春秋
高，數畋獵，非宜。」太祖為罷獵者久之。時國兵踐蹂中原，河南、北尤
甚，民罹俘戮，無所逃命。處機還燕，使其徒持牒招求於戰伐之餘，由是
為人奴者得復為良，與瀕死而得更生者，毋慮二三萬人。中州人至今稱道
之。」pp.1159-1160（按：二十四史：pp.4524-4525）。
37 參見：李志常，《長春真人西遊記》卷下，附錄：
「聖旨
成吉思皇帝聖旨道與諸處官員每
丘神仙應有底修行底院舍等係逐日念誦經文告天底人每與
皇帝祝壽萬萬歲者所據大小差發稅賦都休教著者據丘神仙底應係出家門人
等隨處院舍都教免了差發稅賦其外詐推出家影占差發底人每告到官司治
罪斷按主者奉到如此不得違錯須至給付照用者右付　　神仙門下收執
照使所據神仙應係出家門人精嚴住持院子底人等並免差發稅賦准此
癸未羊兒年三月御寶日」pp.123-124。
38 參見：〔元〕祥邁撰，《辯偽錄》卷1：「道士丘處機李志常等。毀西京
天城夫子廟為文城觀。毀滅釋迦佛像白玉觀音舍利寶塔。謀占梵剎四百八
十二所。傳襲王浮偽語《老子八十一化圖》。」（CBETA 2019.Q3, T52,
no. 2116, p. 751a14-18）
39 1255及1256年均在蒙哥汗面前，舉行佛道辯論，互有輸贏，無明顯之勝
負，1257年蒙哥汗命忽必烈在開平主持第三次佛道辯論，佛教大勝。參
見：劉韋廷，〈元代佛道辯諍探微：以《大元至元辯偽錄》為主之討
論〉，《輔仁宗教研究》第三十三期（2016）pp. 41-70。

師對答不俗，又聽了其師中觀沼禪師之宣講佛法，深受感動，上報成吉思可汗，可汗頒布旨令，要善待中觀、海雲師徒二人，「好與衣糧養活者（著）」，並要他們帶領漢僧祈福佑國，「教做頭兒。多收拾那般人在意。告天不揀阿誰。」[40]此為蒙元時佛教與統治階層之首次接觸，雖然成吉思可汗下達優遇及保護令，但此並不表示蒙古帝室重信佛教，只不過是在他們的觀念中，一切之宗教都是與上天（長生天）溝通、祈求之方式、管道，不管是道教、佛教或其他之外來宗教，蒙古帝室都願意優遇，以祈福佑國，此與他們之原始信仰薩滿教之教義——萬物皆有靈有關。

　　到了憲宗蒙哥可汗之時，因西征吐蕃（西藏）地區，因緣際會，忽必烈接觸了藏傳佛教。據《紅史》及《漢藏史集》記載：1244年闊端威脅利誘薩迦派法王薩班（薩迦·班智達·貢噶堅贊，1182～1251）前往涼州見面商議西藏歸順蒙古之事，薩班在此要挾之下不得不以63歲高齡帶著其侄子也是接班人八思巴（八思巴·洛追堅贊，1235～1280）及八思巴之弟恰那多吉，長途跋涉去涼州，1247年與闊端會了面，由薩班發表了一封公開信〈薩迦班智達致蕃人書〉，勸說西藏各區歸順蒙古，以避免戰端。1251年，闊端之子蒙哥都帶八思巴，到六盤山蒙軍軍營晉見了仍是王子的忽必烈，與之相談甚歡，於是忽必烈留下八思巴於軍營

---

[40]　參見：〔元〕梅屋念常禪師撰，《佛祖歷代通載》卷21：「二公見（海雲印簡）師年幼無所畏懼應對不凡。即與往見中觀。二公聞中觀教誨諄諄。乃大喜曰果然有是父有是子也。於是禮中觀為師。與師結為金石友。（木華黎）國王將中觀及師分撥直隸。成吉思皇帝載中觀于黃犢輕車。師親執御。日營採汲。經年至赤城。舍於郎中張公宅。使臣太速不花并麻賴。傳成吉思皇帝聖旨道與摩花理國王。爾使人來說底老長老小長老。實是告天的人。好與衣糧養活者，教做頭兒。多收拾那般人在意。告天不揀阿誰。休欺負交達里罕行者。」（CBETA 2019.Q3, T49, no. 2036, pp. 702c28-703a10）

中，不久薩班病重，八思巴回涼州，接受薩班臨終前所傳衣鉢及
法螺等物，成為薩迦派的新法主，史稱薩迦派五祖。1252年忽必
烈派人去涼州接八思巴回軍營中，詢問有關吐蕃之政治、宗教、
歷史及民情問題，八思巴為之詳細解說，顯示出八思巴之豐富的
學養，令忽必烈十分折服，因而留八思巴於身邊，隨軍行動。後
因忽必烈要向吐蕃徵收攤派征大理之軍費，八思巴勸阻曰：「吐
蕃不過是邊遠小地方，地狹民貧，請不要攤派兵差」，忽必烈不
從，八思巴極為不快言：「如此，吐蕃的僧人實無必要來此住
坐，請放我們回家吧！」忽必烈說：「那麼，可以前（按：回）
去。」[41] 就在八思巴要走時，王妃察必說服了忽必烈，說八思巴是
個難得之人才，論佛法、知識都比噶瑪拔希為上，應該繼續留他
下來，就這樣八思巴被留了下來。王妃跟著學習薩迦之法，並接
受八思巴之喜金剛灌頂，同時王妃也說服忽必烈接受灌頂，開始
時八思巴恐怕汗王無法遵守灌頂傳法誓約予以拒絕，因在藏傳佛
法中，「受灌頂之後，上師坐上座，弟子要以身體禮拜，聽從上
師之言語，不違上師之心願」[42] 對此忽必烈頗為難，最後經由王妃
為之協調，忽必烈與八思巴達成了這著名的協議：

> 「聽法及人少時，上師可以坐上座。當王子、駙馬、
> 官員、臣民聚會時，慈不能鎮伏、由汗王坐上座。吐蕃之
> 事悉聽上師之教，不請於上師決不下詔。其餘大小事務因
> 上師心慈，如誤為他人求情，恐不能鎮國，故上師不得講

---

[41] 參見：阿旺貢噶索南著，陳慶英、高禾福、周潤年譯注，《薩迦世系
史》，pp.101-102。

[42] 參見：阿旺貢噶索南著，陳慶英、高禾福、周潤年譯注，《薩迦世系
史》，p.103。

論及求情。」[43]

　　在達成了這著名的協議後，於1253年春，八思巴為忽必烈授喜金剛灌頂，成為忽必烈之上師。1254年受賜「優禮僧人詔書」，1258年忽必烈受憲宗蒙哥之命主持佛道第三次辯論，八思巴和漢僧們以淵博的佛法、高深的學識，無礙的口才，使得道教之道士們理屈詞窮，忽必烈遂令焚毀道教偽經，歸還被道士強占的佛寺。1260年忽必烈即位為大蒙古國大汗，尊封八思巴為國師，並受玉印。1264年忽必烈定都大都、設官職，制總制院（後於1288年改為宣政院）[44]管理全國之佛教事務及吐蕃地區之政、軍事務，任命八思巴以國師兼理總制院。隨後攜其弟返回西藏薩迦地區，建立西藏地區之政教合一管理制度。此後不但奠定了薩迦派，在元時期西藏地區之政教地位。也因此因緣，自此之後元廷王室貴族多信奉藏傳佛教，不過此時之一般蒙古族人，大都還是信奉薩滿教，直到元末、明初時才普及開來。

　　元代對佛教之管理有二特色：

　　一、帝師制度：自1269年，八思巴完成了他所創制的蒙古新字——八思巴文後，忽必烈將之定為國字，頒行全國。並於1270年，晉封八思巴為「帝師大寶法王」，賜玉印。從此設立了「帝師」一職，持續至元末而終。[45]

[43] 參見：阿旺貢噶索南著，陳慶英、高禾福、周潤年譯注，《薩迦世系史》，p.103。

[44] 〔明〕宋濂撰，《元史‧百官志三》載：「至元二十五年（1288），因唐制吐蕃來朝見於宣政殿之故，更名宣政院。置院使二員，同知二員，副使二員，經歷二員，都事四員，管勾一員，照磨一員」p.573（按：二十四史：p.2193）。

[45] 參見：〔明〕陳邦瞻撰，《元史紀事本末》：「自是每帝師一人死，必自西域取一人為嗣，終元世無改焉。」，p.140。

帝師一職，秩從一品，賜玉印，位高權重，兼領宣政
院。世祖之後元之歷代帝王即位前，都須從帝師受戒。
即位後，要對帝師「降詔褒護」，詔書字絡以珍珠，被
稱做「珠詔」。上朝時，百官排班列隊，帝師設有專座
在皇帝座旁。帝師的令稱為法旨，般行於全國各寺院。
對西藏地區般佈之詔令，須由帝師副署。帝師生前備受
尊崇，死後也享盡哀榮。世祖敕令修訂之《百丈清規》
中，將帝師涅槃與佛誕、佛涅槃並列舉為重大佛事。帝
師幾乎等同於釋迦牟尼。帝師作為皇帝在佛教方面的老
師，要為皇帝、后妃、皇子傳授佛法、授戒、灌頂，還
要，掌管全國佛教、統領僧尼、主持佛事、弘揚佛教、
為皇帝祈福延壽，為先帝作佛事、祈冥福，並祈求國泰
民安、天下風調雨順。[46]

二、宣政院之設置：歷來之政府都設有管理僧人之僧官，
中國的僧官制始於六朝時期，北方於後秦姚興（393～
416）立僧䂮為僧正開始，[47]南方則始於東晉安帝（382～

---

[46] 參見：《元史‧列傳第八十九》〈釋老〉：「元起朔方，固已崇尚釋教。
及得西域，世祖以其地廣而險遠，民獷而好鬥，思有以因其俗而柔其人，
乃郡縣土番之地，設官分職，而領之於帝師。乃立宣政院，其為使位居第
二者，必以僧為之，出帝師所闢舉，而總其政於內外者，帥臣以下，亦必
僧俗並用，而軍民通攝。於是帝師之命，與詔敕並行於西土。百年之間，
朝廷所以敬禮而尊信之者，無所不用其至。雖帝后妃主，皆因受戒而為之
膜拜。正衙朝會，百官班列，而帝師亦或專席於坐隅。且每帝即位之始，
降詔褒護，必敕章佩監絡珠為字以賜，蓋其重之如此。其未至而迎之，則
中書大臣馳驛累百騎以往，所過供億送迎。比至京師，則敕大府假法駕
半仗，以為前導，詔省、臺、院官以及百司庶府，並服銀鼠質孫。用每歲
二月八日迎佛，威儀往迓，且命禮部尚書、郎中專督迎接。及其卒而歸
葬舍利，又命百官出郭祭餞。」pp.1158-1159（按：二十四史：pp.4520-
4521）。

[47] 《高僧傳》卷6：「至弘始七年（405）勅加親信伏身白從各三十人。僧正

419）於蜀郡設地方僧官，劉宋武帝（363～422）年間，始設中央僧官；主要掌管僧尼事務。北魏道武帝（371～409）時設道人統，以統攝僧徒。文成帝（440～465）時，則於中央設置監福曹，以道人統為正僧官，都維那為副；地方設僧曹，以州沙門治事，一元化統制之僧官制度。劉宋明帝（439～472）泰始元年，以僧瑾為天下僧主，南朝僧官均沿用此僧正、僧主之稱。不過僧主、僧正以地方較中央更具實權。隋代承襲之，僧官以統為正，都為副，亦沿用僧主、僧正之稱；改昭玄寺為崇玄署，置於鴻臚寺之下。唐初廢除中央僧官，而以一般官吏管理僧團之事務等；武周時，改以祠部管理佛事。中唐時，又設中央僧官。地方則以僧統，為最高僧官，此一直延續到五代。兩宋時，於京城設左右街僧錄司，掌管僧院、帳籍等僧務。地方僧官則沿用唐制，於各州設僧正一名，下設副僧正、僧判；其後又有加設都僧正者。[48]元代則以宣政院[49]來統領全國僧團，內置總統、僧

之興，詔之始也。」（CBETA 2019.Q3, T50, no. 2059, p. 363b17-18）

[48] 參見：教育大辭書編纂委員會編纂；國立編譯館主編《教育大辭書》，中國僧官制度條文。

[49] 《元史·志第三十七》〈百官三〉：「宣政院，秩從一品，掌釋教僧徒及吐蕃之境而隸治之。遇吐蕃有事，則為分院往鎮，亦別有印。如大征伐，則會樞府議。其用人則自為選。其為選則軍民通攝，僧俗並用。至元初，立總制院，而領以國師。二十五年，因唐制吐蕃來朝見於宣政殿之故，更名宣政院。置院使二員、同知二員、副使二員、參議二員、經歷二員、都事四員、管勾一員、照磨一員。二十六年，置斷事官四員。二十八年，增僉院、同僉各一員。元貞元年，增院判一員。大德四年，罷斷事官。至大初，省院使一員。至治三年，置院使六員。天曆二年，罷功德使司歸宣政，定置院使一十員，從一品；同知二員，正二品；副使二員，從二品；僉院二員，正三品；同僉三員，正四品；院判三員，正五品；參議二員，正五品；經歷二員，從五品；都事三員，從七品；照磨一員，管勾

錄、正都綱、副都綱等官。宣政院初名總制院，世祖即
位初時時設立的一個隸屬中央之機構，負責管理全國佛
教事務並兼統制吐蕃地區之軍政機構。至元二十五年改
總制院為宣政院，秩從一品，印用三臺，由中書省右丞
或左丞相兼任[50]、有時期亦由知樞密院事兼任。宣政院在
一些重要之地方亦設有行宣政院，[51]輔助管理地方上之僧
務。

　　元代之中央官制為省院臺三權分立，設有：中書省總理政
務；樞密院掌兵權；御史臺司黜陟。另加設總制院管理僧務，位
同御史臺，[52]位階之高，史無前例。且又掌吐蕃之軍政教之大權。
位高權重，弊端叢生。

　　蒙帝室自忽必烈起信仰西藏密教、寵信喇嘛（或稱西僧），
致部分喇嘛，恃寵而驕、胡作非為之事層出不窮，諸如：楊璉真
加，世祖用為江南釋教總統，發掘故宋趙氏諸陵之在錢唐、紹興
者及其大臣塚墓凡一百一所；戕殺平民四人；受人獻美女寶物無

算；且攘奪盜取財物…[53]尤其到了武宗（1307～1311）之時，更是
盲目寵信，放縱蕃僧侵擾百姓、姦淫民女、強取豪奪民財，更有
甚者竟下旨：「凡民毆西僧者，截其手；詈之者，斷其舌。」[54]此
亦加速元朝之滅亡的原因之一。

　　究之元帝室重信藏傳佛教之原因，多是因其教多密法、咒
術，正合蒙人之喜好，世傳當年忽必烈王妃察必，因折服於八
思巴之小神通——「用利劍將自己軀體剁為五部分，顯示其受五
方五佛護佑」[55]後在忽必烈南征南宋時，八思巴命尼泊爾工匠阿
尼哥（Araniko，1244～1306）[56]塑造藏密護法神大黑天（摩訶嘎

[53] 詳見：《元史・列傳第八十九》〈釋老〉：「楊璉真加者，世祖用為江
南釋教總統，發掘故宋趙氏諸陵之在錢唐、紹興者及其大臣塚墓凡一百
一所；戕殺平民四人；受人獻美女寶物無算；且攘奪盜取財物，計金一千
七百兩、銀六千八百兩、玉帶九、玉器大小百一十有一、雜寶貝百五十有
二、大珠五十兩、鈔一十一萬六千二百錠、田二萬三千畝；私庇平民不輸
公賦者二萬三千戶。他所藏匿未露者不論也。」p.1159（按：二十四史：
p.4521）。
[54] 詳見：《元史・列傳第八十九》〈釋老〉：「（武宗）至大元年
（1308），上都開元寺西僧強市民薪，民訴諸留守李璧。璧方詢問其由，
僧已率其黨持白梃突入公府，隔案引璧髮，捽諸地，捶撲交下，拽之以
歸，閉諸空室，久乃得脫，奔訴於朝，遇赦以免。二年，復有僧龔柯等十
八人，與諸王合兒八剌妃忽禿赤的斤爭道，拉妃墮車毆之，且有犯上等
語，事聞，詔釋不問。而宣政院臣方奏取旨：凡民毆西僧者，截其手；詈
之者，斷其舌。時仁宗居東宮，聞之，亟奏寢其令。」p.1159（按：二十
四史：pp.4521-4522）。
[55] 參見：任宜敏，《元代佛教史》，p.229。
[56] 《元史・列傳第九十》〈方技（工藝附）〉：「阿尼哥，尼波羅國人也，
其國人稱之曰八魯布。幼敏悟異凡兒，稍長，誦習佛書，期能曉其義。
同學有為繪畫妝塑業者，讀《尺寸經》，阿尼哥一聞，即能記。長善畫
塑，及鑄金為像。中統元年，命帝師八合斯巴建黃金塔於吐蕃，尼波羅國
選匠百人往成之，得八十人，求部送之人未得。阿尼哥年十七，請行，
眾以其幼，難之。對曰：「年幼心不幼也。」乃遣之。帝師一見奇之，命
監其役。明年，塔成，請歸，帝師勉以入朝，乃祝髮受具為弟子，從帝師
入見。帝視之久，問曰：「汝來大國，得無懼乎？」對曰：「聖人子育萬

圖4：大黑天護法神（示意圖，非阿尼哥所塑之像），引自：王家鵬主編，（北京）故宮博物院藏文物珍品全集《藏傳佛教造像》，圖173。

刺，Mahākāla）之像（參見圖4），面相南方，並親自為其開光，並要膽巴（Dampa,Kundgahgrags，1230～1303）[57]施咒、行法，助元軍攻南宋；歷來之帝師在旱、澇時，又須行密法、施咒祈雨、退洪，因帝王貴族崇信之故，藏傳佛教在元代時能大興。

然而，藏傳佛教在漢地（華北、江南）還是無法普遍，漢人、南人信仰的人還是很有限，漢族人大半還是信仰著，源自東漢至兩宋以來之漢傳佛教，天臺、華嚴、禪宗、律宗、淨土等，元廷對宗教信仰採取的是自由、寬鬆的，只要不是假藉宗教之名而聚眾斂財、

方，子至父前，何懼之有。」又問：「汝來何為？」對曰：「臣家西域，奉命造塔吐蕃，二載而成。見彼土兵難，民不堪命，願陛下安輯之，不遠萬里，為生靈而來耳。」又問：「汝何所能？」對曰：「臣以心為師，頗知畫塑鑄金之藝。」帝命取明堂針灸銅像示之曰：「此宣撫王楫使宋時所進，歲久闕壞，無能修完之者，汝能新之乎？」對曰：「臣雖未嘗為此，請試之。」至元二年，新像成，關鬲脈絡皆備，金工嘆其天巧，莫不愧服。凡兩京寺觀之像，多出其手。為七寶鑲鐵法輪，車駕行幸，用以前導。原廟列聖御容，織錦為之，圖畫弗及也。至元十年，始授人匠總管，銀章虎符。十五年，有詔返初服，授光祿大夫，大司徒，領將作院事，寵遇賞賜，無與為比。卒，贈太師、開府儀同三司、涼國公、上柱國，謚敏慧。」p.1165（按：二十四史：pp.4545-4546）。

[57] 藏族人，西番突甘斯旦麻人，為八思巴之師兄弟，薩班逝後，去印度修習密法，1270年八思巴推薦給忽必烈，封為國師，後追封元朝帝師。

滋事者，諸如：白雲宗、白蓮宗[58]之類外，皆不禁斷。

　　除了信仰自由外，宗教政策亦十分的寬鬆；蓋打自佛教東傳入華之時，就開始有僧尼免稅賦、差發之舉措，最早見於三國吳時之笮融，建寺設壇，以「復其他役以招致之」[59]大招佛徒；〔法〕漢學家、佛教學者謝和耐在其著作《中國5-10世紀的寺院經濟》中說：

> 「僧侶們從理論上來說是既不生產任何東西，也不占有任何財產，所以是不能讓他們納稅的……僧侶是置身於傳統的各種課稅人之外的。所以，從佛教在中國傳播伊始，中國似乎就接受了那種皈依教門就是解除個人一切世俗義務之行為的觀念。當吳國（220-280）的笮融修建一座佛寺的時候，允許該地區的農民遁入教門，即『受道』。他免除了他們所有的苛捐雜稅，即『復其他役以招致之』」[60]

[58] 《元史・列傳第八十九》〈釋老〉：「若夫天下寺院之領於內外宣政院，曰禪，曰教，曰律，則固各守其業，惟所謂白雲宗、白蓮宗者，亦或頗通奸利云。」p.1159（按：二十四史：p.4524）。

[59] 參見：〔晉〕陳壽撰《三國志》《吳書四》〈劉繇傳〉：「笮融者，丹楊人，初聚　數百，往依徐州牧陶謙。謙使督廣陵、彭城運漕，遂放縱擅殺，坐斷三郡委輸以自入。乃大起浮圖祠，以銅為人，黃金塗身，衣以錦采，垂銅槃九重，下為重樓閣道，可容三千餘人，悉課讀佛經，令界內及旁郡人有好佛者聽受道，復其他役以招致之，由此遠近前後至者五千餘人戶。每浴佛，多設酒飯，布席於路，經數十里，民人來觀及就食且萬人，費以巨億計。曹公攻陶謙，徐土擾動，融將男女萬口，馬三千匹，走廣陵，廣陵太守趙昱待以　禮。先是，彭城相薛禮為陶謙所偪，屯秣陵。融利廣陵之　，因酒酣殺昱，放兵大略，因載而去。過殺禮，然後殺皓。」p.308（按：二十四史：p.1185）。

[60] 參見：〔法〕謝和耐著耿昇譯《中國5-10世紀的寺院經濟》，P.33。

　　然而，也因此而與歷來之統治者產生矛盾，「統治階層感到影響最大的是徭役和稅收減少」[61]歷史上發生了多次的毀佛事件，逼迫大量之僧尼還俗為農民，多是因為此稅收、經濟問題而引起的。[62]南宋時雖無毀佛禁教，然因對遼、金之歲貢、軍費龐大的負擔，及戰亂稅收不足，對僧尼徵收「免丁錢」，後又改為「清閒錢」，賦金數額是一般丁口的好幾倍。[63]蒙元之初，太祖時曾下詔免除道士之稅賦、差發，世祖及文宗時，又一再下詔，[64]免僧、尼之稅賦、差發。

　　在造寺及出家方面，亦聽任不禁。自來寺院分為二類，為皇家（官設）寺院及民間寺院；[65]元初至元七年（1270）時，（世祖）察必皇后發心在大都興建大護國仁王寺，隔年，世祖在大都城內興建大聖壽萬安寺，自此之後，新君即位興建佛寺及冊封帝師便成為元朝之一項定制。而王公貴族也爭相效尤，民間之興建寺院也十分多。據世祖至元二十八年（1291）時之記載，計有寺宇四萬二千三百一十八區，僧、尼二十一萬三千一百四十八人，[66]佛教逐漸由多年的戰亂中恢復。

---

[61] 參見：〔法〕謝和耐著耿昇譯《中國5-10世紀的寺院經濟》，P.32。

[62] 例如北周武宗、後周世宗之毀佛。

[63] 參見：熊江寧，《普天佛香：宋遼金元時期的佛教》，p.9。

[64] 《元史・本紀第九》〈世祖六〉：「至元十四年（1277）元軍攻下江南後，世祖下「詔以僧亢吉益、怜真加加瓦並為江南總攝，掌釋教，除僧租賦，禁擾寺宇者。」p.68（按：二十四史：p.188）。
《元史・本紀第三十三》〈文宗二〉：「（天曆二年1329）詔僧尼徭役一切無有所與。」p.209（按：二十四史：p.745）。

[65] 分別稱之為十方寺院與甲乙寺院，前者之住持由官方從十方道場遴選而官派，後者則由擁有者之私人或家族指派。

[66] 參見：《元史・本紀第十六》〈世祖十三〉：「宣政院上，天下寺宇四萬二千三百一十八區，僧、尼二十一萬三千一百四十八人。」p.110（按：二十四史：p.354）。

　　而這些皇家的寺院，除了擁有大量的地產外，還擁有磨坊、手工業作坊、車馬、邸店等，龐大的產業，元廷採取設立專職官署來管理，起初是各自官寺設立「總管府」來管理、經營各該寺院之寺產，到了天曆元年（1328），改設立「太禧院」翌年改稱「太禧宗禋院」，[67]總管全國的皇家寺院，「凡錢糧之出納，營繕之作報，悉統之。」同時「掌神御殿朔望歲時、諱忌日辰禋享禮典」，官秩從一品，這也是元代在宗教事務管理上之另一特點。

　　元代在佛經之刻印與校勘方面，亦有頗多的貢獻：歷經元代百年間，計刻印了漢文藏經三部：《普寧藏》、《弘法藏》[68]、《元官藏》，以及《藏文大藏經》[69]、《蒙文大藏經》[70]、《西夏文大藏經》[71]，並接手續刻完成南宋未完成之《磧砂藏》。另外世祖因發現「西僧經教與漢僧經教。音韻不同。疑其有異。」[72]為

---

[67] 《元史・志第三十七》〈百官三〉：「太禧宗禋院，秩從一品，掌神御殿朔望歲時諱忌日辰禋享禮典。天曆元年，罷會福、殊祥二院，改置太禧院以總制之。初，院官秩正二品，升從一品，置參議二員，改令史為掾史。二年，改太禧宗禋院，置院使六員，增副使二員，立諸總管府為之屬。凡錢糧之出納，營繕之作報，悉統之。定置院使兼都典制神御殿事六員，同知兼佐儀神御殿事二員，副使兼奉贊神御殿事二員，僉院兼祗承神御殿事二員，同僉兼肅治神御殿事二員，院判供應神御殿事二員，參議二員，經歷二員，都事二員，管勾、照磨各一員，掾史二十人，譯史四人，知印二人，怯里馬赤二人，宣使一十五人，斷事官四員，客省使大使、副使各二員。」p.576（按：二十四史：p.2207）。

[68] 為《趙城金藏》之增補版。

[69] 為《納塘古版》本。

[70] 為《納塘古版》藏文大藏經之蒙文譯本。

[71] 由西夏開國主李元昊（1003～1048）由北宋請來一部大藏經—《開寶藏》，令人譯成西夏文，一直到西夏被元太祖滅時，尚未完成，後由世祖忽必烈令人接手，送到杭州大萬壽寺雕版，直到成宗大德六年（1302）時，始竣工。

[72] 《佛祖歷代通載》卷22：「帝見西僧經教與漢僧經教。音韻不同。疑其有

一決疑惑，遂令藏、漢學問僧們，對勘藏文與漢文經典，完成了此一至今仍十分重要之文獻—《至元法寶勘同總錄》。在佛教史方面，有編年體佛教通史：梅屋念常（1282～?）撰之《佛祖歷代通載》，及寶洲覺岸（1286～?）撰之《釋氏稽古略》；和分科之僧傳：夢堂曇噩（1285～1373）撰之《新脩科分六學僧傳》；以及藏傳之佛教史：薩迦派夏魯系之布頓·仁欽竹（1290-1364）大師撰之《布頓佛教史》（亦稱《善逝教法史》，又名《佛教史大寶藏論》）、蔡巴噶舉派之蔡巴·貢噶多吉（1309～1364）撰之《紅史》。此外，律學方面有東陽德輝（生卒年不詳），於順宗至元元年（1335），奉敕重輯百丈清規而成《勅修百丈清規》、心源省悟律師（生卒年不詳），於泰定二年（1325）撰之《律苑事規》、天臺雲外自慶（生卒年不詳），於至正七年編述之《增修教苑清規》等。

在佛像造像方面亦有貢獻，世祖即位之初，因尊崇帝師八思巴，欲在薩迦地區造黃金塔供佛，從釋迦牟尼佛之故鄉，招募擅長佛教建築、工藝之能工巧匠八十名；在前文曾述及一年輕、傑出的藝人工匠阿尼哥，除了帶來了佛教之建築（梵式或言藏式）外，同時也帶來了「梵式」之佛像造像，即所謂之「西天梵相」[73]

異。命兩土名德對辯。一一無差。帝曰。積年疑滯今日決開（故有法寶勘同）。」（CBETA 2019.Q3, T49, no. 2036, p. 724c18-20）

[73] 《佛說造像量度經解》：「今中土之佛像。有所謂漢式者。有所謂梵式者。其所謂漢式者。則漢武北伐匈奴。得休屠金人。安置於甘泉宮。孝明西迎沙門。受幝像。創建洛都寺宇。其後漸盛遍蔓。自晉魏（北朝）六朝以至於宋。代與西國通和。公私往來。時時不斷。故多得西國佛像。而唐之元奘法師。遍歷五竺境。共十有七載。瞻禮世尊過化之地。綜通其聲教。大般若等經千有餘卷。金玉佛像百什餘軀。俱以大象載歸。其像之精妙。皆阿育王等所造者焉。蓋自漢以來。凡欲造佛像者。皆取西來像為模。工行家。祖述相傳。此所謂漢式者也（或以謂唐式）其所謂梵式者。

此梵式造像為印度晚期波羅王朝（The Pala Empire，8th～12th）之佛像造像之風格，並嚴格遵循《造像量度經》[74]之造像方式及尺寸比例來造像，其相多為密教之佛、菩薩像，在元時非常盛行，現今在漢地多已不存，建築遺有北京妙應寺之白塔（參見圖5）；造像則遺有北京居庸關之雲台石刻[75]（參見圖6），據傳是阿尼哥之弟子劉元所作的。另在杭州西湖畔之飛來峰有元代之造像群，

圖5：北京妙應寺之白塔，元世祖時阿尼哥所設計建造。引自：熊江寧，《普天佛香：宋遼金元時期的佛教》，p.142。

其中漢式、梵式皆有（以漢式居多），亦有元代梵相風格之造像。可參閱杭州市歷史博物館等編印之《飛來峰造像》〈元代造像〉，pp.116-220。

元世祖混一海宇之初。儞波羅國匠人阿尼哥。善為西域梵像。從帝師巴思八來。奉勅修明堂針灸銅像。以工巧稱。而其門人劉正奉。以塑藝馳名天下。因特設梵像提舉司。專董繪畫佛像。及土木刻削之工。故其藝絕於古今。遂稱為梵像。此則所謂梵式者也」（CBETA 2019.Q3, T21, no. 1419, p. 939a6-24）

[74] 《造像量度經》原僅有藏文譯本之傳入，到了清乾隆時，高宗命內閣掌譯番蒙諸文西番學總管儀賓工布查布翻譯成漢文並加解述而成《佛說造像量度經解》。

[75] 在現今之北京市昌平區南口鎮居庸關內，的一座過街塔的塔基遺址。該雲台建於元末至正年間，原先在雲台之上建有三座藏式佛塔。現佛塔毀已毀，但該雲台之南北兩側之券門內外刻有「梵相」浮雕和銘文。

圖6：居庸關雲台「梵相」石雕，上二圖6-1～2為現今翻修後之貌，下圖6-3～5之浮雕傳為元代劉元之「梵相」石雕。引自：居庸關雲台網站 https://www.google.com/search?q=%E5%B1 %85%E5%BA%B8%E9%97%9C%E9%9B%B2%E5%8F%B0&sxsrf=ACYBGNRuwm3zD6Z Aa_awaOY--h5hvlhVYg:1573200789639&source=lnms&tbm=isch&sa=X&ved=0ahUKEwjJ7- fRldrlAhWMzlsBHU6fBfcQ_AUlEigB&biw=1080&bih=456&dpr=1.25 2019.11.08。

二、十三、四世紀之佛教與禪宗叢林

　　由於蒙古族人相信：「告天不揀阿誰」[76]一切之宗教都是在與長生天作溝通，只是祈求之方式、管道不同而已，在蒙元之初時，太祖立下宗教信仰自由之規矩，因此終元之紀，各類各派之宗教皆得以並存、自由發展，[77]不過還是以佛教最為興盛。太祖

---

[76]　《佛祖歷代通載》卷21：「告天不揀阿誰」（CBETA 2019.Q3, T49, no. 2036, p. 703a9）

[77]　白雲宗、白蓮宗因有聚斂、滋事之嫌，被禁斷。參見：《元史・列傳第八十九》〈釋老〉：「惟所謂白雲宗、白蓮宗者，亦或頗通奸利云。」

初起之際，因政治、統治上之需，優遇了道教長春子，但同時也禮遇了佛教禪宗之海雲印簡；長春子之後其徒不事修行，恃寵而驕、胡作非為，於蒙哥朝時，歷經三次之佛道之辯，終致挫敗、沒落，佛教則是穩定的發展。

　　欲談佛教與蒙元之因緣，須從萬松行秀（1166～1246）談起，萬松行秀嗣法於曹洞宗雪巖滿禪師，為芙蓉道楷（1043～1118）下第五世，受法後在金之中都（元世祖時定為京城大都）住持傳法，金章宗明昌四年（1193），曾召請入宮說法，元太宗二年（1230），詔為萬壽寺住持。他本身並未在蒙元時當官任職，但他的弟子雪庭福裕（1203～1275）、林泉從倫（1223～1281）及俗家弟子耶律楚材[78]對蒙元之初的北方之佛教影響頗大，尤其是耶律楚才早年就跟隨著成吉思可汗西征，在軍旅帳下，時時給予太祖建言，儒家及佛教之思想；到了太宗三年（1231）時又當了中書令（宰相），推行各種政治改革及對蒙元統治階層灌輸儒、佛之思想，影響巨大。之後太宗逝後，忽必烈召請臨濟宗海雲印簡禪師到藩邸，請問佛法大意，時僧子聰（劉秉忠）隨侍在側入見忽必烈，被忽必烈留在帳下隨軍參謀。忽必烈於中統元年（1260）即位世祖，問彼治天下策略，子聰建議了各種制度，並請沿用漢人舊臣；世祖任命為光祿大夫、領中書省，於至元八年（1271），建請建國號、定國都，並訂朝儀、官制等；子聰雖貴為宰官，然仍以身居佛門、守清戒，在元廷立佛門居士典範。另在定宗（貴由，在位1246～1248）時，任命海雲印簡（1203～

---

p.1159（按：二十四史：p.4524）。

[78] 耶律楚材，元代名相，遼東丹國國王耶律倍八世孫。號湛然居士，萬松行秀（1166-1246）禪師法嗣。元太宗時官至中書令，相當於宰相，歷事兩朝，推行各種改革及善政。因崇尚儒風，奏請開科取士；確立跪禮，制訂君臣之儀；整頓吏治，並著重富國保民。

1258）主管全國（其時尚未統一全國，只有淮河以北而已）佛教事務領天下宗教事，憲宗（蒙哥，在位1251～1259）時續任，但憲宗時另又任命迦什彌爾（克什米亞）僧那摩為國師，[79]「授玉印，總天下釋教」，二人有何分工，不得而知。[80]之後，忽必烈奉八思巴為帝師，篤信藏傳之佛教，一切以藏傳之佛教為宗。對於漢傳佛教雖政府聽任信仰自由，但因信奉之族群為漢人、南人，社會階級低下，也受到相當的衝擊。

元初之時，漢傳佛教有教、律、禪三支，教下又分為天臺、華嚴和法相三宗，律為律宗、禪為禪宗，茲略述如下：

天臺宗：早在五代、北宋之時，天臺宗徒就以倡「教禪一致」、「結社念佛」、「念佛求生西方」，諸如：永明延壽（905-976）為天台德韶（891-972）禪師法嗣，大鑑下第十一世（禪宗之法眼宗三祖）及淨土宗六祖（或有言淨土宗八祖）。彼所著之《宗鏡錄》云：「禪教雙亡。佛心俱寂。俱寂則念念皆佛。無一念而非佛心。雙亡。即句句皆禪。無一句而非禪教。」[81]此書除了詳述重要經論的宗旨並述禪宗祖師之言論。天台宗十七祖四明尊者知禮法智「（於大中祥符六年）創建念佛施戒會」[82]天台宗第二十一代祖師宜翁可觀，1092～1182）歎曰：「語言文字皆穅秕耳」[83]並接受宋朝丞相廷之請入主北禪寺。其他如清修

---

[79] 在忽必烈主持的第三次佛道辯論會時，擔任為佛教代表之主辯手，八思巴為第二辯手，大敗道教。

[80] 參見：楊曾文，《宋元禪宗史》，p.597。

[81] 參見：《宗鏡錄》卷34：「禪教雙亡。佛心俱寂。俱寂則念念皆佛。無一念而非佛心。雙亡。即句句皆禪。無一句而非禪教。」（CBETA 2019.Q3, T48, no. 2016, p. 617a9-12）

[82] 參見：《四明尊者教行錄》卷1：「（於大中祥符六年）創建念佛施戒會」（CBETA 2019.Q3, T46, no. 1937, p. 857c25-26）

[83] 參見：《佛祖統紀》卷15：「（宜翁可觀）歎曰。語言文字皆穅秕耳。建炎初主嘉禾壽聖。遷當湖德藏。居閒世堂。為楞嚴補注。以祥符延閎兩

法久（1100～1149）「說（按：天台之）法機辯有大慧（按：宗杲）之風。有不能領者，謂師『談禪於教苑』。」[84]假名如湛（？～1104）試法華得度，依車溪擇卿法師出家。後參橫山慧覺玉法師，深究教觀之旨。後入住壽聖寺，日誦持《法華經》七軸，並誦彌陀聖號二萬聲以為修持。晚年閑居小庵勤修淨業。[85]等等，「教禪一致」、「教淨雙修」之例不勝枚舉。元代之天臺宗主要是「四明山家」之「北峯元實宗印（1149～1214）為二十二祖。印傳佛光法照（1185～1273）為二十三祖。照傳子庭師訓（？～1369）為二十四祖。訓傳東溟慧日（1291～1379）為二十五祖。日傳普智無礙（1317?～1408）為二十六祖。」[86]雖有傳承，但已無往昔之聲勢了，且多兼習禪、淨。

載。以疾反當湖南林。一室蕭然人不堪之。則曰。松風山月。此我無盡衣鉢也。乾道七年。丞相魏杞出鎮姑蘇。請主北禪。」（CBETA 2019.Q3, T49, no. 2035, p. 227c9-14）

[84] 參見：《佛祖統紀》卷15：「法師法久。餘姚邵氏。受業龍泉。十五試蓮經中選得度。初依智涌於廣嚴。後去從慧覺。赴天竺。師隨往。旦夜為學卒成其業。大慧居徑山。往咨心要。嘗令師舉境觀之旨。必擊節歎賞。有王侍御女早喪。每附語令請高僧誦法華。大慧令師方升座演經。侍御忽有感悟。夜中亡女夢於父曰。承法師講經力已得生處。侍御因作一乘感應記。大慧一日謂師曰。教苑人稀宜勉力弘傳以光祖道。師遂歸。既而慈溪羅氏。以圓湛菴延之。學者四集共仰師法。紹興十三年。郡命居清修。泉清石潔人境俱勝。常患後生單寮多弊。乃闢眾堂作連床蒲褥如禪林之規。以身率眾莫敢怠。說法機辯有大慧之風。有不能領者。謂師談禪於教苑。寺左曰師子巖。創一堂名無畏。日住其中誦法華楞嚴七經。十九年不報。一日忽告眾。無疾而化。塔於寺西。雪溪晞顏為撰銘。門人妙雲繼主其席。」（CBETA 2019.Q3, T49, no. 2035, p. 228b20-c9）

[85] 參見：法鼓《人名規範檢索》，假名如湛條。

[86] 參見：《百丈清規證義記》卷7〈附天台教觀一宗〉（CBETA 2019.Q3, X63, no. 1244, pp. 497c7-498b7 // Z 2:16, pp. 413d1-414b13 // R111, pp. 826b1-827b13）。

　　華嚴宗：首先就須談到華嚴五祖[87]圭峰宗密，最早之「教禪一致」思想，是由宗密（780～841）所提出；宗密嗣法於華嚴宗四祖清涼國師澄觀（738～839），同時也嗣法於禪宗荷澤神會（684～758）之再傳弟子荊南道圓（758?～807?），為大鑑下四世；集諸宗禪言百卷禪藏撰成《禪源諸詮集》，惜已佚失，僅存其序文而已。因其出身教、禪二系，教禪兼修，因而能掃相破執、融合教與禪，提出了教禪一致的思想。宗密於《禪源諸詮集都序》中提倡「教禪一致」、並會通禪之三宗與教之三種。[88]元代之賢首宗多是祖述澄觀、宗密之旨，尤其是宗密之「教禪一致」；宋之後又有倡「教宗華嚴」、「修法界觀」、「行淨土行」。弘傳賢首宗之師，多集中分佈在五臺山、大都、及江浙三地，少數人在修習傳承，亦日趨沒落。

　　法相宗：又稱慈恩宗，因其名相眾多、義理深奧難以普傳，在唐武宗毀佛後，經卷佚失殆盡，宋元之時，幾已傳承不明，《百丈清規證義記》中云：「僅留所宏唯識之法，而無其人。」[89]

---

[87]　亦有遙尊龍樹為初祖，而稱宗密為六祖。參見：《百丈清規證義記》卷7，附賢首教觀一宗。（CBETA 2019.Q3, X63, no. 1244, p. 498b8-c11 // Z 2:16, p. 414b14-d5 // R111, pp. 827b14-828b5）。

[88]　參見：《禪源諸詮集都序》卷1：「細對詳禪之三宗、教之三種。如經斗稱足定淺深。先敘禪門。後以教證。禪三宗者。一息妄修心宗。二泯絕無寄宗。三直顯心性宗。教三種者。一密意依性說相教。二密意破相顯性教。三顯示真心即性教。右此三教如次，同前三宗相對一一證之。然後總會為一味。」（CBETA 2019.Q3, T48, no. 2015, p. 402b15-21）

[89]　參見：《百丈清規證義記》卷7：「證義曰。東土講宗最顯者三宗。所謂天台。賢首。慈恩是也。今慈恩一宗。僅留所宏唯識之法。而無其人。其支派繁衍無盡。唯台賢二宗耳。而南方台宗尤盛。然名位顯達。多出北方賢宗。是亦運數之使然歟。」（CBETA 2019.Q3, X63, no. 1244, p. 498c7-11 // Z 2:16, p. 414d1-5 // R111, p. 828b1-5）

　　律宗：在宋代因允堪真悟（1005～1062）律師、靈芝元照
（1048～1116）律師之大力弘傳《四分律》，而有所復興，尤
其是元照大智律師除了力弘律外，又力倡「生弘毘尼，死歸安
養。」[90]著有《阿彌陀經義疏》、《阿彌陀經義疏聞持記》等著
疏。入元之後，法系之傳承又幾至無聞。

　　淨土宗：雖然在佛教之分宗[91]傳承上，有淨土一宗，然而淨
土行原指「念佛」或「結社念佛」，原無教宗（教義、教旨）、
教主（創教派人），也無一脈相傳之法系，歷來所謂之淨土宗祖
師，乃為後世推舉，眾說紛紜，無統一之說，且無師資、法脈之
傳承關係。歷史上也因此而產生了許多之邪惡教團，如屢被禁絕
之白蓮教、白蓮宗等。近代之印順法師（1906～2005）曾提出：

> 「戒律與淨土，不應獨立成宗。」太虛大師說：「律
> 為三乘共基，淨為三乘共庇。」戒律是三乘共同的基礎，
> 不論在家出家的學者，都離不開戒律。淨土為大小乘人所

---

[90] 參見：《佛祖統紀》卷27：「用欽。居錢唐七寶院。依大智學律。聞其示
眾曰。生弘毘尼死歸安養。出家為道能事斯畢。即標心淨土一志不退。日
課佛至三萬。嘗神遊淨土。見佛大士種種異相。謂侍者曰。吾明日西行
矣。即集眾念佛。黎明合掌西望。加趺而化。」（CBETA 2019.Q3, T49,
no. 2035, p. 279b5-10）

[91] 參見：日本華嚴宗僧凝然（1240～1321）之《八宗綱要鈔》卷1：「問：
其八宗者云何？答：言八宗者、一俱舍宗・二成實宗・三律宗・四法相
宗・五三論宗・六天台宗・七華嚴宗・八真言宗也。問：此八宗中、幾是
小乘？幾是大乘乎？答：俱舍・成實及律、此三宗皆是小乘也。法相・三
論・天台・華嚴及以真言、此之五宗並是大乘也。」（CBETA 2019.Q3,
B32, no. 171, p. 18a8-13）。

宋元之後，八宗改指：天台宗、華嚴宗（又名賢首宗）、律宗、禪宗、淨
土宗、三論宗（又名法性宗）、法相宗（又名瑜伽宗）、密宗（又名真言
宗）。

> 共仰共趨的理想界，如天台、賢首、唯識、三論以及禪
> 宗，都可以修淨土行，弘揚淨土。這是佛教的共同傾向，
> 決非一派人的事情。站在全體佛教的立場說，與專弘一端
> 的看法，當然會多少不同。」[92]

然而淨土之「念佛法門、求生淨土」，與禪宗之追求開悟，
為唐宋以來，佛教中國化後之漢傳佛教之重要行持法門，如上所
述，天臺、華嚴之教門，乃至律宗所兼行持之法門；永明大師倡
「念佛誦經…講經說法…迴向往生西方淨土。」[93]

禪宗：金末、蒙元初時，禪宗北方雖有萬松行秀之曹洞宗、
海雲印簡之臨濟宗傳承，但是因其政治、社會之環境影響，無
甚興盛。而在南方則因南宗禪主要為漢人所信奉，及因在兩宋
之際，與儒家之思想之互相融合，又有大批之文人、士大夫之崇
信，雖元帝室信奉藏傳佛教，但因統治上之需要，對南禪之有名
望的禪師，仍有所提攜、封敕，因此南方之禪宗在元之時，仍然
十分興盛。昔時之五家七宗，至南宋末時，已自消失、合併，僅
餘曹洞宗、及臨濟宗之二派黃龍、楊岐仍活躍於南方。入元之
後，曹洞及臨濟宗之黃龍也日趨於沒落，僅餘有楊岐仍活躍於南
方，主要活動於川蜀與江浙。

---

[92] 參見：《淨土與禪》卷1，（CBETA 2019.Q3, Y17, no. 17, pp. 1a9-2a3）
[93] 參見：《萬善同歸集》卷1：「慈恩三藏云：『聖教所說正禪定者，制心
一處，念念相續；離於昏掉，平等持心。若睡眠獲障，即須策動，念佛誦
經、禮拜行道、講經說法、教化眾生，萬行無廢。所修行業，迴向往生西
方淨土。若能如是修習禪定者，是佛禪定與聖教合，是眾生眼目，諸佛印
可。一切佛法，等無差別，皆乘一如，成最正覺，皆云念佛，是菩提因。
何得妄生邪見？』」（CBETA 2019.Q3, T48, no. 2017, p. 963c5-12）

底下本書將就元代之這幾個禪宗之傳承簡單做個敘述：

（一）、萬松行秀

早歲於邢州（今河北省邢台）淨土寺出家，後至磁州（今河北省磁縣）大明寺參曹洞宗雪巖滿禪師，獲授認可，為芙蓉道楷下六世。返回邢州淨土寺，在寺旁松林築「萬松軒」潛修，金章宗明昌四年（1193）奉詔入宮說法、賜錦衣。入元後，太宗二年奉敕主持燕京（大都）萬壽寺，應俗家弟子耶律楚材之請，評唱宏智正覺（1092～1157）之《頌古百則》撰成《從容庵錄》，並寄書耶律楚材言：

> 「一則旌天童學海波瀾。附會巧便。二則省學人檢討之功。三則露萬松述而不作非臆斷也。竊比佛果碧巖集。則篇篇皆有示眾為備。竊比圓通覺海錄。則句句未嘗支離為完。至于著語出眼筆削之際。亦臨機不讓。」[94]

耶律楚材則評之曰：

> 「微全曹洞之血，判斷語錄具雲門之善巧，拈提公案備臨濟之機鋒，溈仰、法眼之爐鞴兼而有之，使學人不墮於識情、莽鹵、廉纖之病，真間世之宗師也。」[95]

---

[94] 參見：《萬松老人評唱天童覺和尚頌古從容庵錄》卷1〈寄湛然居士書〉：「一則旌天童學海波瀾。附會巧便。二則省學人檢討之功。三則露萬松述而不作非臆斷也。竊比佛果碧巖集。則篇篇皆有示眾為備。竊比圓通覺海錄。則句句未嘗支離為完。至于著語出眼筆削之際。亦臨機不讓。」（CBETA 2019.Q3, T48, no. 2004, p. 227a8-13）

[95] 參見：《湛然居士集》卷十三。

　　此書與《碧巖錄》被推為禪門雙璧，不僅風行於國內禪林，甚至於日韓亦非常流行。除此書外還撰有《請益錄》、《祖燈錄》、《鳴道集辯》、《〔宗〕說心經》、《風鳴》、《禪悅》、《法喜集》等著作。在本書第三章之小結中提到，萬松行秀力倡儒佛融合，時人萬稱松行秀之禪為「孔門禪」，耶律楚材嘗言：「（孔）夫子之道治天下，老氏之道養性，釋氏之道修心。」其弟子中有名者有：雪庭福裕（1203～1275）、林泉從倫（1223～1281）、耶律楚材。[96]惜入元之後，因北方之政治、宗教環境而趨沒落。[97]

　　萬松行秀之法系傳承表：

```
  ↗丹霞子淳→宏智正覺
  │(1066~1119)(1092~1157)
  │                                              ↗林泉從倫
  │                                              │(1223~1281)
  │                                              │
芙容道楷→鹿門自覺→普照希辯→大明寶 →玉山體 →雪巖滿 →萬松行秀→雪庭福裕→……
(1043~1118)( ?~1117)(1081~1149)(1114~1173)( ?~? )(?~1206)(1166~1246)(1203~1275)
                                                              │
                                              ↘耶律楚材
                                                (1189~1243)
```

表1：萬松行秀之法系表

---

[96] 雪庭福裕在憲宗時受命「總領釋教」，並於憲宗、世宗時佛道辯論之重要人物，與其師一樣博通儒書，並擅長書法、繪畫。、林泉從倫為世宗時第三次佛道辯論後，燒道教之偽經的點火人、耶律楚材（俗家弟子）如前文所述，在太宗時官至中書令（宰相），在蒙元之初的政治上，積極推行漢法。

[97] 雪庭福裕一系，雖至明、清時仍有傳承，然也僅是少數弟子在地方上傳承而已。

（二）、海雲印簡

「七歲，父授以孝經開宗明義章。（印簡）師曰：開者何宗？明者何義？父驚異。於是，俾從中觀沼受業，年十一納具戒，十二，沼聽參問。」[98]十八歲時，蒙軍破寧遠城，師侍中觀沼北渡，遇蒙軍元帥史天澤被俘，以氣宇折服蒙軍，薦於蒙太師國王木華黎，並上　告成吉思可汗，得到優遇，如前文所述，沼逝後，印簡入燕京（大都）大慶壽寺，禮臨濟宗楊岐派五祖法演下六世中和璋禪師，得悟。後兩主慶壽。忽必烈於1242年召請印簡至和林軍營帳下，請教「佛法大意」，並請授「菩提心戒」，印簡以佛法中之安天下法授之曰：「若論社稷安危，在生民之休戚，休戚安危，皆在乎政，亦在乎天，在天在人，皆不離心。」[99]忽必烈又問：「三教中何者為尊？」答曰：「佛教為尊」並叮嚀曰：「但念百姓不安，善撫綏、明賞罰，執政無私、任賢納諫，一切時中，常行方便，皆佛法也。」、「王者當以仁恕存心」[100]彼時劉秉忠（僧子聰）隨侍在側，受到忽必烈之賞識，而留下隨軍，開展他對元初之國策做出諸多的貢獻與建樹。印簡回燕京後，於定宗二年（1247）受命總管佛教事務，1251年憲宗即位，續命印簡執掌佛教事務。惜彼逝後，因北方之政治、宗教環境不利漢傳佛教、禪宗之發展，而趨沒落。

海雲印簡之法系傳承表，參見下表〈宋元臨濟宗楊歧派法系〉：

---

[98] 參見：《五燈全書》卷56〈北京大慶壽海雲印簡禪師〉，（CBETA 2019. Q3, X82, no. 1571, p. 208c13-15 // Z 2B:14, p. 103d4-6 // R141, p. 206b4-6）

[99] 參見：楊曾文，《宋元禪宗史》，p.596。

[100] 參見：楊曾文，《宋元禪宗史》，p.597。

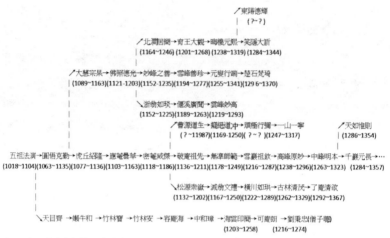

表2：宋元臨濟宗楊歧派法系

（三）、雲峰妙高

　　家世業儒，年未及二十出家，遊歷諸方，曾參癡絕道冲（1169～1250）、無準師範（1178～1249），後投偃溪廣聞得法，為大慧宗杲下四世；世祖至元十一年（1274），元軍攻佔健康（南京）蔣山寺，時任住持之妙高，了無懼色護寺，贏得了元軍統領伯顏之敬重。至元十七年（1280）受命住持五大禪院之首徑山寺，遭火領眾重建；至元二十五年（1288）逢「教禪之爭」，以七十高齡，領禪眾到大都與教門僧眾，展開御前辯論，雲峰妙高以深邃之智慧，從禪之體——淨智妙圓體本空寂，到禪之用——不立文字、直指人心、見性成佛，侃侃而談，並述禪之傳承——從西天佛陀拈花微笑到達摩東來、六祖之本來無一物、不思善不思惡，到德山棒、臨濟喝，一脈相傳。最後總結：「禪之與教本一體也，禪乃佛之心，教乃佛之語。因佛語而見佛心，譬之百川異流同歸於海，到海則無異味。」辯的教門諸僧啞口無

言。[101]嗣法弟子有怪石奇、古智喆、龍巖真、本源善達、國清無我親、中竺一溪自如等。

雲峰妙高之法系傳承表，參見上表〈宋元臨濟宗楊歧派法系〉。

（四）、古林清茂

歷參明州雪竇山簡翁敬、南屏石林鞏、承天覺庵真，後師侍横川如珙得旨後，擔任其師如珙住持之明州阿育王寺首座，後歷任平山白雲寺、開元寺等住持，延祐二年受命住持饒州永福禪寺，門下弟子雲集。著有《宗門統要續集》、《重拈雪竇舉古一百則》、《古林清茂禪師拾遺偈頌》等。嗣法弟子有了菴清欲、仲謀良猷、竺仙梵僊等人及日僧弟子月林道皎、石室善玖；之後竺仙梵僊（1292～1348）東渡日本開創竺仙派（亦稱古林派），為二十四派日本禪宗之一。

古林清茂之法系傳承表，參見上表〈宋元臨濟宗楊歧派法系〉。

---

[101] 參見：《佛祖歷代通載》卷22：「問徑山雲峯和上云：「禪以何為宗？」奏對云：「禪也者，淨智妙圓體本空寂…非見聞覺知之所可知，非思量分別之所能解」……遂值奏云：「釋迦牟尼世尊初生下時，周行七步目顧四方，一手指天一手指地云：天上天下唯我獨尊！所謂獨尊者，非為金輪王位之尊，所可尊者，我也！道也！法也！心也！」…「達磨西來不立文字，直指人心見性成佛，傳此心也、印此法也。」…仙林（按：教方代表）云：「始從鹿野苑終至跋提河，於是二中間未嘗談一字，既是不談一字，五千餘卷自何而來？」答云：「一代時教如標月指，了知所標畢竟非月。」…林遂問：「如何是禪？」答以手打一圓相。林云：「何得動手動腳？」答云：「只這一圈子便透不過，說甚千經萬論！」林無語…奏云：「夫禪之與教本一體也，禪乃佛之心，教乃佛之語。因佛語而見佛心，譬之百川異流同歸於海，到海則無異味……若是教家只依語言文字，未達玄旨，猶是順成門外人；又如禪家未得徹證未得頓悟，亦在順成門外，謂之到家亦未可也。皇情大悅。」（CBETA 2019.Q3, T49, no. 2036, pp. 720a15-721b24）

（五）、一山一寧（一山国師，いっさんいちねい，1247～1317）

　　南宋末年台州人，幼年出家，於浮山鴻福寺無等慧融，參學大慧禪法，後至四明普光寺，神悟學天臺《法華經》，[102]之後住普陀山，得法於頑極行彌，為臨濟宗楊岐派虎丘紹隆下六世。入元後，至元年二十一年（1284），住持昌國祖印寺，至元年三十一年（1294）受愚溪如智（生卒年不詳，元初普陀山之僧人）推薦，受請住持普陀寺。成宗大德二年（1298），奉詔出使日本，成先帝惇好息民之意，一山齎詔東渡未成，[103]翌年受賜一寧金襴袈裟及師號「妙慈弘濟大師」，並敕命為「江浙釋教總統」，再度東渡日本。才抵達日本九州島，就被鎌倉幕府北條貞時以元廷間諜逮捕，後經幕府朝野眾人之勸，改變主意，改命一寧住持建長寺。一寧博通儒、佛、諸子百家，又長於書法，很受敬重。日本正和二年（1313）後寧多法皇，邀請一寧入京住持南禪寺，行化日本，創一山派，為日本禪宗二十四派之一，文保元年（1317）七十一歲遺書後寧多法皇：「橫行一世，佛祖欽氣，箭既離弦，虛空落地。」之偈，日皇諡「一山国師」，並於龜山皇廟旁建塔，親書「宋地萬人傑，本朝一国師」贊，[104]為元代之中日佛教交流作出重大之貢獻。與日本弟子雪村友梅（せっそんゆうばい，1290～1346），同被尊為日本五山文學之先驅；雪村友梅後於大德十一年（1307）渡元，遍參虛谷希陵、晦機元熙、古

---

[102] 參見：熊江寧，《普天佛香：宋遼金元時期的佛教》，p.128。

[103] 參見：《普陀洛迦新志》卷6：「道行素高。大德三年，奉詔出使日本，成先帝惇好息民之意。一山齎詔往，而日本不至。（《定海廳志》）」（CBETA 2019.Q3, GA010, no. 9, p. 346a3-4）

[104] 參見：熊江寧，《普天佛香：宋遼金元時期的佛教》，p.129。

林清茂、叔平隆等禪師。天曆元年（1328）文宗敕封「寶覺真空禪師」，命開法於京兆翠微寺，翌年，伴隨明極楚俊、竺仙梵僊返日，歷任信濃慈雲寺、嵯峨西禪寺、建仁寺、南禪寺等住持。雪村友梅除了佛禪、文學外，還擅長詩、書、畫，詩承李白、蘇軾之風，有古詩集《嵯峨集》四卷；畫則承襲牧谿、顏輝，為著名之禪畫家。

一山一寧之法系傳承表，參見上表〈宋元臨濟宗楊歧派法系〉。

（六）、笑隱大訢

幼年喪父，母勤念佛修淨土，九歲依為僧之伯父法雲出家，[105]初依開先一山了萬（1242～1313）參禪，後參北礀居簡之再傳弟子晦機元熙得法，為大慧下五世。文宗天曆元年（1328），以金陵之潛邸為「龍翔吉慶寺」，敕令大訢開山，封太中大夫，師號「廣智全悟大師」；博學多聞、兼通儒道，他「嘗謂（晦機元熙）師曰：『昔雪竇、真淨及我妙喜以來，內自教乘，傍及儒、老子、百家之言，深入要眇，故其文言，浩乎如川至之，不可禦也。』」[106]

大訢與當時之禪林名宿，如：雲門斷江覺恩、一谿自如、古林清茂、江心無言宣、天目山中峰明本皆與之為忘年交。與士大夫，如吳興趙孟頫、巴西鄧文原、四明袁桷、房山高彥敬、東陽胡汲仲、錢塘仇遠、延祐進士莆城楊戴、金華黃晉卿及今翰

---

[105] 參見：楊曾文，《宋元禪宗史》，p.615。

[106] 參見：《笑隱大訢禪師語錄》卷4〈元廣智全悟太禪師太中大夫住太龍翔集慶寺釋教宗主兼領五山寺笑隱訢公行道記〉，（CBETA 2019.Q3, X69, no. 1367, p. 722b7-9 // Z 2:26, p. 124d4-6 // R121, p. 248b4-6）

林待制京兆杜伯原，為文學之友。[107]天曆二年與蔣山曇芳忠，俱
召至京師，對奎章閣，說佛心要。京師之禪師迎之曰：「國家尚
教乘、塔廟之建，為禪者寂然。禪剎興於今代，自師始。吾徒賴
焉。」大訢答之：「遵其行之為律、宣其言之為教、傳其心之為
禪。有言、有行，皆所以明是心也。吾徒無負祖師西來意，他不
足論也。」[108]大訢對於繪畫亦非常的愛好與重視，在他的語錄及
《蒲室集》中有許多的題畫詩與畫論，例如：

> 「吾友遜敏中，得殷濟川，畫達摩寶公而下禪宗散聖
> 者凡廿八人，併取其平日機用摹寫之，然南泉斬猫、雪
> 峯輥毬，蓋其一時示人，如石火電光，不可湊泊、心思路
> 絕、語默俱喪，況可以筆墨形容哉？畫者正如郢人誤書舉
> 燭，而燕相尚明，國雖治而非書意也。敏中博識謂：濟川
> 名畫脫去畦畛，（法）常牧溪嘗從其學，又癡絕虛谷，諸
> 老題後，稍珍惜之，然予不可以無辯也。」[109]

> 「李伯時畫馬。有識之者謂。用心久熟。他日必墮馬

---

[107] 參見：《笑隱大訢禪師語錄》卷4：「學士大夫。如吳興趙文敏公孟頫。
巴西鄧康莊公文原。四明袁文清公桷。房山高公彥敬。東胡胡長孺汲仲。
錢唐仇遠近仁。延祐進士莆城楊戴仲弘。金華黃溍晉卿。及今翰林待制京
兆杜本伯原。前後負時盛名。與師為文學之友也。」（CBETA 2019.Q3,
X69, no. 1367, p. 722b15-20 // Z 2:26, p. 124d12-17 // R121, p. 248b12-17）
另《欽定四庫全書總目提要》第四冊集部（一），卷一百六十七《集
部》，云：《蒲室集》十五卷，笑隱大訢撰…集中多與趙孟俯、柯九思、
薩都剌、高彥敬、虞集、馬臻、張翥、李孝光往來之作。」p.4-390。（別
集類二十，p.7）。

[108] 《笑隱大訢禪師語錄》卷4〈元廣智全悟太禪師太中大夫住太龍翔集慶
寺釋教宗主兼領五山寺笑隱訢公行道記〉，（CBETA 2019.Q3, X69, no.
1367, p. 722c14-18 // Z 2:26, p. 125a17-b3 // R121, p. 249a17-b3）

[109] 參見：笑隱大訢，《蒲室集》卷13，〈題殷濟川畫〉，（CBETA 2019.Q3,
B24, no. 135, p. 331a13-20）

腹中。於是改畫佛菩薩天人之像。松雪翁初工畫馬。至晚
歲。惟以書經畫佛為日課。豈亦以是為戒耶。然至人轉物
不為物轉。華嚴法界事事無礙。世俗技藝。無非佛事。
水鳥樹林。咸宣妙法。惜翁仙去。不與劇論此事。因覽舊
畫。重增感歎。」[110]

　　「我觀畫師。豪端游戲。即是神通。現相不二。我眼
見像。如聽法說。心精遺聞。均一解脫。」[111]等等。

　　明宗天曆二年（1329）同門師兄弟東陽德輝受命掌理百丈
寺，順宗至元元年（1335）奉敕重輯百丈清規，笑隱大訢則奉勒
校正，翌年成書《勒修百丈清規》，頒布於天下叢林奉行。另笑
隱大訢與東陽德輝均各有一日僧弟子：東傳正祖、中巖圓月。

　　笑隱大訢之法系傳承表，參見上表〈宋元臨濟宗楊歧派法
系〉。

（七）、中峰明本

　　此系傳承至今，為元代以來，臨濟宗（楊歧派）最主要之法
脈傳承，欲談中峰明本須先從他的師承法脈無準師範→雪巖祖欽
→高峰原妙談起。

　　無準師範，四川梓潼縣人，九歲出家（南宋孝宗淳熙十四
年，1187），十六歲受具足戒，後即東遊訪師，歷參佛照德光、
松源崇嶽、淨慈肯堂彥充等禪師，後嗣法於破庵祖先為虎丘紹

---

[110] 參見：《笑隱大訢禪師語錄》卷4〈題松雪翁畫佛〉，（CBETA 2019.Q3,
　　 X69, no. 1367, p. 721b6-12 // Z 2:26, p. 123d9-15 // R121, p. 246b9-15）
[111] 參見：《笑隱大訢禪師語錄》卷3〈真贊・觀音大士〉，（CBETA 2019.
　　 Q3, X69, no. 1367, p. 710b10-12 // Z 2:26, p. 112d16-18 // R121, p. 224b16-
　　 18）

隆下四世，楊岐方會下八世。寧宗嘉定十三年（1220）應請出世住持明州清涼寺，後歷遷焦山普濟寺、雪竇山資聖寺、阿育王寺等。紹定元年（1228）受命入主「五山十剎」[112]之首徑山興聖萬壽禪寺，[113]紹定六年，詔入修政殿，賜金襴衣，及「佛鑑禪師」師號。法嗣有雪巖祖欽、斷橋妙倫等二十人，中有無學祖元（1226～1286，在日本受封佛光國師，創建佛光派，為日本臨濟宗二十四派之一）、及兀庵普寧（1200～1277，在日本創建兀庵派或稱宗覺派，亦為日本臨濟宗二十四派之一）渡日弘法，及日本渡宋留學僧：圓爾辨圓（円爾弁円，聖一國師，えんに，1202～1280，創建東福寺派又稱聖一派）、性才法心、妙見道祐，和高麗渡宋留學僧了然法明；對禪宗之東傳日、韓貢獻及影響很大。

　　雪巖祖欽自幼五歲即出家，十六歲剃染後，十八歲行腳參方，初參雙林遠[114]、妙峰之善，均無所發明。後往淨慈寺見滅翁文禮請益，示臨濟黃蘗三頓棒，亦無所入。遂上徑山，禮無準師範，立志力參，脅不枕蓆數載。一日坐參時，忽見面前豁開一片，有如地陷，淨裸裸的，約半月餘，動相不生，然仍未悟，後往西天目山，參「狗子無佛性話」[115]一日行過佛殿前，抬頭見古栢，忽觸所參境界，驀然和底一時脫落，窒礙之物，決然而散，如暗室出白日，從此透悟。後徑山寺欲鑄鐘，令其作疏，提筆成偈曰：「通身只是一張口，百鍊爐中輥出來，斷送夕陽歸去後，

---

[112] 五山十剎：宋濂《宋學士文集》卷第四十：「宋季史衛王奏立五山十剎如世之所謂官署其服勞於其間者必出世小院候其聲華彰著然後使之拾級而升其得至於五名山殆猶仕官而至。」，p.694。

[113] 南宋寧宗嘉定（1208～1224）年間，受賜為「五山十剎」之首。

[114] 不知何許人，亦有云：雙林鐵橛遠（《五燈會元續略》、《五燈嚴統》）、雙林洎禪師（法鼓《人名規範檢索》）。

[115] 參見：《雪巖祖欽禪師語錄》卷4〈荊溪吳都運書〉，（CBETA 2019.Q3, X70, no. 1397, p. 637c22 // Z 2:27, p. 288b10 // R122, p. 575b10）

又催明月上樓臺。」自是名震禪林。初住持湘潭之龍興寺，遷湘西道林寺、處州南明寺、仙居護聖寺及湖州光孝寺。度宗咸淳五年（1269），住持仰山，法席很盛。入元後，世祖賜賚甚厚、尊禮有加。[116]其對儒釋二教之主張為體本為一，僅教化、管制不同而已，但因佛教以慈忍為教化，以修禪持戒為管束；而儒家則透過刑法，來管制，令世人畏懼而遵行；正因如此佛教易流於俗化，高潔之士不欲留存，因此若無儒家之護持，容易氾濫而趨於滅亡。[117]弟子中最有名者為高峰原妙，另有一弟子靈山道隱（1255～1325）於一三一九年渡日本，住持建長寺弘法。

　　高峰原妙蘇州吳江人，淳祐十二年（1252）年十五，從秀水

---

[116] 參見：《五燈全書》卷49：「初參雙林遠妙峰善諸老。無所發明。聞滅翁禮住淨慈。懷香請益。禮示臨濟三頓棒話。亦無所入。遂上徑山。謁無準範。依範最久。銳志咨參。封被。脇不至蓆者數載。一日上蒲團。忽然面前豁開。如地陷一般。淨　地地。半月餘。動相不生。自茲坐定。礙膺十年。後同忠石梁。過浙西天目。一日佛殿前行。　睏見古栢。觸著向來所得境界。和底一時颺下。礙膺之物。爆然而散。如在暗室出白日之下。從此不疑生。不疑死。不疑佛。不疑祖方始見無準老人立地處。因徑山鑄鐘。令作疏語。師率筆成偈曰。通身只是一張口。百鍊爐中輥出來。斷送夕陽歸去後。又催明月上樓臺。自是聲動叢林。出世初住潭之龍興。繼遷湘西道林。處州南明。仙居護聖。及湖州光孝。宋度宗咸淳己巳。住袁州仰山。師憫綱宗失據。因提挈拈頌。激揚敲唱。見諦超卓。一時宗風為之振起。後元世祖。賜賚禮亦極隆」（CBETA 2019.Q3, X82, no. 1571, pp. 151c20-152a11 // Z 2B:14, p. 46c9-d6 // R141, p. 92a9-b6）

[117] 參見：《雪巖祖欽禪師語錄》卷4〈王潛齋〉：「釋之教。以慈忍為化。以戒定為制。故夫人也。或得玩而視之。近而易之。儒之教。以誠明為化。以刑責為制。故夫人也。崇而尚之。仰而畏之。仰而畏。則懼生焉。近而易。則慢生焉。今夫人也。果曰我慢。則其逸俗絕塵。清冷之士。掃蹤滅跡。甘與流光俱化。曾何世相之有哉。。故曰。不假王臣外護。而翼扶之。則或不自立。果不自立。則彼託形借服。混淆之輩。泛濫法門。又安知吾懷袖中。確有可崇可尚。可仰可畏之道也哉。」（CBETA 2019.Q3, X70, no. 1397, p. 636a20-b1 // Z 2:27, p. 286c14-d1 // R122, p. 572a14-b1）

密印寺法住沙門得度。[118]最初習教觀於天臺台，因其文句義，學弗可難也，每忤達磨一宗，不立文字、教外別傳，能了人大事、立地成佛，豈徒然哉？遂改參禪，首謁斷橋妙倫，參「萬法歸一、一歸何處」，立死限三載，擬求妙悟，然竟無所得。時雪巖祖欽居北磵，斷橋令彼往謁，改參「阿誰拖你死屍來」，疑團猛結無所攀仰，乃擬避喧求靜，皷嚼話頭，於徑山禪堂及月。忽憶前參之「萬法歸一、一歸何處」，時氣戰胸次、目不交睫者六晝夜，忽覩見法堂懸掛的五祖法演之真贊云：「百年三萬六千朝，反覆元來是者漢。」有所悟，尋師雪巖印證，雪巖不肯，曰：

> 「未徹悟，要他從今起，不要再學佛、學法，也不要窮古、窮今，只要饑來喫飯、困來眠。一覺主人公在那裏安身立命？」歷經五載潛修，因隣僧落枕墮地聲，驚而大徹曰：「元來只是舊時人，不改舊時行履處。」[119]

終獲法意。世祖至元十六年（1279），到杭州天目山之西峰

---

[118] 參見：《南宋元明禪林僧寶傳》卷8〈高峯妙禪師〉，（CBETA 2019.Q3, X79, no. 1562, p. 621c2-3 // Z 2B:10, p. 349d17-18 // R137, p. 698b17-18）

[119] 參見：《南宋元明禪林僧寶傳》卷8：「雪巖已赴南明。公即走覲。纔入雪巖。便問。誰拖你死屍來。公便喝。雪巖拈棒。公把住曰。今日打原妙不得也。曰。為甚打不得。公拂袖而出。次日雪巖召公問曰。萬法歸一一歸何處。對曰。狗舐熱油鐺。曰。那裡學者虛頭來。對曰。正要和尚疑著。雪巖休去。公以為妙契玄旨。自此隨問即答。久之雪巖謂公曰。日間浩浩作得主麼。對曰。作得主。曰。睡夢中作得主麼。對曰。作得主。曰。正睡著無夢無想無見無聞。主在甚麼處。公不能對。雪巖曰。從今日去。也不要你學佛學法。也不要你窮古窮今。但只饑來喫飯。困來打眠。纔睡。覺來却抖擻精神。我者一覺主人公在那裏。安身立命。公遂別入龍鬚。經五載。因隣僧推枕墮地作聲。大徹乃曰。元來只是舊時人。不改舊時行履處。」（CBETA 2019.Q3, X79, no. 1562, pp. 621c16-622a5 // Z 2B:10, p. 350a13-b8 // R137, p. 699a13-b8）

師子岩，修葺茅棚居住，至元十八年轉居張公洞，坐死關，十五年間，未曾出關，被尊為「高峰古佛」。於西天目山建師子、大覺二禪寺，僧俗禪子數以萬計。嘗云：

「大徹底人本脫生死，因甚命根不斷？」

「佛祖公案只是一箇道理，因甚有明與不明？」

「大修行人當遵佛行，因甚不守毗尼？」

「杲日當空無所不照，因甚被片雲遮却？」

「人人有箇影子，寸步不離，因甚踏不著？」

「盡大地是火坑，得何三昧不被燒却？」

　　求見之禪子若下語不契，則閉門不見；禪風高峻、嚴厲，非具眼者、不謹守律儀、毗尼者，無不望崖而自退。[120]高峰原妙有鑑於兩宋以來，多有死抱著文字、公案而視經教、戒律為無物之狂禪者，因此他很重視守律、持戒。法嗣有中峰明本、斷崖了義、布衲祖雍、空中以假等諸禪師。

　　中峰明本杭州錢塘人，生有異徵，童兒嬉戲時，必為佛事；[121]九歲喪母，入塾讀論、孟，未終卷即輟學。十五歲決意出家，於佛前燃臂，誓持五戒，日課《法華經》、《圓覺經》、

---

[120] 參見：《五燈全書》卷50：「師嘗室中垂語曰：『大徹底人本脫生死，因甚命根不斷？佛祖公案只是一箇道理，因甚有明與不明？大修行人當遵佛行，因甚不守毗尼？杲日當空無所不照，因甚被片雲遮却？人人有箇影子，寸步不離，因甚踏不著？盡大地是火坑，得何三昧不被燒却？』倘下語不契，閉門弗接；自非具透關眼者，鮮不望崖而退。」（CBETA 2019. Q3, X82, no. 1571, p. 161c7-13 // Z 2B:14, p. 56b14-c2 // R141, pp. 111b14-112a2）

[121] 參見：《天目中峰廣錄》卷30〈大元勑賜智覺禪師法雲塔銘〉：「生有異徵為童兒嬉戲必為佛事稍長閱經教然指臂求佛甚切晝夜彌勵困則首觸柱以自儆期必得乃已」（CBETA 2019.Q3, B25, no. 145, p. 977a6-8）

《金剛經》等諸經，夜則常經行，困則以首觸柱，以自儆。居近於靈洞山，時常登山顛坐禪，年二十時，閱讀《景德傳燈錄》，至「菴摩羅女問曼殊：明知生是不生之理，為甚麼却被生死之所流轉？」起疑，經沙門明山，建議前往天目山參高峰和尚原妙；[122]時至元二十三年（1286），高峰已入坐死關，甚少接見人，然一見明本甚為欣喜，欲為之剃度，明本以未徵得父親同意而作罷，次年往受剃度、具戒，並留「侍高峯于死關，日作夜坐，脅不沾席，勵精勤苦，諮訣無怠，逾十年親承記莂，退而藏晦」[123]高峰門下稱高足者有數人，然唯獨賞識明本，稱彼為：「竿上林新篁，他日成材，未易量也」[124]並付予真贊曰：「我相不思議，佛祖莫能視，獨許不肖兒，見得半邊鼻。」[125]同時要來問法之禪子，去向明本請益，眾人多能知歸，聲名大暢。高峰在去逝前，原欲明本接掌天目，明本堅辭，讓於首座師兄布衲祖雍。避隱於湖州辨山，後輾轉遊歷、傳法於汴梁、江浙一代，人稱「江南古佛」，自號為幻住[126]比丘，凡所住之大小庵均明之為

---

[122] 參見：《天目中峰廣錄》卷30〈元故天目山佛慈圓照廣慧禪師中峯和尚行錄〉：「九歲喪母讀論語孟子未終卷[A1]已報學年十五決志出家禮佛然臂誓持五戒日課法華圓覺金剛諸經夜則常行困以首觸柱自警居近靈洞山時登山顛習禪定甫冠閱傳燈錄至菴摩羅女問曼殊明知生是不生之理為甚麼却被生死之所流轉有疑已而沙門明山者指師往　天目高峯和尚妙」（CBETA 2019.Q3, B25, no. 145, p. 972b5-11）

[123] 參見：《天目中峰廣錄》卷30〈元故天目山佛慈圓照廣慧禪師中峯和尚行錄〉，（CBETA 2019.Q3, B25, no. 145, p. 975b8-9）

[124] 參見：《天目中峰廣錄》卷30〈元故天目山佛慈圓照廣慧禪師中峯和尚行錄〉，（CBETA 2019.Q3, B25, no. 145, p. 973a5-6）

[125] 參見：《天目中峰廣錄》卷30〈元故天目山佛慈圓照廣慧禪師中峯和尚行錄〉，（CBETA 2019.Q3, B25, no. 145, p. 973a1-2）

[126] 參見：《天目中峰廣錄》卷8：「經自何來佛從何見初心既滅所作亦忘惟佛與經昭然不隱如是了知盡法界性及微塵剎起滅不停動靜無間如我佛身等無有異以此一盧舍那依幻而見如是了知百億盧舍那大而虛空身小而微塵身

幻住庵。延祐五年（1318），應眾之請，還居天目。仁宗召請不
應聘，只好賜衣號，「佛慈圓照廣慧禪師」，並追封其師高峰為
「佛日普明廣濟禪師」。至治三年（1323）預知時至，書偈偈辭
眾曰：「我有一句，分付大眾，更問如何？無本可據！」置筆
安坐而逝。[127]逝後七年，天歷二年（1329），文宗追諡「智覺禪
師」，到了元統二年（1334），惠宗追諡為「普應國師」[128]

中峰明本之禪學思想，他師承臨濟揚歧之看話頭禪法，更承
續其師之高峻、嚴厲之禪風外，他還力弘淨土思想，主張「禪即
淨土之禪、淨土乃禪之淨土」[129]弘揚「禪淨一致」，批駁了當時
僧人們對禪淨關係的錯誤理解，提出了禪與淨土「證一而名二」
的關係，[130]云：

> 「參禪要了生死，而念佛亦要了生死，原夫生死無
> 根，由迷本性而生焉，若洞見本性，則生死不待蕩而遣
> 矣，生死既遣，則禪云乎哉？淨土云乎哉？」[131]

未有一佛不依幻而見者」（CBETA 2019.Q3, B25, no. 145, p. 776b1-6）

[127] 參見：《天目中峰廣錄》卷30〈元故天目山佛慈圓照廣慧禪師中峯和尚行
錄〉：「偈辭眾曰我有一句分付大眾更問如何無本可據置筆安坐而逝停龕
三日身體溫　顏貌不少變有禪者乞剪爪髮供養誤傷指端血津津出如生時
道俗數千人奉全身塔於寺西之望江石」（CBETA 2019.Q3, B25, no. 145, p.
975b1-4）

[128] 按：終元之朝，漢傳佛教敕封為國師者，（據筆者所查到者）僅三人：文
才真覺國師（1241～1302）專究華嚴，奉敕領洛陽白馬寺；大慧國師（生
平不詳），河南白馬寺僧，僅知為慧印（1271-1337）禪師，嘗從彼學
《華嚴》圓極之教。此二人皆為華嚴教下者。唯獨中峰明本唯禪者。

[129] 參見：《天目中峰廣錄》卷5〈示吳居士〉，（CBETA 2019.Q3, B25, no.
145, p. 768b1）

[130] 參見：魏道儒，〈明本禪師的禪學思想〉，《圓光佛學學報創刊號》，
1993.12，pp.273-302。

[131] 參見：《天目中峰廣錄》卷5〈示吳居士〉：（CBETA 2019.Q3, B25, no.

並力主「教禪一體」，云：「佛法果有教禪之二哉？以其神悟，教即是禪；以存所知，禪即是教」[132]同時提倡「幻住思想」，云：「諸幻因緣皆幻人，幻衣幻食資幻命，幻覺幻禪消幻識，六窗含裏幻法界，幻有幻空依幻立」[133]撰有〈幻住家訓〉、〈幻住菴歌〉。著作有：《中峰三時繫念佛事》、《中峰三時繫念儀範》、《信心銘闢義解》、《幻住庵清規》、《天目中峰和尚廣錄》三十卷、《天目明本禪師雜錄》三卷。明本對詩書畫也非常地感興趣，著有：《梅花百詠》、《天目中峯和尚懷淨土詩》（一百八首）、及對寒山子之詩境、禪境也十分欣賞，有《擬寒山詩》百首；[134]另有對歷代祖師頂相圖、禪畫之題贊，輯錄在《歷代祖師畫像讚》。[135]其門下嗣法有名者甚眾，有多人獲敕賜衣號，以千巖元長（1284～1357）之傳承，淵遠流長，傳承至今日不絕。

145, p. 768b3-6）

[132] 參見：《天目中峰廣錄》卷16〈幻住家訓〉，（CBETA 2019.Q3, B25, no. 145, p. 876a9-10）

[133] 參見：《天目中峰廣錄》卷27〈幻住菴歌〉：「幻住菴中藏幻質　諸幻因緣皆幻入　幻衣幻食資幻命　幻覺幻禪消幻識　六窗含裏幻法界　幻有幻空依幻立　幻住主人行復坐　靜看幻花生幻果　放還收　控勒幻繩騎幻牛　時或住　八萬六塵俱捏聚　時或眠　一覺幻夢居四禪　有時動　幻海波　來扣幻人詢幻法　翻幻山巒　有時靜　幻化光中消幻影　可中時有幻菩薩　龍女掌中泥彈丸　我幻汝幻幻無端　幻生幻死幻涅槃　淨名室內龜毛拂　只此無無名亦幻　更有一則幻公案　幻證幻脩須了辦　莫言了辦幻云無　幻翳忽然遮幻眼　學人未達真幻輪　動輒身心自相反　幻心瞥爾生幻魔　雲月溪山自相委　陽燄空華乾闥城　天堂地獄菩提名　有問此幻從何起　要見菴中幻主人　認著依前還是不是」，（CBETA 2019.Q3, B25, no. 145, p. 949a14-b7）

[134] 收錄於：《天目中峰廣錄》卷17《擬寒山詩》，（CBETA 2019.Q3, B25, no. 145, p. 877b1）

[135] 收錄於：《天目中峰廣錄》卷8《歷代祖師畫像讚》，（CBETA 2019.Q3, B25, no. 145, p. 777a19）

　　另有天如惟則（1286～1354）大揚其師明本之「禪淨一致」
之思想，云：

> 「參禪念佛不同而同也，參禪為了生死，念佛亦為了
> 生死。參禪者直指人心見性成佛，念佛者達惟心淨土見本
> 性彌陀。既曰本性彌陀惟心淨土，豈有不同者哉？」[136]

　　教人參禪學道。或教提箇話頭、或教念佛脩淨土，皆是令人
掃除妄想、歇止狂心，認取主人翁、識取本來面目。[137] 稱之曰：
「念佛禪」。

　　此外，亦遠傳至南紹（按：應稱為大理），被奉為南詔第一
祖師。[138] 同時也東傳至韓國、日本。高麗王王璋（瀋王，1275～
1325）[139] 曾至天目山參拜明本請法，並請授法名：「勝光」、別
名「真際」；在《天目中峰廣錄》卷4上亦有提到，來自高麗之

---

[136] 參見：《天如惟則禪師語錄》卷2，（CBETA 2019.Q3, X70, no. 1403, p. 767a18-21 // Z 2:27, p. 415c13-16 // R122, p. 830a13-16）

[137] 參見：《天如惟則禪師語錄》卷2：「參禪念佛不同而同也。參禪為了生死。念佛亦為了生死。參禪者直指人心見性成佛。念佛者達惟心淨土見本性彌陀。既曰本性彌陀惟心淨土。豈有不同者哉。」（CBETA 2019.Q3, X70, no. 1403, p. 767a18-21 // Z 2:27, p. 415c13-16 // R122, p. 830a13-16）

[138] 參見：《天目中峰廣錄》卷30：「遠至西域、北庭、東夷、南詔接踵來見，南詔沙門素閑教觀，東來問法，定自玄鑑始，鑑嘗於師言下有省，繼而普福等五比丘（按：玄鑑之弟子），畫（按：明本）師像南歸，至中慶城四眾迎像入城，異光從像燭天，萬目仰觀虔勤傾信，由是興立禪宗，奉師為南詔第一祖師」（CBETA 2019.Q3, B25, no. 145, pp. 975b19-976a3）

[139] 參見：法鼓《人名規範檢索》王璋條：「高麗第二十六任君主。高麗忠烈王王睶長子，本名謜，改璋。母為莊穆王后、元朝齊國大長公主忽都魯揭里迷失。1296年與元室甘麻剌之女薊國公主寶塔實憐成婚。元武宗至大二年（1309）登基，在位五年。」

收、樞、空、昭、聰五位學僧來參禪。[140]於元初到天目山參訪高峰、中峰二禪師之日本渡元學僧，不下二百二十人；[141]僅就嗣法於明本之三位日僧弟子，略述於下：

古先印原（正宗広智禪師，こせんいんげん，1295～1374）泰定三年（1326）返日後，開創了「古先派」，為日本禪宗二十四派之一。

遠溪祖雄（えんけい-そゆう，1286～1344）大德十年（1306）渡元至天目山禮明本為師，參學七年得法授印，帶回其師明本之真贊（參見圖42），後開創高清寺，弘傳「幻住」家風禪學。

無隱元晦（むいん-げんかい，?～1358）至大三年（1310），渡元遍參諸禪德，後於明本座下證悟，泰定三年（1326）與古先印元、明叟齊哲等陪同清拙正澄（1274～1339）[142]渡日弘法，曾任清拙正澄住持之建仁寺之首座，後歷住持圓覺、建長、南禪，諡號「法雲普濟禪師」。

明本這些弟子返日後，均繼承其師明本的隱遁個性，於僻靜山野建寺及弘傳其師之「禪淨一致」之思想，被通稱為「幻住派」，江戶時代，發展成一大流派，三聖、建仁、南禪、建長、

---

[140] 參見：《天目中峰廣錄》卷4〈示高麗收樞空昭聰五長老〉，（CBETA 2019.Q3, B25, no. 145, p. 732a1）

[141] 參見：任宜敏，《元代佛教史》，p.492。

[142] 參見：法鼓《人名規範檢索》清拙正澄條：「元代臨濟宗僧。福州連江人，姓劉，十六歲於開元寺受具足戒，嘗隨侍谷源岳、無方普、大歇真等師六年。泰定三年（1326）赴日，翌年正月至京都，歷住建長寺、淨智寺，後退休至福山禪居菴。元弘三年（1333）醍醐天皇至京都，敕住建長寺，三年後再遷南禪寺，信濃太守並歸依師，執弟子禮。師之流派稱為清拙派，或大鑑門徒，乃日本禪宗二十四流之一。著有略述臨濟宗僧團生活之大鑑清規若干卷、語錄七卷。」

圓覺、永源[143]等寺，皆屬於此派。

　　中峰明本之法系傳承表，參見上表〈宋元臨濟宗楊歧派法系〉。

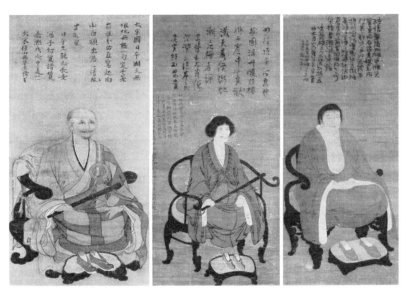

圖7：〈祖師真贊〉，左圖7-1為無準師範，絹本著色，124.8x55.1cm，京都 東福寺藏；中圖7-2為高峰元妙，絹本著色，89.2x47cm，茨城 法雲寺藏；右圖7-3為中峰明本，絹本著色，122.1x54.5cm，日本兵庫縣高源寺藏。引自：〔日〕東京國立博物館監修，《宋元の繪畫》，圖11-13。

　　下表為元時期臨濟宗楊歧派法系，中日韓交流略表：（按：因元時來華之日僧甚眾，僅僅是有記載者即超過二百多人，甚有整團來參訪某一位著名之禪師，中峰明本即有留下〈示海東諸禪人〉[144]、〈重陽示海東諸禪人〉[145]等之開示語，本書無法一一

---

[143] 為寂室，元光所創之永源寺派，一直以西天目山獅子正宗禪寺為其祖庭。
[144] 參見：《天目明本禪師雜錄》卷2，〈示海東諸禪人〉：「今朝明朝新歲舊歲。生死無常隨群逐隊。世法與佛法都不要理會。單單一箇所參話。頓在蒲團禪板邊。誰管你三十年二十年。滅却身心死却意氣。精進上加精

表列），本書另附有〈宋代中日禪僧交流法系表〉（參見附錄
一）。

表3：元代臨濟宗楊歧派法系，中日韓交流略表

（八）、元叟行端（1255～1341）

臨海人，自幼不茹葷，幼從母學論孟儒書，輒成誦。十二
歲，從叔父茂上人出家，於餘杭化城院，十八歲受具足戒後，游
方至徑山參雪峰珍得法，為大慧宗杲下四世，游於杭州、袁州，

進。勇銳中添勇銳。捱到情忘見盡。時簡簡心空真及第。幻住某甲新正第
四日奉為海東諸禪人說。」（CBETA 2019.Q3, X70, no. 1402, p. 730a23-b3
// Z 2:27, p. 379b3-7 // R122, p. 757b3-7）

145 參見：《天目明本禪師雜錄》卷2，〈重陽示海東諸禪人〉：「今朝九月
九。黃花處處有。所參那一句。但挢長遠守。守到心孔開。決定無前後。
東海鯉魚飛上天。驚起法身藏北斗。」（CBETA 2019.Q3, X70, no. 1402,
p. 730b5-7 // Z 2:27, p. 379b9-11 // R122, p. 757b9-11）

雅好寒山子，自號「寒拾里人」[146]嘗於徑山虎岩淨伏處，居楞伽室，擬寒山子詩百餘篇。[147]大德四年（1300）住持湖州鳳翔資福寺，得旨賜師號「慧文正辯禪師」。歷遷中天竺萬壽寺、靈隱寺，至治二年（1322）後住五山之首徑山興聖萬壽禪寺，一坐二十餘年，舉揚大慧宗風，具大慧之禪風餘韻，為徑山任最久之住持。法嗣有楚石梵琦、行中至仁（1309～1382）、夢堂曇噩（1285～1373）、性原慧明（1318～1386）、竹泉法林（1284～1355）等，以楚石梵琦為最具名望、法緣最盛。

　　楚石梵琦（1296～1370）浙江象山人。七歲習儒，九歲習經於永祚寺訥翁謨師，十二歲至湖州崇恩寺依晉翁詢師出家，十六歲於杭州昭慶寺受戒，延祐二年（1315）隨師至道場寺當侍者，兼典藏鑰。後往徑山參元叟行端，叩問：「如何是言發非聲、色前不物？」，元叟反問：「言發非聲、色前不物；速道！速道！」正擬答，

　　元叟大喝一聲，錯愕而退。尋英宗詔以金泥寫經，以字優入選而赴京，一夕，忽聞城樓鐘鼓聲，汗雨如下，豁然有所省，述偈曰：「崇天門外鼓騰騰。蟇箚虛空就地崩。拾得紅爐一片雪。却是黃河六月氷。」[148]寫經事畢，南歸再參師，元叟迎笑曰：「且喜汝大事了畢。」為大慧下五世，自是元叟遂以第二座延

---

[146] 參見：《武林靈隱寺志》卷三〈禪祖下〉：「元叟行端禪師臨濟宗臨海何氏子文字不由師授自然能通少愛靈隱山水清勝止焉自稱寒拾里人嗣徑山藏叟珍。」p.史245-56（《武林靈隱寺志》卷三〈禪祖下〉，p.24）。

[147] 參見：《元叟行端禪師語錄》卷8〈塔銘〉：「擬寒山子詩百餘篇。皆真乘流注。四方衲子。多傳誦之。」（CBETA 2019.Q3, X71, no. 1419, p. 547a6-7 // Z 2:29, p. 34c15-16 // R124, p. 68a15-16）

[148] 參見：《楚石梵琦禪師語錄》卷20：「一夕睡起。聞綵樓上鼓鳴。豁然大悟。徹見徑山為人處。述偈曰。崇天門外鼓騰騰。蟇箚虛空就地崩。拾得紅爐一片雪。却是黃河六月氷。」（CBETA 2019.Q3, X71, no. 1420, p. 659c18-21 // Z 2:29, p. 148a2-5 // R124, p. 295a2-5）

之，參學者多諮叩。尋宣政院命出主海鹽之福臻寺，[149]再遷天寧
永祚寺。後歷杭州報國寺、嘉興本覺寺，授「佛日普照慧辯禪
師」之師號，至正十九年（1359）隱於永祚寺，於寺西築屋隱，
號「西齋老人」，專修淨土，作《西齋淨土詩》。洪武初年間，
太祖數度詔說法。洪武三年作偈：「真性圓明，本無生滅，木馬
夜鳴，西方日出。」[150]往生西方。生平雅好寒山詩，全和三百多
首寒詩，著有《天台三聖詩集和韻》，另有多本著作：《楚石梵
琦語錄》、《慈氏上生偈》、《西齋淨土詩》、《楚石大師北遊
詩》、《鳳山集》等。對當時之禪林畫作亦多題贊，有〈因陀
羅所畫十六祖，聞上人請贊〉、〈因陀羅所畫諸聖，聞上人請
贊〉、〈日本淵默菴畫二十二祖，請贊〉等。[151]

　　明末四大高僧雲棲袾宏讚曰：「本朝第一流宗師，無尚於楚
石矣。」[152]蕅益智旭也嘆曰：「禪宗自楚石琦大師後，未聞其人也」[153]

　　元叟行端→楚石梵琦之法系傳承表，參見上表〈宋元臨濟宗
楊歧派法系〉。

---

[149] 參見：《楚石梵琦禪師語錄》卷20：「是歲東歸。再參元叟於徑山。叟迎
笑曰。且喜汝大事了畢。自是師資微決。佛祖機緣渙然矣。叟遂以第二座
延之。而學者多諮扣焉。未幾行宣政院。命出世海鹽州之福臻。一香供
元叟。是為妙喜五世云。」（CBETA 2019.Q3, X71, no. 1420, pp. 659c21-
660a1 // Z 2:29, p. 148a5-9 // R124, p. 295a5-9）

[150] 參見：《楚石梵琦禪師語錄》卷20，（CBETA 2019.Q3, X71, no. 1420, p.
660b1-2 // Z 2:29, p. 148b15-16 // R124, p. 295b15-16）

[151] 皆收錄於《楚石梵琦禪師語錄》卷14，（CBETA 2019.Q3, X71, no. 1420,
p. 623b22 // Z 2:29, p. 111d16 // R124, p. 222b16）

[152] 參見：《皇明名僧輯略》：「袾宏曰。本朝第一流宗師。無尚於楚石
矣。」（CBETA 2019.Q3, X84, no. 1581, p. 361b15 // Z 2B:17, p. 205a3 //
R144, p. 409a3）。

[153] 參見：《靈峰蕅益大師宗論》卷5：「禪宗自楚石琦大師後，未聞其人
也」（CBETA 2019.Q3, J36, no. B348, p. 347c7）

　　然而，宋、元之際時的這些禪宗法系，大多數並未能一直的綿延傳下，《大明高僧傳》作者如惺（生卒年不詳，活動於萬曆二十八年間）嘗嘆曰：「除大慧宗杲、與虎丘紹隆二系之裔外，其他則三四傳便乃寂然無聲。」[154]

（九）、元時來華之梵僧[155]

　　現時所能查到有記載者很少，筆者僅找到：俊辯大師唧𡄦銘得哩連得囉磨寧[156]、指空（1289～1363）、因陀羅外，其餘的如：般若室利（1263?～1313?）[157]、盛熙明（玄一道人）[158]、普喜（吉祥佛，1239～1289）[159]皆非梵僧；但有許多來自吐蕃之僧

---

[154] 參見：《大明高僧傳》卷5〈平江府虎丘沙門釋紹隆傳〉：「系曰。北宋三佛並唱演公之道。惟佛果得其髓也。而入佛果之室坐無畏床師子吼者又不下十餘人。獨後法嗣之繩繩直至我　　明嘉隆猶有臭氣。觸人巴鼻者妙喜與瞌睡虎之裔耳。他則三四傳便乃寂然無聲。然此二老可謂源遠流長者也。當時稱二甘露門。不亦宜乎。」（CBETA 2019.Q3, T50, no. 2062, p. 916c10-16）

[155] 贊寧《宋高僧傳》卷3〈唐京師滿月傳〉：「胡語梵言者，一在五天竺純梵語，二雪山之北是胡，山之南名婆羅門，國與胡絕，書語不同。…既云西土有梵有胡，何不南北區分？」，因此，來自於雪山之南：天竺、尼婆爾、師子國之僧曰「梵僧」；來自於雪山之北：中亞、新疆等地區之僧曰「胡僧」；另自吐蕃來之僧則別曰「藏僧」；有時通稱為「西僧」。

[156] 僅知其翻譯了《佛說大白傘蓋總持陀羅尼經》，無其他的記載。

[157] 高昌僧，用高昌語翻譯小止觀，曾與皇慶壬子歲（1312），同在天竺靈石山中，對讀譯天台止觀。

[158] 曲先（今新疆庫車）人，一作龜茲人。篤學多材，深通梵語，善誦佛書，工翰墨。元至正二十一年（1361），因病寓居四明（寧波）之磐谷，友人邀叩補陀山潮音洞。住山數月，撰成《補陀洛迦山傳》一卷七品。另有《游補陀》七律二首。文宗時，曾為奎章閣書史，參預編修《經世大典》。晚年定居浙東。著有《書法考》、《圖畫考》等。

[159] 號吉祥，鎮江普照寺沙門。狀似梵僧，精通慈恩宗義，常講唯識、師地，因明諸論。元至元二十五年（1288）主鎮江普照寺。寂後，邑人圖其像供之，曰吉祥佛。

如：噶瑪巴希（1204～1283，噶瑪噶舉派）、八思巴（1239～
1280，薩迦派五祖，世祖之帝師）、膽巴國師（1230～1303，八
思巴之師兄弟）、沙囉巴（1259～1314，八思巴之弟子）、達
益巴（1246～1318，八思巴之弟子）、楊璉真加（?～?，八思巴
之弟子，至元十四年為江南釋教都總統）、迦羅斯巴（1246?～
1308?，成宗之帝師）、宗喀巴（1357～1419，格魯派創始人）、
迦也失（1354～1345，宗喀巴之弟子）等皆為藏僧。

　　蒙元之初時，曾數度西征、南征，版圖南達雪山之北麓，西
南亦遠達中亞之南、印度之西北隅犍陀羅地區，與印度亦有過數
度的小征戰，後世祖之時，一改征戰為和平交往，雙方有使臣往
來。商旅、僧人經由南海海陸、或由雪山北麓雲貴地區（大理、
南紹）而入。大理、南紹自宋時即信奉佛教，有大理國畫師張勝
溫（生卒年不詳，大理國利貞皇帝段智興，在位1172-1199，之
畫師）[160]的《畫梵像卷》傳世，大理國大致統轄今之雲南地區，
1254年亡於忽必烈之蒙古大軍，改制為雲南行省，梵僧指空禪師
就是從那裏入元的。

　　指空禪師，名提納薄陀（Dhyāna-bhadra，意譯為禪賢），摩揭
陀國（Magādha）王子，八歲時依那爛陀寺律賢出家，學究三藏，
十九歲時，千里跋涉至南印楞伽國吉祥山頂香庵參普明尊者，師
問：「從中竺抵此，步可數否？」[161]不能答，苦參半年，因久坐患
足疾，兩腳不能分開，師為其療，癒後大悟曰：「兩腳共一步」，
普明印證之並付法，為迦葉下一百〇八傳，並曰：「我座下得法出
身，二百四十三人。於眾生皆少因緣，汝其廣吾化。其往懋哉。號

---

[160] 張勝溫生卒年不詳，畫史無載，為大理國利貞皇帝段智興（1172-1199在位）之畫師。
[161] 參見：《遊方記抄》〈西天提納薄陀尊者浮圖銘并序〉，（CBETA 2019. Q3, T51, no. 2089, p. 983a25-28）

之曰：蘇那的沙野，Śūnyâdiśya，華言『指空』」遂辭師北行，越過
雪山，[162]至大四年（1311）至大理、雲貴地區，一路游化北行，途
中行經廬山東林寺，「見前身塔巋然，骨猶未朽。」[163]

　　泰定元年（1323）應帝詔請於難水之上，論佛法稱旨，[164]泰
定三年赴高麗弘法，歷住甘露寺、金剛山法起道場，後被元帝
詔回內廷，不久又再度赴高麗，於京畿長湍郡寶鳳山建華藏寺，
法緣殊勝。[165]天曆元年（1328），文宗又詔回內廷問法，順帝更
延入宮中與皇后、皇太子問法，以「佛法自有學者，專心御天下
幸甚。」[166]機緣不契。著有《指空法語》、《頓入無生大解脫法
門指要》、《西天百八代祖師頌》等著作；[167]至於指空禪師所傳
之印度禪法，大抵與達摩所帶來之祖師禪法相同，蓋指空之師承
法系為：「是從大迦葉至二十祖摩挐羅有二人弟子：一為鶴勒那
傳至菩提達摩，二為左陀瞿那（一顐）傳至一百七祖三曼陀毗提
即吉祥山普明。」[168]由普明再傳指空，指空係屬西天禪法系之第

---

[162] 有關指空禪師之生平及其入華之路徑，另有異說，然此非本書之重點於此
　　不多加討論，可參見：段玉明著，《指空—最後一位來華的印度高僧》上
　　篇。

[163] 參見：《遊方記抄》〈西天提納薄陀尊者浮圖銘并序〉，（CBETA 2019.
　　Q3, T51, no. 2089, p. 984b22-23）

[164] 參見：〔日〕忽滑谷快天，《韓國禪教史》，p.214。

[165] 《遊方記抄》：朝鮮正祖宣皇帝（壬子）十六年（1793）加贈指空法號教
　　旨云：迦葉百八傳，提納薄陀尊者，禪賢號指空，加贈：「開宗演教萬行
　　圓融六度嚴淨西天三abc東土一祖大法師者」，（CBETA 2019.Q3, T51, no.
　　2089, p. 985c10-15）

[166] 參見：《遊方記抄》〈西天提納薄陀尊者浮圖銘并序〉：「至正皇后皇太
　　子迎入延華閣問法。師曰。佛法自有學者專心御天下幸甚。又曰。萬福福
　　福萬中缺一。不可為天下主。所獻珠玉辭之不受。」（CBETA 2019.Q3,
　　T51, no. 2089, pp. 982c26-983a1）

[167] 參見：任宜敏，《元代佛教史》，p.542。

[168] 參見：〔日〕忽滑谷快天著，朱謙之譯，《韓國禪教史》p.216。

一百〇八祖，其禪法詳可參見附錄二：〈指空禪師之印度禪法〉
（轉錄於《指空禪要錄》）。

　　因陀羅亦來自天竺，同樣是禪僧，但史書、僧傳無載，幸而
他有數幅之禪畫留存傳世，正是本書之研究主題，將在下一章詳
述之。

三、宋元禪風之轉變

　　唐末五代，社會動盪，儒家之統領政治、社會之地位，又再
度的滑落，從中唐之一度的排佛（韓昌黎倡儒辟佛）及二度的毀
佛（唐武宗會昌法難、後周武帝限佛），到了宋初太祖、太宗之
扶持、興倡，佛教又再度地恢復活力與興盛，社會風氣也由排斥
漸漸轉成接納，雲門宗之契嵩（明教大師，1007～1072）於北宋
嘉祐七年（1061）作萬言書〈傳法正宗記〉上書仁宗，並廣結
士大夫，主張「儒佛不可相非」、「儒佛二聖人之道，斷天下之
疑」[169]力倡：

> 「儒佛一致之說，以駁儒者排佛之論，而致力於儒釋
> 之會通。就思想而言，契嵩既有禪教之傳統觀念，復具顯
> 著之儒化思想，既治佛學，復探儒術，蓋務通二教聖人之
> 心，以顯其儒佛兼修、儒佛會通之志。」[170]

---

[169] 參見：《鐔津文集》卷8〈萬言書上　仁宗皇帝〉，（CBETA 2019.Q3,
T52, no. 2115, p. 689c20-21、p. 690a8-9）

[170] 契嵩主張：一、等同五戒與五常，二、論心、性、情，三、贊中庸，四、
贊五經，五、論孝道，六、論君子與小人，七、會通佛儒，八、儒佛合
一。著有：〈傳法正宗記〉、〈傳法正宗論〉、〈輔教篇〉均收錄於其
《鐔津文集》中。參見：劉貴傑，〈契嵩思想研究——佛教思想與儒家學
說之交涉〉，《中華佛學學報》第二期，1988.10。頁213-238

　　北宋之士大夫們如歐陽修（晚年號六一居士）、蘇軾、黃庭堅等，多能接受佛儒之互補互融，禪林也因士大夫、文人之加入，由農禪逐漸轉成士大夫禪、文人禪，興起另一高潮——文字禪。

　　自圓悟克勤之《碧巖錄》成書之後，禪子們爭相成頌，各宗各派禪師們也紛紛著書或以語錄來接引其弟子，北宋末年，惠洪之文字禪已蔚然成風了，禪子「尚以文字為禪，之謂請益」。到了南宋禪師們上堂提舉、評頌，多以詩偈為之，文句語詞也較為儒雅、多用典故，不似前期之祖師們動不動就喊「乾屎橛」等粗鄙俚俗之語。南宋末之理學家（新儒家）們，表面上雖亦有排佛之言說，然實際上吸收了佛家（教之天台、華嚴，禪之南宗）之性空、惟心思想，會通儒家易學及老莊思想發展出來的，例如：理學之祖周敦頤的《太極圖說》、邵雍之《皇極經世》、張載、二程、朱熹、陸九淵等之學說，無不與佛、道思想有息息相關；尤其是到了明初王陽明的心學，更是與禪宗之思想難分割。

　　另一方面，在佛教教內本身，不管是教下之華嚴、天台、律或宗門之禪，亦多倡言互相融通，教禪互為表裡，倡言「律者佛身，教者佛語，禪者佛心」，所謂之「教禪一致」，本書在上一節已述及，在此不再贅述。

　　然而，佛教若只是在廟堂上，與士大夫交流往來，那也只是侷限於一隅，無法廣傳弘化。宋元之時，佛教除了向上會通士大夫之儒家思想外，還向下融和了民間盛行之庶民信仰。南宋末開始，「隨著『看話禪』的形成，禪宗走到極限，從此開始逐漸融入民間信仰中。」[171]佛教盛行世俗化，並吸收融合了民間信仰，

---

[171] 參見：〔日〕小川隆著，彭丹譯，《禪思想史講義》：「隨著『看話禪』的形成，禪宗走到極限，從此開始逐漸融入民間信仰中。前川亨在《禪宗史的終焉與寶卷的生成》中詳細闡明了這一歷史的演變過程，見《東洋文

例如：本書第四章所說的寒山拾得由禪宗散聖身分，轉化成和合二仙之民間信仰；伴隨著淨土宗念佛之信仰的盛行，禪師們在接引禪子或上堂開示時，時常以彌勒、觀音、文殊等民間普遍供奉之佛菩薩，及布袋和尚、傅大士、寒山子等散聖來提舉，以增加民眾之接受度。入元之後，重要之禪宗流派，如虎丘紹隆下之中峰明本、天如惟則，以及大慧宗杲下之楚石梵琦，南方主要的兩大流派，皆主張禪淨合一，念佛求生西方淨土，如此可以和當時社會上普遍的念佛會、淨土社等民間宗教社團相互呼應，更易於自家宗派之發展。當然這其中也是有分別的，禪宗之念佛多為念自性佛、淨土為自性淨土、往生則為自力往生；而民間普遍之淨土社、念佛會，則是口稱「唸」佛、唸阿彌陀佛名號、淨土為西方彌陀淨土、往生則為他力救度往生。儘管如此，「禪淨合一」之推行，對佛教、禪宗之弘揚，還是很成功的。印順法師在其《中國禪宗史》中言：

> 「念佛與成佛合一：「念佛」是大乘經的重要法門。在中國，自廬山慧遠結社念佛以來，稱念阿彌陀佛，成為最平易通俗的佛教。達摩禪凝住壁觀，聖凡一如，原與念佛的方便不同。道信引用了一行三昧，一行三昧是念佛三昧之一。「念佛心是佛，妄念是凡夫」：息一切妄念而專於念佛，心心相續，念佛心就是佛。道信的「入道安心方便」，是這樣的方便。依念佛而成佛，雙峯禪門才能極深而又能普及。從弘忍門下的念佛禪中，可以充分的明白出來。」[172]

化》第83號，2003年。」，p.107。
[172] 參見：印順法師在其《中國禪宗史》卷2：「三、念佛與成佛合一：「念佛」是大乘經的重要法門。在中國，自廬山慧遠結社念佛以來，稱念阿彌

　　同時自南宋末以來，諸多的禪師，尤其是臨濟宗之揚歧派下禪師們，多提倡繪畫，以畫境來彰顯、表述禪境，令禪子觀畫觸景而入禪境、開悟，高峰元妙於法堂上驀見五祖法演之真贊而開悟，即是個著名之例子。詩書畫本是一，早期禪宗以公案、話頭輔之以棒喝來接引禪子，久而漸而至形成文字禪，以文字、詩偈來表述。文字、圖像皆是一種表達、表現的方法形式，皆可用來表述禪意、禪境。更何況是以圖像配上文字——禪畫加上題贊，更是如虎添翼，為弘傳禪之利器。另一促成禪宗禪畫之興起之重要因素為，因禪堂傳統上不設佛像，通常只會掛上祖師達摩或六祖之畫像，或自宗之祖師之真（畫像），這畫像是得法、嗣法之「證書」，蓋自六祖慧能因有祖衣之爭，而後規定不得再傳祖衣，僅於當面印證受記而已，然因中國人之習慣，傳宗、傳家必要有證物，因之演變成付法時，授師真並題贊以為記，作為傳法之證據，亦可藉由題贊作為勉勵、提撕弟子勿迷失所證；因此自南宋而後，幾乎各個出世之禪師，皆有題贊之師真掛於禪堂，且在弟子證悟得法之時，會授以自贊之真以示傳法。由此，從祖師頂相畫、自真，旁而及之公案畫、甚至於山水、花鳥、果物之畫，只要畫中含禪意、具禪境，均可為禪師接受、歡迎。就這樣從南宋到元代，禪畫蓬勃的發展起來。

　　注重禪畫之祖師，除了在本章上一節所述及之禪師中的笑隱大訢、無準師範、中峰明本、楚石梵琦外，尚有圓悟克勤、大慧

<hr>

陀佛，成為最平易通俗的佛教。達摩禪凝住壁觀，聖凡一如，原與念佛的方便不同。道信引用了一行三昧，一行三昧是念佛三昧之一。「念佛心是佛，妄念是凡夫」：息一切妄念而專於念佛，心心相續，念佛心就是佛。道信的「入道安心方便」，是這樣的方便。依念佛而成佛，雙峰禪門才能極深而又能普及。從弘忍門下的念佛禪中，可以充分的明白出來。」（CBETA 2019.Q3, Y40, no. 38, p. 57a1-5）

宗杲、北磵居簡、希叟紹曇、虛堂智愚、古林清茂、了菴清欲、
即休契了……，在他們的語錄之中，皆有許多的祖師像贊、和尚
真贊；除此之外，北磵居簡、無準師範、希叟紹曇、虛堂智愚、
古林清茂等禪師，尚有許多的品評繪畫之語錄留下；尤其是北
磵居簡與梁楷為至交[173]、希叟紹曇為著名之畫師牧谿法常之師兄
弟，更皆是無準師範之徒，他們對繪畫在禪宗之發展，具有莫大
之推動力。

　　更有自身亦善畫之禪師者，如：惠洪覺範、一山一寧、老融
（生平不詳，南宋末之禪僧）[174]、雪窓悟光（1215～1280）、梵
隆[175]、牧谿法常、羅窗（慈窗）[176]、月蓬[177]、瑩玉澗[178]、玉澗若

---

[173] 參見：嚴雅美著，《潑墨仙人圖研究：兼論宋元禪宗繪畫》，p.183註
141。

[174] 參見：《元叟行端禪師語錄》卷7：「宋南渡，有老融者，由汴京，棄儒
歸釋。以筆端如幻三昧，取應化事跡，畫而成圖。使賢愚，一目皆了。樓
大參（按：鑰）謂：『老融惜墨如惜金』。蓋言其精如此。傳融之學者，
四明則有胡直夫、西蜀則有元上人。」（CBETA 2019.Q3, X71, no. 1419,
pp. 541c22-542a2 // Z 2:29, p. 29c5-9 // R124, p. 58a5-9）
〔宋〕樓鑰（1137～1213）《攻媿集》卷二：〈催老融墨戲〉p.26、〈題
老融畫牛溪烟雨〉；卷八：〈題老融歸牛圖〉p.138；卷九：〈題施武子
所藏老融二牛圖〉p.154；卷八十一：〈題老融畫彌勒〉p.1101。
希叟紹曇，《希叟和尚語錄》：〈題老融羣牛圖〉；《希叟和尚廣錄》
卷六：〈題初上人。老融牛軸〉、卷七：〈題老融猿（枝上坐。舉手捫
果）〉；
虛堂智愚，《虛堂和尚語錄》卷七：〈老融牛圖〉、卷十：〈墨戲屠生善
老融牛〉。
《君台觀左右帳記》有「老融：[元]工画牛，为猪者之師。」

[175] 參見：〔元〕夏文彥《圖繪寶鑑》卷四：「僧梵隆，字茂宗，號無住，吳
興人，善白描人物，山水師李伯時，高宗極喜其畫，每見輒品題之，然氣
韻筆法，皆不迨龍眠。」p.284。

[176] 參見：法鼓《人名規範檢索》羅窗條：南宋時居西湖六通寺，與牧溪畫意
相伴。」

[177] 參見：《圖繪寶鑑》卷四：「僧月蓬，不知何許人，貌古怪，亦不知止宿

芬[179]、白雲靜賓[180]、子溫（日觀，?～1296）[181]、仁濟[182]、圓悟[183]、
慧舟[184]、太虛[185]、頭陀溥圓[186]、海雲[187]、智海[188]、妙圓[189]、智浩
[190]、道隱[191]、允才[192]、時溥[193]、雪窗普明（子庭附）[194]、敏行[195]、

　何地？
　畫觀音、佛像、羅漢、天王，得古人體韻，其畫不妄與人，人罕有之。」
　p.284。

[178] 參見：《圖繪寶鑑》卷四：「瑩玉潤，西湖淨慈寺僧，師惠崇畫山水。」
　p.284。

[179] 參見：《圖繪寶鑑》卷四：「僧若芬，字仲石，婺州曹氏子，為上竺寺書
　記，模寫雲山以寓意，求者漸　，因謂：『世間宜假不宜真，如錢塘八月
　潮，西湖雪後諸峯，極天下偉觀，二三子當面蹉過，卻求玩道人數點殘
　墨，何耶？」歸老家，山古澗側，流蒼壁間，占勝作亭扁，曰玉澗，因以
　為號，又建閣對芙蓉峯，號芙蓉峯主，嘗自題畫竹，云不是老僧親寫，曉
　來誰報平安。」p.284。

[180] 參見：《人名規範檢索》靜賓條：「善作異松怪石，如龍騰虎踞，上寫草
　字，寺院多收。」

[181] 參見：《圖繪寶鑑》卷四：「僧子溫，字仲言，號日觀，作水墨葡萄，自
　成一家法，人莫能測，又號知歸子。」p.284。

[182] 參見：夏文彥《圖繪寶鑑》卷四：「僧仁濟，字澤翁，姓童氏，玉澗之
　甥，書學東坡，墨竹學俞子清，梅學楊補之，自謂用心四十年，作花圈稍
　圓耳，山水亦得意。」p.284。

[183] 參見：夏文彥《圖繪寶鑑》卷四：「僧圓悟，閩人，號枯崖，能詩、喜作
　竹石。」p.285。

[184] 參見：夏文彥《圖繪寶鑑》卷四：「僧慧舟，號一山，天台人，居西湖長
　慶寺，能詩、作小蕞竹，或二三竿、或百十成林，不見其重復冗雜。」
　p.285。

[185] 參見：夏文彥《圖繪寶鑑》卷四：「僧太虛，江西人，作竹學鄆王楷。」
　p.285。

[186] 參見：夏文彥《圖繪寶鑑》卷五：「頭陀溥圓，字大方，號如菴，俗姓
　李，河南人，于雪菴為法弟。書學雪菴，山水墨竹俱學黃筌。」p.309。

[187] 參見：夏文彥《圖繪寶鑑》卷五：「僧海雲，墨竹學樗軒。」p.309。

[188] 參見：夏文彥《圖繪寶鑑》卷五：「僧智海，居燕中，喜畫墨竹，學海雲
　禪師。」p.309。

[189] 參見：夏文彥《圖繪寶鑑》卷五：「僧妙圓，墨竹頗有法度。」p.309。

修範[196]、志堅[197]、彥深[198]、明川[199]、維翰[200]、因陀羅等許多的畫僧。
有關宋、元禪師與禪畫相關之記載，請參閱附錄三：〈宋元禪師
與禪畫簡表〉，（轉錄自：嚴雅美著，《潑墨仙人圖研究：兼論
宋元禪宗繪畫》，pp.185-193）。

　　由此可見在宋、元之時，佛教、禪宗叢林中繪畫非常之盛
行，然而這些畫作，在宋元明之際時，並不受繪畫界、文人之重
視，被譏為「止可施之僧坊，不足為文房清玩」[201]、「麤惡無古

---

[190] 參見：夏文彥《圖繪寶鑑》卷五：「僧智浩，號墨軒，墨竹雖少蘊藉，脫
洒簡略，得自然趣。」p.309。

[191] 參見：夏文彥《圖繪寶鑑》卷五：「僧道隱，字仲孺，號月澗，俗姓李
氏，海鹽當湖人，蘭石學趙子固，墨竹宗王翠巖。」p.309。

[192] 參見：夏文彥《圖繪寶鑑》卷五：「僧允才，號雪岑，受業嘉興石佛寺，
墨梅竹似丁子卿。」p.309。

[193] 參見：夏文彥《圖繪寶鑑》卷五：「僧時溥，字君澤，號雨巖，華亭人，
居奉賢鄉接待寺，通經律、作詩亦畫墨竹，三稍五葉而已。」p.309。

[194] 參見：夏文彥《圖繪寶鑑》卷五：「僧明雪窗，畫蘭、柏。子庭畫枯木菖
蒲，止可施之僧坊，不足為文房清玩。」p.309。

[法]鼓《人名規範檢索》雪窗條：雪窗普明（?～?）元代畫家、僧人。俗姓
曹，松江（今屬上海）人。元惠宗至元四年（1338）任蘇州雲岩寺住持，
至正四年（1344）調任承天寺住持。精於針灸，書法亦佳，尤擅長畫蘭
蕙竹石，與釋祖伯（號子庭）齊名。其作品《畫蘭筆記法》被日本僧人攜
回，且影響日本畫壇。應陝西南五臺僧人法忍囑附，撰〈南五臺山觀音菩
薩示述記〉。

[195] 參見：夏文彥《圖繪寶鑑》補遺：「僧敏行彭州人，工佛像。」p.323。

[196] 參見：夏文彥《圖繪寶鑑》補遺：「僧修範洞州人，工湖石。」p.323。

[197] 參見：夏文彥《圖繪寶鑑》補遺：「僧志堅蜀人，工山水。」p.323。

[198] 參見：夏文彥《圖繪寶鑑》補遺：「僧彥深工佛像，尤精觀音。」
p.324。

[199] 參見：夏文彥《圖繪寶鑑》補遺：「僧明川工山水。」p.324。

[200] 參見：夏文彥《圖繪寶鑑》補遺：「僧維翰，字古清，江右人，畫龍學所
翁。」p.324。

[201] 參見：夏文彥《圖繪寶鑑》卷五：「止可施之僧坊，不足為文房清玩。」

法，誠非雅玩。」、「僅可供僧房道舍，以助清幽耳。」其中精品多半流傳到日本，到了明代初期，浙派之文人畫大興，禪宗繪畫（禪畫），則一度沒落，一直到明代中、末期之時，才又稍現蹤跡。

　　然而，禪藝術卻藉著，宋、元禪宗之東傳，而流行、興盛於日本。中日之間佛教之交流，起於隋、唐朝建國之初，即開始派遣使團來華，除了來學習大唐之政治、文化外，還派有學僧，來學習佛教（在此之前日本之佛教，多經由高麗輾轉傳入），此遣唐使團一直持續到昭宗乾寧元年（894），因唐朝國勢衰落，政治、社會混亂，日本已無興趣再來了。自此中日在政治上之往來已停頓，僅有民間商賈、僧侶仍有持續之往來。五代時期，僅有吳越國與日本有往來，除了商貿之外，還有在後周廣順三年（953）日本平安政府應吳越王錢弘俶（929～988）之請，派延曆寺（日本滋賀縣大津市坂本本町）僧日延護送佛典經論回吳越，[202] 日延返回日本時，又攜回一千多冊日本所無之經論，[203] 此對中日佛教之交流貢獻頗大。及至北宋一統全國之時，正值日本外戚藤原基經（ふじわらのもとつね，836～891）當權，藤原氏對外力主閉關政策，且北宋王朝因北方之遼、金為患，自顧不暇，中日間並無政治上之交流，唯有民間商賈、僧侶有往來；入

---

p.309。

[202] 《釋門正統》卷2〈義寂〉：「初智者所說教迹。自安史挺亂以來。會昌籍沒之後。當時碩德但握半珠。隱而不曜。所有法藏。多流海東。師痛念本折枝摧。力網羅之。先於金華古藏中。僅得淨名一疏而已。後以錢忠懿王覽內典。昧於教相。請扣韶國師。韶稱師洞明台道。王召師建講。遣使抵日本。求其遺逸。仍為造寺。賜號淨光。追諡九祖尊者。台道鬱而復興。」（CBETA 2019.Q3, X75, no. 1513, p. 278b23-c5 // Z 2B:3, p. 381a17-b5 // R130, p. 761a17-b5）

[203] 參見：蔡鳳書，《中日交流的考古研究》，p.261。

宋僧計有成算、祚壹、嘉因、元燈、念救、覺因、明蓮、紹良、慶盛、賴緣、快宗、聖秀、惟觀、心賢、善久、長明、仲回等二十餘人，其中以太平興國八年（983）日僧奝然（938～1016）、真宗咸平六年（1003）延曆寺之寂照（1011～1081）、神宗熙寧五年（1072）日本天台宗僧成尋，三人較有名，他們多以朝禮五臺山、天臺山，巡禮佛教聖蹟而入宋。

　　宋室南遷（1127）後，高宗時，日本崇德天皇白河法皇，執政之末期，日本政權，掌於武家平清盛。此時期，中日商旅往來仍少，平清盛助白河天皇平定保元之亂，任大宰府太貳，掌九洲政務，見對中貿易有利可圖，採取積極之政策，自此之後日本商船往來南宋者，逐漸增多。另一方面，南宋也因對遼金之歲貢，財政負擔極重，積極擴充海外貿易，因之，中日之間商船之往來頻繁。順道搭乘商船入宋之日僧，或至日弘法之宋僧，人數逐漸增多。此時，入宋之日僧，多為傳律宗而來。律宗早期於奈良時代，由鑑真傳入，一時大興，傳至平安時代，漸漸萎靡，及至南宋，其法統已絕。當時之僧侶多不守律儀，最澄遂於比叡山提倡戒法。

　　及至南宋中期以降，主要為學禪宗而來。[204]此時入宋之日僧，以榮西及其弟子為主。在中國禪宗盛行於唐代，當時入唐僧及渡日之唐僧，已將禪宗傳入日本。只是當時之禪宗，附隨在其他宗而傳入。平安時代之日本，大多偏重於經典之研究，或淨土念佛法會。禪宗經五代至於北宋，發展出五家七宗大興，至南宋時更達到顛峰。南宋中期之後，中日商貿、交通非常盛行，兩國僧侶之往來頻繁，因此，禪宗思想就藉此而傳至日本，影響極

---

[204] 參見：〔日〕佐藤秀孝，〈禪者の日中交流─宋代禪宗と日本禪林〉，收錄於鈴木哲雄編，《宋代禪宗の社會的影響》，pp.465-511。

大。光宗紹熙二年（1191）榮西（1141～1215）歸國返日，因得到武士家的信奉，於博多建聖福寺、鎌倉建壽福寺、京都建建仁寺，大振禪宗；南宋亡後，中日之官方往來又中斷。

元初時，世祖在征服高麗之後，欲達到統一大東亞之夢想，於六度派使臣赴日無果後，於至元十一年出兵討伐，是為文永之役；至元十八年，再度出兵，為弘安之役，二次皆因颶風及日人頑抗而告失敗，[205]終元之世，無再出征日本，然而中日關係極度的惡化。儘管官方之關係惡劣，但民間商業往來不絕。

至元末年，為中日商船往來最盛之時期。以隨船而來之渡元僧來講，僧傳及有史載者，約有二百二十多人之數。不知名姓、無載者，不知幾何？元時對外貿易港口，以泉州、廣州、慶元（明州）三個港口為主，尤其是慶元港，明州自宋以來即為對日貿易港，因其距離日本最近，所以中日商船，皆入是港。這些入元僧，多是在此上岸，參訪江浙之五山十剎禪林；同時返國（日）時，亦是由此上船。

彼時日本之五山，盛行開版印書，尤其是禪僧語錄、詩文集，及諸如論語、孟子、老子、莊子、列子、孫子兵法、周易、禮記、左傳、史記、山海經、神仙傳、太平廣記等等儒、道等諸子百家書籍，皆從元地輸入，由此可見是時之日本熱愛中國文化。其他，如禪宗所需要之禪寺什物，亦為主要之輸入品。彼時所新建立之五山十剎等禪宗寺院，所用之叢林器物等，都是從元輸入的。當時禪林流行唐樣茶會，茶室、茶亭之掛飾，多為梁楷、牧溪、吳道子等之釋迦、文殊、普賢、觀音等佛畫。另蘇東坡、米芾、文與可、李伯時、張僧繇、楊補之、韓幹、胡直夫、陸信忠等名家，所繪之圖，無論人物、山水、花鳥亦皆是搜羅之

---

[205] 參見：〔日〕木宮泰彥著，陳捷譯，《中日交通史》下卷，pp.69-78。

對象。而坐席之鋪設，及用物、茶器等，也皆為中國之器。茶葉也多是中國之茗茶。這些宋元名畫、器物、茗茶等，多為入宋、入元學僧所帶回，或由商販船運回國販賣。如此，造成了在日本禪藝術之大興，及禪畫之盛行。

小結

有元一代僅短短九十七年，在政治上採取二分制，對於非漢族族群（蒙古人、色目人）以蒙古游牧民族之傳統方式來統治管理，對於漢族族群（漢人、南人，主要是定居型農民）初期則以保留部分遼、金之制度，招募、開科取士，錄用漢儒為佐、以唐宋儒家傳統之治民方式，統治中原；世祖滅了南宋，統一了全國後，則採用漢人劉秉忠，多用儒家之思想、方式，制定了元朝之政策、制度，當然還是保留有部分蒙古游牧民族之傳統方式，但已僅是一小部分而已。雖然以大半是以儒術來治天下，但是社會階級分立，以蒙古族、西域及諸胡族人（色目人）為先、為上，漢族人（漢人、南人）為下、為次。雖開科取士，但嚴重的歧視，雖亦用漢人入仕，多為副官或較低階之庶務官吏。賦役政策亦同樣分為二，蒙人、西域遊牧族照游牧舊制，納丁稅，其稅較輕；漢人、南人依唐宋之兩稅法，且徵之以苛。

然而蒙元在宗教、文化上，則相當寬鬆、自由，自太祖立下宗教自由之則，後來雖自世祖及其後諸帝均信奉藏傳佛教，以藏傳佛教僧為帝師、為最高僧官，多少對漢傳佛教有影響，但並無強制人民之信仰、或迫害其他宗教之情事。

另因遊牧民族之文化發展水平，較內地漢族之文化較慢、較低，蒙元入主中原之後，雖無如同北魏孝文帝時期，政府大力推

行漢化運動，但終元之世，多民族融合一直持續地在進行著。諸如：多族士人圈之詩文唱酬、雅集，以文（詩、書、畫）會友，聚會活動以飲酒品茗、吟詩唱和、書畫交流、品評欣賞、游山玩水、園林賞花等。在元初之時，因蒙人、色目人漢文化素養不高，幾無參預此活動，逐漸地在至元二十五年（1288）於大都舉行之「雪堂雅集」，集會之二十七名文人、士大夫中，即有蒙人、色目人參加。

而此文人雅集、藝術之會，因詩、書、畫，三者一體也，為文人、士大夫不可缺之涵養，元時之蒙古、色目官員，欲與漢族文人打交道，就必須學習、具備此涵養，也因如此，居內地之蒙古、色目人中，亦出不少如高克恭（1248～1310）、薩天錫都剌（1308～1355）等書畫名家。

至於有關書畫之題跋，於繪畫畫面中題詩、題贊、題跋，無論是自題或他題，抑或為當代題或異代題，自從北宋蘇軾、米芾大力提倡後，逐漸蔚為風尚，到了元代達到了高峰，主要一則因為，元代之主流畫家以文人、士大夫為主體，兩宋時是以畫院之畫工為主體，士人參與者較少。另則是因「詩、書、畫」三者合一，詩境通畫境，文人畫以神似為要，不甚求形似，作畫以「寫意」為主。且喜「援書入畫」，在書、畫上題詩題跋。

有元一代，百年間，來了三位梵僧：俊辯大師、指空及因陀羅；俊辯大師，僅知其翻譯了《佛說大白傘蓋總持陀羅尼經》，查無其他的記載；指空禪師，則帶來了印度之禪法，弘傳於大理（雲南、貴州）、大都元廷及高麗地區；因陀羅則於入華後，長居於杭州天竺寺，遙師梁楷，學習中國水墨畫、減筆人物畫，並會通中印禪法，在其原本之天竺禪法中融入中國南宗禪之「參公案」禪法，繪製多幅「祖師頂相圖」、諸「散聖圖」、及本書所要介紹之「祖師像」、「公案圖」、「禪機圖」等禪畫，其後

獲「宣授汴梁上方祐國大光教禪寺住持」及師號「佛慧淨辨圓通法寶大師」，傳法於開封汴梁，其所繪之禪畫大多流傳至日本，這些「公案畫」、「禪機圖」，以禪畫之型式，弘化於東洋。然而，有關本書研究主題之因陀羅的生平、來歷，向來一直是缺乏史料、及研究論文，本書將在下一章中，試圖在有限之資料中，梳理出其生平、師承等輪廓來。

第三章　因陀羅其人與其繪畫

　　如同本書在上一章中所述，有關因陀羅之生卒年、身世來歷、師承、法脈…皆無明確之史料記載，因此我們僅能旁敲側擊，由其他有關之史籍、文章、圖繪、記錄一點一滴的逐一加以推敲、梳理。本章將從因陀羅活動的年代、地點、及其所交游往來之禪師、及其繪畫上所署之款、名、師號、鈐印之印文等各種可能性，多方面來勾勒出因陀羅其人之形象，並列舉其繪畫或傳為其所繪之畫作。[1]

第一節　因陀羅其人

一、因陀羅活動於何年代

　　依據現今台灣佛教藝術界學者、畫家之推定，他活躍於元代末年。[2]另日本學者松島宗衛在《君台觀右帳記研究》中，根據南宋寧宗（1168～1224在位）、理宗（1224～1264在位）朝之陳

---

[1]　由於本書之目的在研究因陀羅之繪畫，重點在其畫法、風格及其蘊含之禪意、禪境上，並不以圖繪之真偽為重點，只要是表現為因陀羅風格之繪畫，即使只是「傳因陀羅」繪，亦加入研究之範圍，不作真偽之鑑定與推斷。

[2]　參見：第一章第三節。

造（1133～1203）[3]，有題因師蒲桃圖二首詩，云：「因師寫物三昧手 公取天機付筆端 坐想瑛盤分磊碨 憶嘗貝齒冰甘寒」[4]此詩為題「因師」之畫、且詩中有提到「三昧」、「天機付筆端」等與禪、禪畫有關之詞，而推定因陀羅為宋末元初之畫僧，為1203年前之人。[5]又另有一說，日本學者戶田禎佑則根據因陀羅之繪畫之風格，「假設」現今「傳」為管道昇繪之〈魚籃觀音圖〉（見圖8），可能為因陀羅早期之作，（年輕時畫的，其風格尚未成熟、定型之作品），而此圖上有中峰明本（1263～1323）之題贊，此贊戶田禎佑認為造假之可能性低[6]，因而假設因陀羅年輕時與中峰明本有所往來，因此而把因陀羅活動之年代往前推遡二十年，估計約晚於梁楷（?～1210）一百年，梁楷據史載於南宋寧宗嘉泰間（1201～1204）曾為畫院待詔，卒於1210年，可以說樑楷活動於十三世紀初，因陀羅約晚梁楷百年，故其活動於十四世紀上半葉初期，亦即中峰明本晚年。

筆者認為他應為元代中期之人，因為考其於禪宗祖師語錄上之記載，最早見於楚石梵琦之師元叟行端禪師對其畫作之評議（見本書第一章第三節），因此筆者推估因陀羅能名聞於五山

---

3 參見：《國語辭典》，陳造條：「字唐卿，自號江湖長翁，宋高郵人。與范成大時相唱和，其作品頗能反映民生疾苦。著有《江湖長翁文集》。」https://www.moedict.tw/%E9%99%B3%E9%80%A0 20190528點擊。

4 參見：欽定四庫全書薈要卷一萬九千二百 集部，《摛藻堂四庫全書薈要》本，御定歷代題畫詩類卷九十二 禾麥蔬果，題因師蒲桃圖二首，宋陳造。pp.457-430。

5 參見：〔日〕松島宗衛著，《君台觀左右帳記研究》，pp.376-379。

6 詳見：〔日〕川上涇、戶田禎佑、海老根聰郎等著，《水墨美術大系》第四卷《梁楷‧因陀羅》：「...もし、そうだとすると、観音図上部の広い空白は説明することがかすり困難になる。従って、中峰の贊は原本にも存在したとしておきたい。その上で、さらに中峰の贊に拠らずとも、作品そのものから、本図が因陀羅のより早期の絵画とみることができるかどうかが、絵画史研究の上では重要な論点となる」，p.47。

之首─徑山寺寺主元叟行端之時，其年齡應已是中年之人了，而元叟行端之年歲長於楚石梵琦四、五十年，且依《新續高僧傳》〈梵琦傳〉之記載，梵琦於元英宗（在位1320～1323）之時，在元叟行端座下開悟，泰定（1324～1328）中出主海鹽之福臺寺，尋遷永祚寺主，彼時梵琦不過28歲而已。[7]因之因陀羅之畫作雖有楚石梵琦之題贊，但考量因陀羅與元叟行端及楚石梵琦師徒二代人之關係，他與梵琦二人之年歲應有相當之差距；且根據《楚石梵琦禪師語錄》卷14中有：

> 「因陀羅所畫十六祖，聞上人請贊
> 初祖　易掩當門齒。難藏蓋膽毛。神光三拜後。熊耳一峯高。
> 六祖　惹起風幡話。流傳卒未休。有人來問我。六耳不同謀。…」

7　參見：《新續高僧傳》卷62：「明海鹽福臻寺沙門釋梵琦傳（梅雪）：釋梵琦字楚石、小字曇耀，象山人，嘗閱楞嚴至「緣見因明暗成無見」恍然有悟。元叟端倡道雙徑，琦往問之言：發非聲色前不物其意如何？叟就以詰之，琦擬答，叟叱之使出，自是胸疑如填巨石。會元英宗（1302～1323）詔：粉黃金為泥書大藏經。以琦善書選至闕下，一夕聞樓鼓動，汗如雨下，拊几笑曰：徑山鼻孔，今日入吾手矣。因成偈有：「捨得紅鑪一點雪，卻是黃河六月冰」之句。旋入雙徑，叟見其氣宇充然，謂曰：西來密意喜子得之矣。元泰定（1324～1328）中，出主海鹽之福臺。尋遷永祚。明洪武初詔名淨屠於蔣山，建廣薦會。琦首應詔，躋席說法、圓音高唱、萬籟俱清。帝心悅懌賜宴文樓，親承顧問，既還出帑金以賜之。館於天界寺。忽謂靈夢堂曰：吾將去也。曰：子欲何之？曰：西方爾。因訊之曰：西方有佛，東方無佛邪？琦厲聲一喝，泊然而化，荼毘齒牙舌根數珠咸不壞，舍利黏綴遺骨纍纍如珠。所著有《楚石語錄》及《和永明山居詩》并見寺志。又梅雪亦閱楞嚴次，見一毫端現寶王剎有疑後，至江陰乾明寺佛閣壯麗，頓釋疑情。淨慈休休翁證之，其所著亦有《和永明詩寄幻集》」（CBETA, B27, no. 151, p. 448a11-b7）。

此外尚有：

「因陀羅所畫諸聖。聞上人請贊

空生　寂寂巖巖坐。喃喃口更多。只言無法說。爭奈雨花何。

豐干　寺裏隨僧住。山前跨虎過。閭丘太守到。道你是彌

陀。…」

　　從語錄中之記載：「聞上人請贊」，梵琦稱因陀羅為「上人」，把因陀羅當作師執輩，據此兩點本書推估因陀羅應較梵琦年長三十多歲（介於行端與梵琦之間），略小於元叟行端、中峰明本數歲而已。梵琦卒於明太祖洪武三年，可算是元代末之僧人，而元祚不過97年，（1271～1368），推算起來因陀羅應屬於元代中晚期之人，主要活動於1300年上半葉初期，生卒年估算約介於1275～1335年間。

　　此圖依據日本學者戶田禎佑之研究云，其畫風格、筆法近於因陀羅，「有可能」為因陀羅早期之作品，圖上中峰明本之贊造假之可能性不高，但趙孟頫之題字及管道昇之題款，有可能是元人為高價賣畫而假造的（詳見註9）。

圖8：〈魚籃觀音圖〉（傳管道昇繪），大阪市立美術館藏，紙本墨畫，掛幅，96.4x32.9cm，引自：《水墨美術大系》第四卷《梁楷·因陀羅》，p.138。

二、因陀羅來自何處

關於因陀羅的出身，各方面說法有異，例如：依據《佛光大辭典》之記載：「元代畫僧…我國無『因』姓者，自古即被視作天竺僧…」[8]以中國無「因」姓，而為梵僧之說；再有多個《君台觀左右帳記》之版本記載，直接言明因陀羅為「梵僧」。據《君台觀左右帳記》之〔立花并座敷飾1,3,4〕之版本，則記載其為：「天竺人也 畫人物 犯（按：梵之誤也）僧」（參見表4）；另又依據日本學者川上涇之研究，在長尾美術館舊藏之〈寒山拾得圖〉（圖18）中有「王舍城中壬梵因筆」之款記（見圖10-1拾得圖之署款），[9]或可推知其來自天竺王舍城（Rajgir）；[10]還有依據《等伯畫說》：「天竺八因陀羅一人」[11]然而，亦有因陀羅可能非梵僧的說法，例如松島宗衛在《君台觀左右帳記研究》中提到：「…南宋末、元初有題『因師』畫之詩，此『因師』稱呼中只稱一『因』字，並加以師稱之，有二原因，其一可能是尊敬而不名，另也有可能他是北地人（南宋時，稱契丹、女真、蒙古等北方民族），沒有漢文字之名字，而以其外族名之音譯略稱再加以師字呼之，因此此『因師』，有可能就是當時來自北方民族之人氏。」[12]

8　參見：第一章第三節《佛光大辭典》p.2296，http://www.muni-buddha.com.tw/buddhism/025.htm　2019.05.27.點擊。

9　參見：參見：〔日〕川上涇、戶田禎佑、海老根聰郎等著，《水墨美術大系》第四卷《梁楷・因陀羅》，p.42。

10　天竺王舍城，古代中印度摩揭陀國首都王舍城，今之印度比哈爾邦中部都會巴特那（Paṭnā）。

11　轉引自：川上涇、戶田禎佑、海老根聰郎等著，《水墨美術大系》第四卷《梁楷・因陀羅》，p.42。

12　詳見：松島宗衛，《君台觀左右帳記研究》，p.378。

　　從上述之數個論點，（上述最後以因陀羅為「自北方民族之人氏」之論點，本書不與予考慮），筆者認為以現存之最早的相關史料《君台觀左右帳記》之記載及日本學者川上涇依據現存之因陀羅繪畫上之款記、鈐印之研究結論可能最為接近史實，而推論為：「因陀羅為來自天竺、甚或可更精準的言彼為來自天竺王舍城之梵僧。」

版本	等第	名字	畫類別	註解
大谷大(大永4)	中	因陀羅	人物、佛像	P.3
大東急2	下	印陀羅	人形、羅漢	??畫 p.18
立花并座敷飾1,3,4	下	宋元 印陀羅	天竺人也畫人物犯(梵)僧	P.33
千光堂宛(永正8)三德庵	下上	元朝 印陀羅	天竺寺梵僧 人物道釋	P.50
燦(永正10)	下	印陀羅	人物、佛像	P.57
竹幽1(「穎川東房」本)	下	元 印陀羅	人物	P.60
三德庵2(ミタカラ本)	中	印陀羅	人物	P.68
慶應美(大內宛原形)	下	印陀羅	人物、佛像	P.73
花道文庫3(宗珠宗敬本)	下	印陀羅	梵僧 人形 スミ一又著色 モアリ如木筆	P.88
〔君台官印〕	下	因陀羅	佛像、人形 彩又墨	P.157
〔後素集〕	下	因陀羅	得佛像人形彩色	P.175
〔翁草〕	下品	印陀羅	元 梵僧 寒山拾得	P.177

表4：各種《君台觀左右帳記》記載有「因/印陀羅」之版本，本書整理自〔日〕矢野環著，《君台観左右帳記の総合研究 茶華香の原点 江戸初期柳営御物の決定》。

三、因陀羅的活動區域

　　有關因陀羅入華後活動之區域，依據東京國立博物館藏之〈寒山拾得圖〉（圖34）上，留之款記：

　　　「宣授汴梁上方祐國大光教禪寺住持
　　　　佛慧淨辨圓通法寶大師壬梵因」

中所述之汴梁係指元代在開封置治之汴梁路。此幅〈寒山拾得圖〉據戶田禎佑氏對因陀羅繪畫風格之研究，認為是他晚年之作品。[13]可以推知因陀羅晚年在汴梁之大光教禪寺[14]當住持。此寺於至正十一年（1352）紅巾賊之亂時或於至正十八年（1359）劉福通入城時，毀於兵燹。[15]

---

[13] 參見：〔日〕川上涇、戶田禎佑、海老根聰郎等著，《水墨美術大系》第四卷〈梁楷・因陀羅〉：「...禅機図巻断簡や「維摩図」にみられる人物は、中、高齢の僧侶か役人たちであり、彼らの姿態は、すでに安定し完全に画家自身のものである。筆致における放恣と抑制とが不可分に入りまっった独特の表現で画かれている」，p.47。

[14] 參見：鈴木敬著，《中國繪畫史 中之二 元》，p.251。
欽定四庫全書，〔明〕李濂（1488～1565）之《汴京遺蹟志》卷十：「上方寺在城之東北隅、安遠門裏、夷山之上，即開寶寺之東院也，一名上方院。宋仁宗慶曆中，開寶寺靈感塔燬，乃於上方院建鐵色琉璃磚塔，八角十三層，高三百六十尺，俗稱鐵塔寺。舊有漆胎菩薩五百尊，并轉輪藏黑風洞，洞前有白玉石佛，後殿內有銅鑄文殊、普賢二菩薩騎獅象，蓮座前有海眼井，世謂七絕。元末燬于兵，海眼井亦久失其處。國朝洪武十六年，僧祖全募緣重建。」pp.6-7。
「周密《癸辛雜識》：光教寺在汴城東北角，俗呼為上方寺，有琉璃塔十三層，鐵普賢獅子像，甚高大，座下有井，以銅波斯蓋之，泉味甘謂通海潮。旁有五百羅漢殿，又云五百菩薩像，皆是漆胎妝，以金碧窮極精妙。」，p.7。

[15] 參見：鈴木敬著，《中國繪畫史 中之二 元》，pp.251-252。

　　另又若如本節前文所提之戶田禎佑氏的假設，因陀羅年輕時曾與中鋒明本有過從往來，[16]據記載中鋒明本於至元二十三年（1286），至杭州天目山參謁高峰妙，次年剃度、受具，後隱於湖州辨山之幻住庵。延祐五年（1318），應眾請還居天目山至1323年遷化，也可推知因陀羅於1323年之前是活動於杭州地區。

　　再又依據《君台觀左右帳記》之〔千光堂宛（永正8）三德庵〕版本的記載因陀羅為天竺寺之僧人（見表4）。此寺據川上涇氏之研究即為元代時之中天竺寺，[17]為梵琦所住持之寺。[18]由此可推知因陀羅早年應留居在此，至少在去汴梁大光教禪寺當住持之前應活動於此地區—武林（今之杭州）。

　　綜上所述，可推知因陀羅入華後，早年留居於杭州中天竺寺，在此結識了年輕之楚石梵琦，及駐錫於杭州郊區之天目山中

---

[16] 初期作品《魚籃觀音圖》有中峰明本之題贊。

[17] 參見：〔日〕川上涇、戶田禎佑、海老根聰郎等著，《水墨美術大系》第四卷《梁楷‧因陀羅》，p.42：「楚石梵琦は九歲のとき、浙江杭州の永祚寺で出家し、天曆元年（1328）同寺の住持となり、他寺歷住ののち、至正十七年（1357）永祚寺に退隱した。この永祚寺かすなわち中天竺寺である。」

[18] 據明[天啟]《海鹽縣圖經》卷十一：明楚石禪師范（梵）琦幼出家天寧永祚禪寺，尋依恂師吳興趙松雪為請牒，得雜梁受滿分戒。偶因閱楊嚴有省，詣徑由否垂刪禪師諸決史，知苴瑤貧荷不假辭色令目證。會蓋禁詔徵入都，一夕聞絲樓上鼓革一蠅，蠅醒剚一內一陞墨聲，忽徵見徑山為人處。由是遍王法席，名滿夷憂。晚歸天寧，築西齋返老明興。再被詔徵說法將山，恩禮甚隆。洪武三年，復徵入問鬼神事，館天界寺。沐浴更衣書偈而逝。奉詔闍維歸牙舌數珠，葬今本寺大雄殿西比塔院，即師所居西齋也。

…以詩名者，永祚寺為多…永祚自國初，楚石倡詩教，正嘉間有雪江者出…

天寧寺創建於漢，當時名禪悅院。宋崇寧四年（1105年）敕賜"天寧永祚禪寺"，簡稱天寧寺。寺內建有佛殿、山門、圓通殿。1334年，因潮水直逼海鹽，梵琦禪師提議建鎮海塔。塔於後至三年（1337年）9月23日開工，經歷二十九個春秋才建成。

峰明本，晚年奉敕到汴梁住持上方祐國大光教禪寺，其後則無法
再查出其蹤跡了。

四、因陀羅相關之禪宗法系、師承為何

　　雖然因陀羅來自印度佛教首府古摩揭陀國之王舍城，但自十
三世紀初年，土耳其之伊斯蘭教徒王穆罕默德及其將領愛巴克
（Qutb-ud-dīn Aibak）率軍自西北印入侵，並焚毀了佛教的最高學
府那爛陀寺、超戒寺，整個佛教僧團也隨之被摧毀，佛經典籍被
燒毀、僧侶四散，屬於密教系統者，多數越過喜馬拉雅山入尼泊
爾、西藏，屬於顯教系統者（包括禪法系），則往東南印度、斯
里蘭卡及南亞印尼爪哇、緬甸走避，佛教從此衰敗，只剩下零星
之師徒相傳的小型僧團殘存，[19]到了十三世紀末，因陀羅生長的年
代，在印度基本上可能只剩下南印度楞伽國（Lankā）山區尚有禪
法之傳承外，[20]可說已無正式的師資傳承了；因為因陀羅之年代與
指空（1289～1363）禪師[21]約略相當或稍早數年；因此，本書推
測因陀羅之禪法與師承亦來自於彼處（無法確定是否為同一師資
傳承，但其禪法應屬相同一如來禪系）。而「南宗禪」為祖師禪
系，是佛教在中國本土化後產生之禪宗法門，那個時期自印度來

---

[19] 參見：平川彰著，莊崑木譯，《印度佛教史》：「那爛陀寺（Nālandā
vihāra）、超岩寺（或稱超戒寺、超行寺，Vikrama śīla vihāra）、飛行寺
（即歐丹塔普拉寺，Udandapura）等大寺院也一個接一個被破壞，諸寺的
學匠們則四散於西藏、尼泊爾，及南印度、爪哇、緬甸等，到最後殘存的
孟加拉佛教教團也壞滅了。一般來說，是以西元一二○三年超岩寺被破壞
之時當作印度佛教的滅亡。」p.510。

[20] 參見：〔日〕忽滑谷快天著，朱謙之譯，《韓國禪教史》：「南印度楞伽
國吉祥山頂香庵見普明（Samanta-Probhāsa）」p.215、「一百七祖三曼陀
毗提即吉祥山善明」p.216。

[21] 指空禪師之生平及其禪法——十三、四世紀之印度禪法，請參見：本書第
二章第二節。

之「梵僧」，絕無可能通曉任何之南禪宗之禪法，一切應為來華之後才習得、知曉的。因陀羅之禪法，應是在他來華後，習得南宗禪法，並會通其從印度帶來之禪法而成的，為兼具如來禪之清淨禪觀及祖師禪之參公案禪法，不像純正的臨濟宗之禪法——棒喝交加，禪風高峻、凌厲。

依據上文之述，推知因陀羅來華之初，待在杭州「天竺寺」一段時日（可能有很長的一段時間），如依據戶田禎佑氏之假設，他早年應與杭州天目山之中峰明本有所往來，中峰明本為元代中期著名之臨濟宗禪師，曾隱於湖州辨山之幻住庵，自號為「幻住道人」、「幻住老人」，在矢野環著之《君台観左右帳記の総合研究 茶華香の原点 江戸初期柳営御物の決定》中之〈君台官印〉版本所記錄之因陀羅繪畫印譜有「幻師口章」（見圖9），此或與中峰明本有關聯。另因陀羅在東京國立博物館所收藏的

〈寒山拾得圖〉（圖34）上自署之法號「佛慧淨辨圓通法寶大師」，觀之中峰明本之弟子們，如：千巖元長（1284～1357），法號「佛慧圓鑑大元普濟大禪師、佛慧圓明廣照無邊普利大禪師、普應妙智弘辯禪師」；天如惟則（1286～1354），法號「佛心普濟文慧大辯禪師」；念菴圓護（?～?），法號「念庵圓護、弘辨大師」[22]，相似度非常的高，本書推測因陀羅有可能向中峰明本參問過南宗禪法，但並未正式入其門庭。

圖9：「幻師口章」，引自：矢野環，《君台観左右帳記の総合研究》，p.152A。

---

[22] 參見：法鼓，《人名規範資料庫》，中峰明本條之弟子。

　　另中峰明本有多位日本學僧弟子，如：古先印原（こせんい
んげん，1295～1374）、明叟齊哲（みょうそう-さいてつ，?～
?）、業海本淨（ごうかい-ほんじょう，?～?）、復庵宗己（ふ
くあん-そうき，?～?）、遠溪祖雄（えんけい-そゆう，1286～
1344）、無隱元晦（むいん-げんかい，?～?）、義南菩薩（ぎな
んぼさつ，?～?）、[23]可翁宗然（かおう-そうねん，?～?）[24]，由
這些資料顯示，在加之以中峰明本對禪畫之喜好，至今尚有多幅
有他題贊之畫留存、收藏於日本，此或可解釋因陀羅之繪畫大部
分，被攜至日本收藏之緣由。

　　另依據前第一章第三節中，所提及在中國有記載「因陀羅」
之事蹟的史籍，僅有《元叟行端禪師語錄》及《楚石梵琦語錄》
師徒二人之語錄而已。觀之元叟行端僅有「因陀羅以傳記所載，
耳目所接，幽明彼此之事，筆成此圖。」此簡短一句話，觀此語
大概可推知：彼時元叟行端可能是在觀賞因陀羅所繪的「公案
畫」而發此語。但翻閱與元叟行端之有關記載，他與當時之畫
人、畫僧並無什麼交往，且考其弟子群，亦沒有什麼入元學僧之
記載，因之無法推知他與因陀羅之來往情形。楚石梵琦則甚好禪

---

[23]　參見：法鼓，《人名規範資料庫》，中峰明本條之弟子。
　　　以及《天目明本禪師雜錄》卷2：有多條之「示海東諸禪人」、「示海東
　　　XX禪人」的開示語。（CBETA, X70, no. 1402, p. 730b4 // Z 2:27, p. 379b8
　　　// R122, p. 757b8）。
[24]　虛堂智愚（1185～1269）→南浦紹明（圓通大應國師、大應國師，なん
　　　ぽ しょうみょう，1235～1308）→可翁宗然（かおう-そうねん，?～
　　　1345）。
　　　可翁宗然在元応2年（1320年）渡元，在中峰明本座下參三年餘。參見：
　　　《天目明本禪師雜錄》卷2：「又
　　　……可翁首座負聰明之姿，有決了死生之大志，無端寂初沾惹了一種相似
　　　知解，三餘年留山中。……」（CBETA, X70, no. 1402, pp. 730c13-731a17 //
　　　Z 2:27, pp. 379d5-380a15 // R122, pp. 758b5-759a15）

畫,他留存有大量之畫贊,且有多筆與高麗、日本入元學僧往來
之記載,例如:日本畫聖雪舟等揚(小田氏等揚)之名號,即
是看到楚石梵琦所書寫的橫幅「雪舟」二字而有所感,因而從
四十七歲起始以「雪舟」為號。[25]從「因陀羅所畫十六祖,聞上
人請贊」中,因陀羅所繪之十六祖:初祖、六祖、牛頭、鳥窠、
南岳、馬祖、百丈、趙州、雪峰、玄沙、雲門、慈明、楊岐、白
雲、圓悟、大慧等,再加上前所述及之中峰明本、元叟行端及楚
石梵琦三人,筆者整理出一「因陀羅相關之禪宗法系、師承表」
如表5:

　　從此「禪宗法系、師承表」上,可以很清楚的看出,因陀羅
入華後,所接觸之禪宗法系:以臨濟宗之楊岐派正宗傳承,以
「參公案」為主。在前文的推論中,假設因陀羅早年初入華時或
曾參學於中峰明本,在中峰明本圓寂後,受元朝廷敕封北上汴梁
住持大光教禪寺,並在那時期成熟了他的畫作。另,雖然元叟行
端在語錄中有一條評議因陀羅「公案畫」之紀錄外,並無其他與
因陀羅有往來之記載,推想彼在因陀羅之禪法上,應無甚影響。
還有因陀羅雖有許多的畫作,有楚石梵琦之題贊,然而筆者推估
楚石梵琦之年齡小於因陀羅三、四十歲,輩分上亦低了一輩,據
此推斷,因陀羅在禪法上應也不會受到楚石梵琦之影響。綜言
之,因陀羅青年時期,帶著他在南印楞伽國所傳承之印度禪法來
華,駐留在杭州地區,參中峰明本之臨濟楊岐參公案禪法,會通
了印、中之如來、祖師禪,並它把融入其禪畫中。

---

[25] 參見:玉村竹二,《仏教芸術》11號,1978,〈楚石梵琦筆「雪舟」二大
字について〉,pp.24-29。

因陀羅相關之禪宗法系、師資傳承表：

雲門文偃
(864~949)

南泉普願　　　→　趙州從諗
(748~835)　　　　(778~897)

青原行思　→　石頭希遷　　→　天皇道悟　→　龍潭崇信　　→　德山宣鑑　→　雪峰義存　→　玄沙師備
(671~741)　　　(701~791)　　　(748~807)　　(752?~823?)　(782~865)　　(822~908)　　(835~908)

歸宗智常
(757?~821?)　(?~?)

高安大愚
(?~?)

丹霞天然
(739~824)

牛頭法融
(594~657)

鳥窠道林
(741~824)

初祖→四祖→六祖→南嶽懷讓→馬祖道一→百丈懷海→黃檗希運→臨濟義玄→興化存獎→南院慧顒→風穴延沼→首山省念→汾陽善昭
達信　慧能　(677~744)　(709~788)　(720~814)　(751~850)　(767?~866)　(830~888)　(?~952)　(897~973)　(926~993)　(946~1023)

大慧宗杲　→　佛照德光　　→　妙峰之善　　→　雪峰蘊珍　　→　元叟行端　　→　楚石梵琦
(1089~1163)　(1121-1203)　(1152-1235)　(1194-1277)　(1255-1341)　(1296-1370)

→慈明楚圓→楊岐方會→白雲守端→五祖法演→圜悟克勤→虎丘紹隆→應菴曇華→密菴咸傑→破菴祖先→無準師範→雪巖祖欽
(986~1039)(992~1049)(1025~1072)(1018~1104)(1063~1135)(1077-1136)(1103~1163)(1118~1186)(1136~1211)(1178~1249)(1216~1287)

→高峰原妙→中峰明本
(1238~1296)(1263-1323)

表5：因陀羅相關之禪宗法系、師承表

111

五、因陀羅的名字為何

在前文中提到過東京國立博物館所收藏的〈寒山拾得圖〉（圖34）上有因陀羅自署的款名：

> 「宣授汴梁上方祐國大光教禪寺住持
> 佛慧淨辨圓通法寶大師壬梵因」

中，得知他的稱號或法號為「佛慧淨辨圓通法寶大師」（可能為元朝廷所敕封的），名字或法名為「壬梵因」，依華人之命名習俗而言應為：姓「壬」名「梵因」。然如前文所述因陀羅他來自天竺（王舍城），是天竺（印度）人，因此我們不能以「姓壬名梵因」，來看「壬梵因」這三個字，他應是一組梵文之組合，可能須考量梵文翻譯之名字，根據《翻譯名義集》、《一切經音義》，此組名字應分成「壬—梵—因」三個字來看。

我們先來看漢譯的佛典上之帝釋天之名：帝釋，梵云「釋迦因陀羅」、或云「釋提桓因」、「釋迦提婆因達羅」。今於梵語取釋字、華言取帝字，合而言之云帝釋也。[26] 梵文全名：Śakro devānām indraḥ「釋迦—提婆—因達羅」或「釋—提桓—因」。若依此法則來看「壬—梵—因」，應還原為Ren.../Sañ.../Suṅ...（？）bráhman/váhn... indraḥ。第一個字「壬」為天竺王舍城之某一家族的名稱之音譯略稱，第二個字「梵」，bráhman，漢語音譯為

---

[26] 詳見：《重編諸天傳》卷1：「帝釋。華梵互舉而語略也。梵云釋迦因陀羅。或云釋提桓因。此云能天帝。或云能天主。俱舍具梵語。乃云釋迦提婆因達羅。今於梵語取釋字。華言取帝字。合而言之云帝釋也。大般若等佛舉其名曰憍尸迦。本有千名。翻譯不備。隨文別示耳。」（CBETA, X88, no. 1658, p. 423a24-b4 // Z 2B:23, p. 129a17-b3 // R150, p. 257a17-b3

梵，為印度宗教之一概念詞，源於自祭祀儀式所得的神秘力量。「梵」是超越一切名相概念和判斷推理，不能靠思辨體驗，只能通過瑜伽直接體驗。第三個字「因」，indraḥ / indra，意為王者、征服者、最勝者的意思；亦有「半人神之意」[27]。在印度因陀羅indraḥ / indra 除了宗教上之使用外，亦有被用來作為山名、[28]寺名、[29]寶珠、[30]寶網、[31]寶樹、[32]...等等，更重要的是用來作為人名，可見於諸多的史傳，諸如：《景德傳燈錄》卷2：「...第二十七祖般若多羅師子尊者，旁出達，達出二祖一『因陀羅』，二瞿羅忌利婆，『因陀羅』出...」[33]、《大唐西域記》卷11：「無憂王弟摩醯『因陀羅』」[34]...等等。因之，我們或可推斷因陀羅之名

---

27 參見：《博伽梵歌》卷3：「半人神如因陀羅（天神）Indra，旃陀羅（月神）Candra，華武那（水神）Varuṇa等」（CBETA, B36, no. 198, pp. 1120a37-1121a2）、《博伽梵歌》卷17：「那些處於良好型態的人通常都崇拜半人神，半人神包括有梵王婆羅賀摩、施威神及其它如印陀羅、旃陀羅及太陽神等半人神。」（CBETA, B36, no. 198, p. 1591a3-4）。

28 參見：《正法念處經》卷70：「因陀羅樂山」（CBETA, T17, no. 721, p. 413b17）

29 參見：《大唐大慈恩寺三藏法師傳》卷2：「闍耶因陀羅寺」（CBETA, T50, no. 2053, p. 231a24-25）

30 參見：《大薩遮尼乾子所說經》卷2：「因陀羅淨妙清色摩尼寶珠」（CBETA, T09, no. 272, p. 326a22）。

31 參見：《大方廣佛華嚴經》卷11：「因陀羅網法界自在，成就如來無礙解脫。」（CBETA, T09, no. 278, p. 472a17）。

32 參見：《悲華經》卷1：「其佛世界有菩提樹名因陀羅，高三千由旬，樹莖縱廣五百由旬，枝葉縱廣一千由旬。下有蓮華，琉璃為莖高五百由旬。一一諸華有一億百千金葉高五由旬，馬瑙為鬚、七寶為鬚高十由旬，縱廣正等滿七由旬。」（CBETA, T03, no. 157, p. 168a10-15）。

33 參見：《景德傳燈錄》卷2：「第二十五祖婆舍斯多第二十六祖不如密多第二十七祖般若多羅師子尊者旁出達磨達達磨達出二祖一因陀羅二瞿羅忌利婆因陀羅出四祖一達磨尸利帝二那伽難提三破樓求多羅四波羅婆提」（CBETA, T51, no. 2076, p. 211a7-14）。

34 參見：《大唐西域記（校點本）》卷11：「無憂王弟摩醯因陀羅」

為：「壬～ 梵-因陀羅」。

另本節二中提及之長尾美術館舊藏的〈寒山拾得對幅圖〉中左幅（圖18-1）拾得圖上署有「王舍城中壬梵因筆」之款記、右幅（圖18-2）寒山圖則僅署「壬梵因筆」之款記，同時此二幅圖上之第一枚印印文均為「釋氏陀羅禪余玄墨」[35]、第二枚印印文為「兒童不識天邊雪把乍楊華一倒看」（見圖10）；香雪美術館所藏之〈維摩詰圖〉（圖23）上亦有「釋氏陀羅禪余玄墨」之印文和「壬梵因筆」之款記（見圖11），及本節前文中提到的東京國立博物館藏之〈寒山拾得圖〉（圖34）上，留的署名款記「佛慧淨辨圓通法寶大師壬梵因」（見圖13），還有京都國立博物館藏之〈寒山拾得豐干圖〉[36]（圖33）上有「沙門梵因」之印（見圖12），可以確認「梵因」為因陀羅在華所使用之稱謂之一，但無法確認此為其梵文名字之音譯或其法名。另東京國立博物館所藏的〈寒山拾得圖〉（圖34）上亦鈐有「釋氏陀羅禪余玄墨」之印（見圖13），從上述這些署款與印文，可以見到因陀羅有時也自稱為「釋氏陀羅」。「陀羅」一般是dhara的音譯，本意是「持」[37]，也可以指「持法師」、「法師」，所以人們稱他為「因陀羅」，即為「因法師」、「梵因法師」之意。

總而言之，依川上涇的解釋：先不管「壬」字，就因陀羅之一些款記印文而言，陀羅梵因之稱呼，對僧侶之字號和諡名而言

（CBETA, B13, no. 80, p. 810a13）。

[35] 鈴木 敬氏將此印文判讀為「釋氏陀羅醉余玄墨」，本書認為以「禪余」較為正確。

[36] 即川上 涇氏在川上涇、戶田禎佑、海老根聰郎等著，《水墨美術大系》第四卷《梁楷・因陀羅》p.42中所言之「川崎家舊藏之〈寒山拾得圖〉」。

[37] 例如：Vajradhara是金剛持，dharmadhara是持法、vidyadhara是持明。

是可能的。[38]

　　關於此點本書在此不下任何的結論，僅於此提出一個粗略的想法，留待日後有興趣之學者，再作進一步之探討研究。

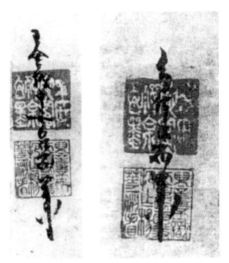

圖10：〈寒山拾得對幅圖〉因陀羅之署款，左幅（圖18-1）拾得圖上署有「王舍城中壬梵因筆」之款記、右幅（圖18-2）寒山圖則僅署「壬梵因筆」之款記；長尾美術館舊藏，引自：鈴木敬，《中國繪畫史 中之二 圖版註 年表 索引》，p.194。

---

[38] 詳見：〔日〕川上涇、戶田禎佑、海老根聰郎等著，《水墨美術大系》第四卷《梁楷・因陀羅》：「あるいは「壬梵因」の「壬」に目をつぶれば、以上の款記印文と因陀羅という呼び方から、僧侶としての字と諱を陀羅梵因とすることも可能であろう。」p.42。

圖11:〈維摩詰圖〉(普門贊)之「釋氏陀羅禪余玄墨」白文鈐印及「壬梵因筆」署款,引自:《水墨美術大系》第四卷《梁楷·因陀羅》,p.29。

圖12:〈寒山拾得豐干圖〉京都國立博物館藏,「沙門梵因」之白文鈐印,引自:《水墨美術大系》第四卷《梁楷·因陀羅》,p.175。

圖13:〈寒山拾得圖〉(楚石贊),東京國立博物館藏,因陀羅之落款與「釋氏陀羅禪余玄墨」白文鈐印,引自:《水墨美術大系》第四卷《梁楷·因陀羅》,p.32。

第二節　因陀羅之繪畫

一、祖師相

　　依據《楚石梵琦禪師語錄》卷14中有：「因陀羅所畫十六祖，聞上人請贊…」中，列有從初祖菩提達磨至大慧宗杲，共

十六位祖師，這些祖師並非一脈相傳之同一法系之祖師，其中有已斷絕而無後續者，如牛頭、鳥窠；也有旁支的，如趙州、雲門，[39]推想此必是因陀羅所心儀之祖師們吧。可惜這些祖師頂像圖皆已佚失，僅遺留下楚石梵琦之贊（參見第一章之註25）而已。另有二幅傳為因陀羅之祖師相之畫作〈蘆葉達磨圖〉存世，見下二圖（圖14、15）。

圖14：〈蘆葉達磨圖〉（天童雲外雲岫贊），群馬縣立近代美術館藏，紙本，掛幅，66.6x30cm，引自：《水墨美術大系》第四卷《梁楷·因陀羅》，p.139。

---

[39] 參見本書上節之法系圖。

此幅畫上方有天童雲外雲岫（1242～1324）[40]之贊：

> 踏蘆渡江　滿目煙波
> 九年面壁　計較猶多
> 五葉　春亂開一花
> 　天童　　雲岫贊

另鈐有二方朱文印（印文不清）。

此幅畫被江戶時期之狩野家鑑定認為是因陀羅之畫，然而觀其人物造型、頭像之畫法，其筆法、線條、風格，皆與其他因陀羅之畫有所差異，故有持不同意之意見者，被列為「傳因陀羅」之畫。

本圖取材自「見梁武帝，帝問曰：如何是聖諦第一義？師曰：廓然無聖。帝曰：對朕者誰？師曰：不識。帝不悟，師遂折蘆渡江至魏。」[41]之典故。

另一幅為登錄在鈴木敬編之《中國繪畫總合圖錄 第三卷 日本篇I 博物館》圖 JM26-015 之福岡市美術館收藏的〈蘆葉達磨圖〉

---

[40] 參見：法鼓，《人名規範資料庫》，雲岫條，元代曹洞宗僧。身材眇小，為人精悍。從直翁德舉得度，並嗣其法。歷住慈谿石門、象山、智門、天寧等寺，後移住天童寺，闡揚宗風。說法巧譬旁引，曲成後學。三韓日本學子渡海來參，弟子中以無印大證、東陵永璵等五人為著名。泰定元年（1324）示寂，世壽八十三。著《雲外雲岫禪師語錄》。

[41] 參見：《白雲守端禪師語錄》卷2：「達磨大師見梁武帝。帝問曰。如何是聖諦第一義。師曰。廓然無聖。帝曰。對朕者誰。師曰。不識。帝不悟。師遂折蘆渡江至魏。後帝舉問誌公。公曰。陛下識此人否。帝曰。不識。公曰。此是觀音大士。傳佛心印。帝曰。當遣使詔之。公曰。莫道陛下詔。闔國人去。他亦不回。」（CBETA, X69, no. 1351, p. 296b2-7 // Z 2:25, p. 192d12-17 // R120, p. 384b12-17）。

圖15：〈蘆葉達磨圖〉，福岡市美術館藏，紙本，
79.2x31cm，引自：鈴木敬編，《中國繪畫總合
圖錄 第三卷 日本篇I 博物館》圖JM26-015。

　　此圖無贊，圖右有一印（印文
不清楚）及類似「壬梵因筆」之
署名，然仔細核對又不盡相同，有
二點異處：1.字跡不同，線條不連
貫、仿冒簽名之筆劃沒信心。2.所
鈐之印文不對，且因陀羅之鈐印方
式皆壓印在署名字跡之上，此圖鈐
印在署名字跡上方空白處（見圖
16）。另衣紋、衣襟、衣帶之筆法
也與因陀羅之筆法有異，尤其是達
磨之頭像與其他公案祖師圖之頭像
差異甚大，（見圖17）。據此筆者
不認為此二〈蘆葉達磨圖〉為因陀
羅之真跡作品。

圖16：左圖為〈蘆葉達磨
圖〉之署名與其他
「壬梵因筆」署名之
對照，中圖者為長尾
美術館舊藏〈寒山、
拾得對幅圖〉的寒山
圖之署名及鈐印，右
圖者為〈維摩詰圖〉
之署名及鈐印。

圖17：〈蘆葉達磨圖〉之頭像與《禪機圖卷斷簡》之頭像對照，第1圖為（圖14）之達磨頭像，第2圖為（圖15）之達磨頭像，第3圖為（圖26）〈丹霞燒佛圖〉之院主頭像，第4圖為（圖24）〈李渤參智常圖〉之智常禪師頭像。

二、諸聖像

據《楚石梵琦禪師語錄》卷14中有：「因陀羅所畫諸聖。聞上人請贊…」，計列有空生、豐干、寒山、拾得、寶公、布袋、懶瓚、船子共八名散聖、神異僧，這些畫作亦已全部都佚失，包括楚石梵琦所贊之寒山、拾得圖像也都佚失了，僅遺留下梵琦之贊而已。現今雖仍有多幅傳為因陀羅所作之寒山、拾得畫像存世，然而這些圖多少存有一些疑點，有些學者並不認同。但有長尾美術館舊藏之〈寒山拾得對幅圖〉（圖18），上無題贊但有因陀羅之署款及鈐印，及另有一幅藤田美術館藏之〈寒山拾得圖〉（圖19），上有玉几正印之題贊及因陀羅之署款及鈐印，此二幅據鈴木敬氏之研究，認為其字跡及印款與東京國立博物館藏之國寶〈寒山拾得圖〉（圖34）上之署款及鈐印一致，[42]是以此〈寒山拾得對幅圖〉與〈寒山拾得圖〉二幅圖應可視為是真跡。另有傳為因陀羅所繪之寒山拾得繪畫：〈寒山拾得對幅圖〉（慈覺[43]贊）

---

[42] 參見：〔日〕鈴木 敬著，《中國繪畫史 中之二 元》：「他に長尾家舊藏の〈寒山拾得図〉雙幅にも…筆致には一脈通ずるものがあるともいえる。」p.251；而藤田美術館藏之〈寒山拾得圖〉則登錄在：鈴木 敬編之《中國繪畫總合圖錄 第三卷 日本篇I 博物館》中之圖 JM14-003。

[43] 生卒年代、出身、門派法系皆不詳。

（圖20）、〈寒山圖〉（法元[44]贊）（圖21）、〈寒山拾得對幅圖〉（清遠文林[45]贊）（圖22），則只能說其風格相似，無法確認其為真跡與否。

圖18：〈寒山拾得對幅圖〉，長尾美術館舊藏，引自：鈴木敬，《中國繪畫史 中之二 圖版註 年表 索引》，p.194。

---

[44]　生卒年代、出身、門派法系皆不詳。
[45]　生卒年代、出身、門派法系皆不詳。然
　　1.據嚴雅美著《潑墨仙人圖研究：兼論宋元禪宗繪畫》之附錄三〈禪僧與禪宗繪畫簡表〉中有「明初禪僧圓極居頂（?～1404）的《圓菴集》所題到的青遠禪師住昌國時代疏，可能即為此人」，p.193。
　　2.參見：《禪林象器箋》卷22：「居頂圓菴集。有青遠禪師住昌國普慈。府僚疏。蓋居頂代府僚製也。」（CBETA, B19, no. 103, p. 609a12-13）
　　3.海老根聰郎在《水墨美術大系第三卷 牧谿‧玉澗》中之圖62〈白衣觀音圖〉贊中，比定了普慈 文林即為之昌國（寧波府定海縣）普慈寺之清遠禪師p.170。

此對幅左圖18-1持帚及竹桶者為拾得，無題贊，但圖左上方
有署名及鈐印：

署名為「王舍城中壬梵因筆」

第一枚印為「釋氏陀羅禪余玄墨」（白文印）

第二枚印為「兒童不識天邊雪把乍楊華一倒看」（朱文印）。

右圖18-2持芭蕉業者為寒山，亦無題贊，但圖右上方有署名
及鈐印：

署名為「壬梵因筆」

第一枚印為「釋氏陀羅禪余玄墨」（白文印）

第二枚印為「兒童不識天邊雪把乍楊華一倒看」（朱文印）。

圖19：〈寒山拾得圖〉（玉几正印贊），藤田美術館藏，紙本，
87.3x33.4cm。引自：鈴木敬編，《中國繪畫總合圖錄 第三卷
日本篇I 博物館》圖JM14-003。

此圖上方有玉几正印[46]之題贊：

坐峨眉立五臺

苕帚放下

經書展開

得裝回處且裝回

玉几　正印敬題

鈐印（印文不清）。

另在圖之正中央最左側有「壬梵因筆」之

---

[46] 玉几正印，生平不詳；有一活動於1361前後，虎巖淨伏禪師之法嗣，四明
育王月江正印禪師。（待進一步查證）

署名款，及二鈐印（印文不清）。

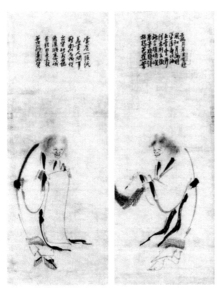

圖20：〈寒山拾得對幅圖〉（慈覺贊），東京國立博物館藏，紙本，掛幅，各77.8x31.4cm。引
自：《水墨美術大系》第四卷《梁楷·因陀羅》，p.133。

　　此對幅右圖20-2，持筆欲題詩於芭蕉葉上者為寒山，贊曰
（從左行向右讀起）：

　　　拈起芭蕉葉　　舉筆欲題詩
　　　離言摧峭峻　　得意削玄微
　　　五峰雲淨聳清奇
　　　北海風和月滿時
　　　石橋芻草慈覺題

　　左圖20-1，捧卷展讀者為拾得，贊曰（從右行向左讀起）：

虛卷一張紙　藏盡人間事

對面似忘機　說出皆妙義

石橋飛瀑濺寒空

峨眉顯出真嘉致

華頂沙門慈覺拜贊

圖21：〈寒山圖〉（法元贊），紙本，掛幅，65.7x30.4cm。引自：《水墨美術大系》第四卷《梁楷·因陀羅》，p.132。

　　此圖構圖、筆法與上面慈覺贊之對幅圖之寒山圖，幾乎一致，想必是臨摹之作[47]，現僅餘下寒山一圖，推想當時可能也有一幅相對應之拾得圖，贊曰（從左行向右讀起）：

---

[47]　筆者按：觀其衣襟濃墨之線條，沒有慈覺贊之圖流暢，人物之造型、姿態也較呆滯，應是臨摹之作。

吟得勸世詩　玄妙文字拙

寒山捲卻紙　寫向芭蕉葉

　　比丘　法元贊

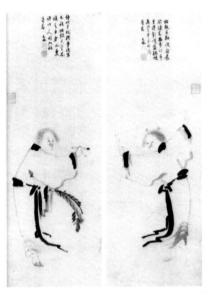

圖22：〈寒山拾得對幅〉（清遠文林贊），紙本，掛幅，35.3x49.8cm，引自：《水墨美術大系》
　　　第四卷《梁楷·因陀羅》，p.132。

此對幅左圖22-1，持筆欲題者為寒山，贊曰（從右行向左讀
起）：

　　詩吟寸就捉筆便寫　不說地獄天堂

　　不談之乎者也　更許何人同入社

　　　　普慈　文林

右圖22-2雙手展卷讀詩者為拾得，贊曰（仍是從右行向左讀
起）：

　　拈起玉軸便自展開　讀到名身句身
　　直得歡喚盈腮　便是豐干不可陪
　　　普慈　文林

　　另二幅皆鈐有一印「釋氏不輕」之白文鈐印。
　　上述圖20至22之人物造型、線條、筆法、構圖、風格皆類似
因陀羅之畫，然仍皆有一些差異，僅能看作是臨摹因陀羅之作品
或者歸為「傳因陀羅」之畫。

　　不過除此八聖外，另有一幅日本香雪美術館所收藏，被日本
國家文物局列為重文級之紙本掛幅〈維摩詰圖〉（圖23），普遍
被認為是因陀羅之原作，在本書第一章第一節選題因緣中，曾提
到此圖與其他存世之〈維摩詰圖〉非常的不一樣，它與文人畫諸
如李公麟之〈維摩演教圖〉、佛教
石窟壁畫敦煌103窟之〈維摩詰變
相圖〉，完全不一樣之風格與形象
表現（參見圖1）。

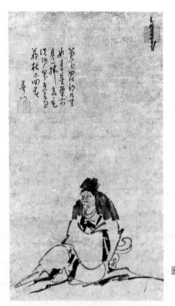

圖23：《維摩詰圖》（普門贊），日本香雪美術館藏，
　　　重文，紙本，掛幅，49.5x28cm。引自：《水墨美
　　　術大系》第四卷《梁楷‧因陀羅》p.29。

此圖如同上述之寒山拾得圖一樣，整幅畫作中僅只有一個人物－維摩詰，獨自倚坐靠於隱几，於畫幅之下方，臉面簡單數筆，寫出略帶病容的維摩詰，衣紋線條簡潔流暢，再加上數筆之濕墨重筆衣帶條紋飾，略帶入了人物之生氣。圖畫左上方則有普門[48]之題贊：

> 笏室毗郎兀坐
> 如來金粟前身
> 一拂龜毛洗沙界
> 焦芽忽蘇　枯木回春
> 　　普門（朱文印）

圖之右上角有「壬梵因筆」之署款及「釋氏陀羅禪余玄墨」之白文鈐印。

三、公案圖

根據日本相關之書籍[49]記載，現今存世作品計有：〈李渤參智常圖〉、〈智常禪師圖〉、〈丹霞燒佛圖〉、〈布袋蔣摩訶問答圖〉、〈閩王參雪峰圖〉、〈五祖再來圖〉（楚石贊）及傳為因

---

[48] 普門（無關玄悟，むかん げんご，?～1291），於1323（日 元亨三年）追贈師號為大明國師。師承：無準師範（1178～1249）→東福圓爾（円爾弁円，えんに，聖一國師，1202～1280）之法嗣，南禪寺開山祖師。但川上涇氏，認為若以因陀羅活動之年代來講，應為不合理。本書於此暫存疑。

[49] 本書因陀羅之繪畫以〔日〕鈴木敬編，《中國繪畫總合圖錄》、東京大學東洋文化研究所等編，《中國繪畫總合圖錄續篇》所登錄之繪畫（見表3），以及川上涇、戶田禎佑、海老根聰郎等著，《水墨美術大系》第四卷《梁楷・因陀羅》、鈴木敬著，《中國繪畫史 中之一 南宋遼金》、《中國繪畫史 中之二 元》及東京國立博物館監修《宋元の繪畫》等書所刊登之圖畫為根據，來研究、探討、述說。

陀羅所繪之〈五祖再來圖〉（法膺贊）、〈船子夾山圖〉、〈朝
陽圖〉等（參見表6）。

書冊/頁	登錄圖號	圖畫名稱	收藏處所	本文圖號
正篇 I-262	A 22-037	五祖再來圖(楚石贊)	美國 Cleveland(克利夫蘭)美術館	圖 29
正篇 III-22	JM 1-106	寒山拾得對幅圖(慈覺贊)	東京國立博物館	圖 20
正篇 III-96	JM 1-290	寒山拾得圖	東京國立博物館	圖 34
續篇 III-16	JM 11-156	寒山拾得豐干圖	京都國立博物館	圖 33
正篇 III-226	JM 12-004	布袋(蔣摩訶)圖	根津美術館	圖 27
正篇 III-227	JM 12-014	朝陽圖	根津美術館	圖 32
正篇 III-267	JM 14-003	寒山拾得圖	藤田美術館	圖 19
正篇 III-283	JM 16-006	禪機圖斷簡(李渤參智常)	畠山紀念館	圖 24
正篇 III-321	JM 21-014	蘆葉達磨圖	群馬縣立近代美術館	圖 14
正篇 III-332	JM 23-003	閩王參雪峰圖	正木美術館	圖 28
正篇 III-347	JM 26-015	蘆葉達磨圖	福岡市美術館	圖 15
正篇 III-349	JM 27-002	維摩圖	香雪美術館	圖 23

表6：《中國繪畫總合圖錄續篇》所登錄之因陀羅繪畫。

圖24：〈李渤參智常圖〉（楚石贊），日本畠山紀念館藏，國寶，紙本，掛幅，35.3x45.1cm，引自：《水墨美術大系》第四卷《梁楷·因陀羅》，p.31。

圖右有從上到下二行梵琦之題贊及楚石之白文鈐印：

　　椰子中藏萬卷書　　當時太守焚分疏
　　山僧手裏椰栗棒　　便是佛來難救渠（鈐楚石之白文方印）

本圖取材自李渤[50]問法於歸宗智常[51]禪師（757?～821?）：
江州刺史李渤問師曰：「須彌納芥子即不問。如何是芥子納

---

[50]　參見：法鼓，《人名規範資料庫》，李渤條：李渤（李濬之,李萬卷，773
　　～831）唐代詩人。穆宗即位，召為考功員外郎。後出任虔州刺史、調任
　　江州刺史。其不避權幸，曾上書直言宰臣肖免等平庸誤國，被權臣所忌。
　　文宗時，拜太子賓客。工詩文，書、畫亦皆可喜。卒贈禮部尚書。

須彌？」

　　師曰：「人傳使君讀萬卷書是否？」

　　渤曰：「然。」

　　師曰：「摩頂至踵如椰子大，萬卷書何處著？」[52]

圖25：〈智常禪師圖〉（楚石贊），日本靜嘉堂藏，國寶，紙本，掛幅，35x36.8cm，引自：釋
　　　如常執行編輯，《世界佛教美術圖說大辭典 繪畫2》，p.778

[51]　參見：法鼓，《人名規範資料庫》，智常條：唐僧。宜春劉氏，馬祖道一
　　禪師（709-788）法嗣。目有重瞳，遂用藥手按摩，久而目眥俱赤，世號
　　拭眼歸宗。元和年（806-820），住廬山歸宗寺，善談禪要，白居易、江
　　州刺史李渤曾問法於師。《五燈會元》載師藉斬蛇因緣，顯示自在無礙機
　　法之公案。法嗣有大愚、靈訓、高茅諸禪師。

圖左有從上到下二行梵琦之題贊及楚石之白文鈐印：

　　堪笑歸宗張水部　都無佛法與神通
　　若論向上宗門事　盡在山光水色中（鈐楚石之白文方印）

圖中央下方，樹根處一鈐有一印：
「三昧正受」（朱文印）。

　　據梵琦之贊偈中所言之「張水部」即為張籍（766～830）[53]，
與白居易（772～846）[54]同時在朝為官，且好詩文，而白居易篤信
佛法、喜參禪，邀張籍參訪智常禪師，留下之公案。

---

[52] 參見：《佛祖統紀》卷41：「歸宗智常禪師得法於馬祖，江州刺史李渤問
　　師曰：『須彌納芥子即不問，如何是芥子納須彌？』師曰：『人傳使君讀
　　萬卷書是否？』渤曰：『然。』師曰：『摩頂至踵如椰子大，萬卷書何處
　　著？』」（CBETA, T49, no. 2035, p. 381a13-17）。

[53] 參見：法鼓，《人名規範資料庫》，張籍條：初時為貞元中（785-805）
　　進士第調補太常寺太祝轉國子助教秘書郎。詩名當代，故白居易、元稹
　　皆與之遊。韓愈尤重之，累授國子博士、水部員外郎。轉水部郎中卒，世
　　稱「張水部」。樂府詩與王建齊名，並稱「張王樂府」。名篇有〈塞下
　　曲〉、〈征婦怨〉、〈採蓮曲〉、〈江南曲〉。

[54] 參見：法鼓，《人名規範資料庫》，白居易條：中唐社會寫實派代表詩
　　人。德宗貞元十六年（860）進士，官秘書省校書郎，遷左拾遺及贊善大
　　夫、江州司馬、杭州刺史、蘇州刺史等。與元稹倡新樂府運動，作品平易
　　近人，老嫗能解。工詩文，有〈長恨歌〉、〈琵琶行〉、〈賣炭翁〉、
　　〈與元九書〉等名篇，元稹輯其作而成《白氏長慶集》。晚年好佛，號香
　　山居士，為如滿法師之弟子。

圖26:〈丹霞燒佛圖〉（楚石贊），ブリヂストン美術館藏，國寶，紙本，掛幅，35x36.8cm，
引自：釋如常執行編輯，《世界佛教美術圖説大典 繪畫1》，p.351。

圖左有從上到下二行梵琦之題贊及楚石之白文鈐印：

　　古寺天寒度一宵　不禁風冷雪飄飄
　　既無舍利何奇特　且取堂中木佛燒（鈐楚石之白文方印）

贊文之右下方另鈐有一方印：
「兒童不識天邊雪把乍楊華一倒看」（朱文印）。

　　本公案描述：丹霞[55]一日到洛古惠林寺，值天寒取木佛燒之，院主呵之，霞曰：「吾燒取舍利。」主云：「木佛豈有舍利？」霞曰：「若爾何責我乎？」[56]

圖27：〈布袋蔣摩訶問答圖〉（楚石贊），根津美術館藏，國寶，紙本，掛幅，35.7x48.8cm，引自：《水墨美術大系》第四卷《梁楷‧因陀羅》，p.30。

圖右有從上到下二行梵琦之題贊及楚石之白文鈐印：

　　花街鬧市恣經過　喚作慈尊又是魔
　　背上忽然揹隻眼　幾乎驚殺蔣摩訶（鈐楚石之白文方印）

圖右上角有鈐一印（印文不明）圖中偏左下方，樹根上方，

亦鈐有一印：

「兒童不識天邊雪把乍楊華一倒看」（朱文印）。

此圖描繪布袋和尚[57]接引蔣摩訶[58]居士之公案：布袋和尚與郡人蔣宗霸遊，出處飲食，相往來尤密，教其念摩訶般若波羅蜜多

---

[55] 參見：法鼓，《人名規範資料庫》，丹霞條：丹霞天然（739～824）石頭希遷之門人。原習儒業，應科舉途中偶遇禪僧，乃轉入佛門。投南嶽石頭門下，服役三年，剃髮受戒。尋謁江西馬大師，受天然之法號。居天台華頂峰三年，更往徑山參拜國一禪師。其後，大振法錫於南陽丹霞山。敕諡「智通禪師」。塔號妙覺。

另：《祖庭事苑》卷3：「丹霞天然禪師初參石頭。因緣相契。躬執爨役凡三年。忽一日。石頭告眾曰。來日剗佛殿前草。至來日。大眾與童行各備鍬钁剗草。唯師以盆盛水洗頭。於和上前胡跪。石頭見而笑之。便與剃髮。方與說戒法。師乃掩耳而去。後謁馬祖。入僧堂。騎聖僧項。眾皆驚呼。祖見之曰。我子天然。下來。師下作禮曰。謝師賜名。」（CBETA, X64, no. 1261, p. 350b13-19 // Z 2:18, p. 38a13-b1 // R113, p. 75a13-b1）。

[56] 參見：（傳燈十四）丹霞嘗到洛古惠林寺。值天寒取木佛燒之。院主呵之。霞曰吾燒取舍利。主云木佛豈有舍利。霞曰若爾何責我乎。院主後眉鬚墮落。」（CBETA, X87, no. 1614, p. 89a8-10 // Z 2B:21, p. 137b6-8 // R148, p. 273b6-8）。

[57] 參見：《宋高僧傳》卷21：「唐明州奉化縣契此傳釋契此者。不詳氏族。或云四明人也。形裁腲脮蹙頞皤腹。言語無恒寢臥隨處。常以杖荷布囊入廛肆。見物則乞至于醢醬魚葅纔接入口。分少許入囊。號為長汀子布袋師也。曾於雪中臥而身上無雪。人以此奇之。有偈云。彌勒真彌勒時人皆不識等句。人言。慈氏垂迹也。又於大橋上立。或問和尚在此何為。曰我在此覓人。常就人乞啜。其店則物售。袋囊中皆百一供身具也。示人吉凶必現相表兆。亢陽即曳高齒木屐。市橋上豎膝而眠。水潦則係濕草屨。人以此驗知。以天復中終于奉川。鄉邑共埋之。後有他州見此公。亦荷布袋行。江浙之間多圖畫其像焉。」（CBETA 2019.Q1, T50, no. 2061, p. 848b23-c8）。

[58] 蔣宗霸（?～?），五代後梁時，明州奉化人。敬神信佛，因祖上曾封侯為官，被任命為明州評事，專事決斷疑獄。因事，遭黜罷官。從此洞悉人世、捨家皈依佛門。在天童寺小盤山上，築一小庵隱居靜修。常口誦「摩訶般若波羅密多」，人稱之為蔣摩訶。

為日課，世因呼宗霸為摩訶居士。一日，與浴長汀溪中，使摩訶揩背，忽見師背有四目，烱然光粲。摩訶驚駭，作禮曰：「和尚是佛也。」師曰：「勿說！」[59]

圖28：〈閩王參雪峰圖〉（楚石贊），正木美術館藏，紙本，掛幅，73.3x27.8cm，引自：《水墨美術大系》第四卷《梁楷‧因陀羅》，p.134。

圖偏左上方有從上到下二行梵琦之題贊及楚石之白文鈐印：

[59] 《定應大師布袋和尚傳》卷1：「至四明。與郡人蔣宗霸遊。出處飲食。相往來尤密。教其念摩訶般若波羅蜜多為日課。世因呼宗霸為摩訶居士。一日。與浴長汀溪中。使摩訶揩背。忽見師背有四目。烱然光粲。摩訶驚駭。作禮曰和尚是佛也。師曰。勿說。」（CBETA, X86, no. 1597, p. 43c13-17 // Z 2B:19, p. 478b1-5 // R146, p. 955b1-5）。

閩王都把雪峰瞞　鬼面神頭有若干

柑橘未來交椅到　至今人作畫圖看（鈐楚石之白文方印）

　　雪峰義存（822～908）[60]和其徒玄沙師備（835～908）[61]師徒二人，雖是師徒，然幾乎是同時入寂[62]，二人均受閩王王審知之敬重，嘗問法於師徒二人[63]，有閩王封柑橘送雪峰、師備之公案：

　　　　「閩王封柑橘各一顆，遣使齎問曰：『既是一般顏色，為什麼名字不同？』峰將柑橘依舊封回；閩王復遣問玄沙，沙遂將一張紙蓋却。」[64]

---

[60] 參見：法鼓，《人名規範資料庫》，義存條：福州雪峰義存禪師，德山宣鑑（782-865）禪師法嗣。幼遊蒲田玉潤寺，拜慶玄律師為師，留為童侍。初謁芙蓉山恆照大師，於幽州寶剎寺受具足戒，後至武陵德山參謁宣鑒。懿宗賜號「真覺大師」。法嗣十四人，以雲門文偃為最著，乃雲門宗之祖。

[61] 參見：法鼓，《人名規範資料庫》，師備條：唐末五代僧。俗姓謝，福州玄沙院僧人。幼慇點，好垂釣，常泛舟自娛。唐咸通（860-873）初年，年屆三十始脫塵志，投芙蓉山靈訓禪師落髮。受具足戒後，行頭陀法，終日宴坐，人稱備頭陀。咸通七年（866），參謁雪峰義存，並嗣其法。持律嚴謹，時人尊稱「備頭陀」，門下有桂琛等人。

[62] 《佛祖統紀》卷42：「二年二月。雪峯義存禪師示寂。十一月玄沙師備禪師示寂。師得法於雪峯。晚居玄沙。學徒千人。應機接物垂二十年。閩王待以師禮。及終賜謚宗一。」（CBETA, T49, no. 2035, p. 390b20-23）。

[63] 《釋氏稽古略》卷3：「閩王會雪峰玄沙二禪師問曰。將何為道作何修行見性成佛。雪峰曰。宜先懺悔滌除障垢。所以獲心見性。一切業障海。皆從妄想生。若欲懺悔者端坐念實相。願大王識取實相。自然成佛（本傳）。」（CBETA, T49, no. 2037, p. 845c12-19）。

[64] 《宗門拈古彙集》卷29：「雪峰因閩王封柑橘各一顆。遣使齎問曰。既是一般顏色。為什麼名字不同。峰將柑橘依舊封回。閩王復遣問玄沙。沙遂將一張紙蓋却。
谷隱啟云。雪峰玄沙二大老脚跟欠點地。被兩枚柑橘惑亂。俱未免為閩王所晒。」（CBETA, X66, no. 1296, p. 171b21-c1 // Z 2:20, p. 428c1-5 // R115, p. 856a1-5）。

圖29：〈五祖再來圖〉（楚石贊），美國Cleveland美術館藏，紙本，掛幅，32.7x58.1cm，引
自：《水墨美術大系》第四卷《梁楷·因陀羅》，p.137。

　　圖右有由上而下四行梵琦之題贊及楚石之白文鈐印：

　　　　此子無爺只有娘　禪師莫問幾時生
　　　　青松未老黃梅熟　兩世都如夢一場（鈐楚石之白文方印）

　　禪宗五祖弘忍再來之傳說，可見於：《白雲守端禪師語錄》
卷2：

《汾陽無德禪師語錄》卷2：「閻王封柑橘各一顆。令使送上雪峰。問
云。既是一般。顏色為甚。名字不同。雪峰遂封。回復馳問玄沙。沙將一
張紙蓋却。柑橘閻王親手封。將來直問擊胡風。長人入水分明在。更問
玄沙又不通。汾陽為汝開天路。寶方金界碧霄空。」（CBETA, T47, no.
1992, p. 610a12-17）。

「五祖弘忍大師，前身在蘄州西山栽松，遇四祖告
曰：『吾欲傳法於汝，汝已年邁，汝若再來，吾尚遲
汝。』師（按：五祖）諾。遂往周家女托生，因拋濁港
中，神物護持。至七歲，為童子。祖（按：四祖）一日往
黃梅，逢一小兒，骨相奇秀。乃問曰：『子何姓？』曰：
『姓即有，非常姓。』祖曰：『是何姓？』曰：『是佛
性。』祖曰：『汝無性耶？』曰：『性空故。』祖默識其
法器，即俾侍者，乃令出家，後付衣鉢，居黃梅東山。

在聖權方世莫評，雙峰密付豈虛稱。前身已老難傳
鉢，托陰重來始繼燈。昔日栽松名尚振，千靈報母願何
增。如今海內宗風徧，祇為春中擇得能。」[65]

圖30：〈五祖再來圖〉（法膺贊），龍光院藏，紙本，掛幅，34.6x21cm，引自：《水墨美術大
系》第四卷《梁楷·因陀羅》，p.33。

圖左上方有由上而下三行法膺[66]之題贊：

　　室女忽生兒　　冤魔偶見欺
　　幾乎喪身命　　賴有老盧知
　　　　碧琅泉主　　法膺拜贊

　　左邊接近下方處有一鈐印，印文為：「人言洞裏桃花暖未必人間有此枝」（朱文印），不過在此圖上只顯示出最右邊一行：「人言洞裏」四個字而已。

　　另本幅圖之外緣，附有「大德寺の伝庵宗器」一文。

　　據海老根聰郎之研究云：

1. 依本圖之畫風來判斷，此圖應不是因陀羅之作品（此說法，筆者亦有同感）。

2. 此贊之筆跡，頗類倪瓚（1301～1374）之筆跡（此說法，筆者辜存疑之）。[67]

　　另筆者尚質疑此圖之點苔筆法及其構圖，與其他因陀羅之公案圖筆法及構圖有異。

---

[65] 參見：《白雲守端禪師語錄》卷2，（CBETA, X69, no. 1351, p. 296b18-c3 // Z 2:25, p. 193a10-b1 // R120, p. 385a10-b1）。

[66] 生卒年代、出身、門派法系皆不詳。

[67] 參見：川上涇、戶田禎佑、海老根聰郎等著，《水墨美術大系》第四卷《梁楷‧因陀羅》，p.155。

圖31：〈船子夾山圖〉，紙本，掛幅，57.4x29.1cm，右圖為局部放大圖。引自：《水墨美術大系》第四卷《梁楷·因陀羅》，p.135。

　　此圖上無任何題贊，但在圖中間蘆葦叢最右方，有鈐二印，印文分別為：

　　上方印，「沙門梵因」（白文印）

　　下方印，「人言洞裏桃花暖未必人間有此枝」（朱文印）。[68]

　　船子德誠禪師[69]日常泛舟於華亭，夾山善會[70]問法於舟中，不

---

[68]　參見：川上涇、戶田禎佑、海老根聰郎等著，《水墨美術大系》第四卷《梁楷·因陀羅》，p.164，鶴田武良之解說。

[69]　參見：法鼓，《人名規範資料庫》，德誠條：德誠禪師又名華亭船子、船子和尚，（?～?），唐僧。藥山惟儼禪師（751-834）法嗣，侍其師三十

會，被船子和尚一槳打下水，仍不會，又再度打落水，後大悟之公案。[71]

圖32：〈朝陽圖〉，根津美術館藏，紙本，58.8x32.2cm。引自：鈴木敬編，《中國繪畫總合圖錄 第三卷 日本篇I 博物館》，圖JM12-014。

年。與道吾雲巖為同道。後隱於華亭吳江畔，垂釣終日，人號「船子和尚」。傳法予夾山善會禪師（805-881），自覆舟而逝；僧藏暉於其覆舟處建寺。善詩，有《機緣集》。

[70] 參見：法鼓，《人名規範資料庫》，善會條：夾山善會（805～881），唐僧。廣州廖氏，船子德誠禪師法嗣。幼於潭州龍牙山出家，二十歲受具足戒。後往江陵聽習經論，該練三學。出住潤州鶴林。復往華亭參德誠，嗣其法。咸通中，遷澧州夾山，世稱夾山和尚。寂諡傳明大師。

此圖上方有參孝比丘無塵□人書之題贊：

只這一線
咬著不動
緊下工夫
寒時得用[71]
咄
參孝比丘無塵□人書 鈐三印（印文不清）

另在圖之正中央最右側有鈐二印（印文不清，類似為因陀羅
所用之印）。

在南宋禪林中，有流傳二詩偈：
黃龍慧開（1183～1260）之朝陽補衲偈：

「寒時急用底物，趁暖著些針線，忽然臘月到來，免
致腳忙手亂。」

竹岩妙印（1187～1255）之對月看經偈：

「未動舌頭文彩露，五千餘卷一時周，若言待月重開

---

[71] 《怡山禮佛發願文略釋》：「（夾山見船子條）夾山善會禪師上堂因語
不契道吾指見船子。子問大德住甚寺。山曰。寺即不住。住即不似。子
曰。不似似個甚麼。山曰。不是目前法。子曰。甚處學得來。山曰。非耳
目之所到。子曰。一句合頭語。萬劫繫驢橛。山無語。子曰。垂絲千尺。
意在深潭。離鈎三寸。子何不道。山擬開口。被師一橈打落水中。山纔上
船。子曰道道。山擬開口。又打落水。山於此大悟。」（CBETA, J30, no.
B259, p. 916b9-13）。

卷，敢保驢年未徹頭。」[72]

　　之後諸多禪師將此二詩偈並舉，構成了「朝陽對月」之公案、話頭，上堂提舉接引禪子。[73]

---

[72] 參見：《續傳燈錄》卷35：「黃龍慧開禪師字無門。杭州人。作朝陽補衲偈曰。寒時急用底物。趁暖著些針線。忽然臘月到來。免致脚忙手亂。潭州石霜竹岩妙印（竹巖妙印）禪師。作對月看經偈曰。未動舌頭文彩露。五千餘卷一時周。若言待月重開卷。敢保驢年未徹頭。」（CBETA, T51, no. 2077, p. 708b29-c5）。

[73] 參見：《虛堂（虛堂智愚，1185～1269）和尚語錄》卷6：「朝陽對月
寒暑不到處。山窮石自枯。涕零知骨冷。隨分著工夫。
一卷無題目。持來傍石根。眼昏嫌字小。華梵恐難分。」（CBETA, T47, no. 2000, p. 1031b15-18）。
《月江正印禪師（活動於1361前後）語錄》卷3：「朝陽對月
寒暑一衲。補舊如新。東搭西搭。橫紉豎紉。金烏西沒又東升。不把金針度與人。
者一卷經。談什麼事。不是唐言。亦非梵字。玉兔光中轉法輪。生芽黑荳河沙數。
穴鼻鍼。無絲線。用盡工夫。補成一片。紅輪幾度見昇沉。寒暑一裘金不換。
圓頓教。了義經。循行數墨。信受奉行。不是光明偏愛月。山堂寂寞夜無燈。」（CBETA, X71, no. 1409, p. 142b9-17 // Z 2:28, p. 141c1-9 // R123, p. 282a1-9）。
《了菴清欲（1292～1367）禪師語錄》卷5：「朝陽對月
凍日含春。霜風劈箭。綿密工夫。竹針麻線。
半舒半卷。如癡若呆。一笑自領。月滿瑤臺。」（CBETA, X71, no. 1414, p. 351c14-16 // Z 2:28, p. 349c18-d2 // R123, p. 698a18-b2）。
《恕中無慍（1309～1386）禪師語錄》卷4：「朝陽對月二讚
者領破布衫。零落吁已久。今日補不完。何年更下手。
看底是誰經。忙忙且披閱。不了第一義。孤負天邊月。」（CBETA, X71, no. 1416, pp. 426c24-427a2 // Z 2:28, p. 424c18-d2 // R123, p. 848a18-b2）。
《南石文琇（1345～1418）禪師語錄》卷2：「朝陽對月
布衫多年。七花八裂。好趂斜陽。補此一缺。
案上是經。松梢是月。欲覓了時。虛空釘橛。」（CBETA, X71, no. 1422, p. 714c13-15 // Z 2:29, p. 202c8-10 // R124, p. 404a8-10）。

四、禪機圖

京都國立博物館藏之〈寒山拾得豐干圖〉

圖33：〈寒山拾得豐干圖〉，京都國立博物館藏，，紙本，掛幅，30.4x30.8cm，引自：〔日〕鈴
　　　木 敬編，《中國繪畫總合圖錄續篇 第三卷 日本篇I 博物館》，p.16。

　　此圖上無任何題贊，但在圖右上松葉下方，有鈐二印，印文
分別為：
　　上方印，「沙門梵因」（白文印）
　　下方印，「人言洞裏桃花暖未必人間有此枝」（朱文印）。

《寒山子詩集》〈豐干詩附〉：

　　「寒山特相訪，拾得常往來，論心話明月，太虛廓無礙。

　　法界即無邊，一法普遍該，本來無一物，亦無塵可拂。

　　若能了達此，不用坐兀兀。」[74]

東京國立博物館藏之〈寒山拾得圖〉（《禪機圖卷》斷簡）

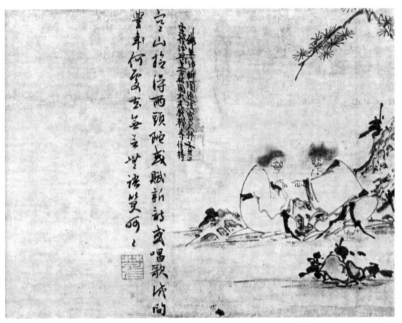

圖34：：〈寒山拾得圖〉（楚石贊），東京國立博物館藏，國寶，紙本，掛幅，35.3x49.8cm，引
　　　自：《水墨美術大系》第四卷《梁楷‧因陀羅》，p.32。

圖上半部正中央有因陀羅自署之名款並加鈐了四印，其署款

---

[74] 參見：《寒山子詩集》〈豐干詩附〉（CBETA, J20, no. B103, p. 669c3-6）

（先讀左行再讀右行）：

　　宣授汴梁上方祐國大光教禪寺住持
　　佛慧淨辨圓通法寶大師壬梵因

　　其四方鈐印（依照從上到下之順序）：
「人言洞裏桃花暖未必人間有此枝」（朱文印），
「兒童不識天邊雪把乍楊華一倒看」（朱文印），
「釋氏陀羅禪余玄墨」（白文印），
「三昧正受」（朱文印）。
　　自署款印之左側，從上到下有二行梵琦之題贊及楚石白文鈐
印：

　　寒山拾得兩頭陀　　或賦新詩或唱歌
　　試問豐干何處去　　無言無語笑呵呵（鈐楚石之白文方印）

　　此圖為《禪機圖卷斷簡》的最末之一幅圖，據日本之研究，
謂〈李渤參智常圖〉、〈智常禪師圖〉、〈丹霞燒佛圖〉、〈布
袋蔣摩訶問答圖〉及此圖〈寒山拾得圖〉共五幅因陀羅之畫作，
因其上下幅寬高度皆一樣，都是35公分，且筆墨、畫風均一致，
其內容皆為公案、禪機之表現，連楚石梵琦之題贊，也都是七言
之四句偈、分兩行直書，因之推斷此五幅畫作，原應是同屬一卷
的，遂將此五幅圖合稱為《因陀羅禪機圖卷》，但因為在中世紀
時室町、江戶時代之日本，有將長圖卷裁成數個小幅圖，分開來
裝飾禪房、茶室之習慣，所以此《禪機圖卷》就因此而被分裁開
來，後世將之合稱為《禪機圖卷斷簡》或《斷簡禪機圖卷》。此
〈寒山拾得圖〉與上述之數個公案圖略有不同，它並非如同上述

之圖，用來表述某個特定之公案的禪境，而是因陀羅藉著寒山拾得來表現其禪機、悟境，本書將會在下文中加以細述。

小結

　　因陀羅是個謎樣之人物，在僧傳、畫史上均無彼之記載，只有在元明之際的禪僧元叟行端、楚石梵琦師徒二人之語錄中，有簡短一、二則有關其畫作之記載，及中世紀日本室町時代之《君台觀左右帳記》中有關其畫之收藏紀錄，可說是因畫而留名。本書試著從各種史料點點滴滴的蛛絲馬跡，多方面來探究，約略有個因陀羅之輪廓來：

　　因陀羅來自天竺王舍城，姓壬～（Ren.../Sañ.../Suṅ...）家族之人，來華後使用「壬梵因」之名行世，約略活動於元代中、末期1275～1335年間，是個禪僧、畫僧，初來華之時，有一段很長的日子住在杭州中天竺寺，結識了寺中之年輕的沙彌楚石梵琦，在此期間與住錫在杭州天目山之中峰明本參習中國（南宗）禪法，會通印中之禪法；並於禪餘之暇學習中國之水墨繪畫，遙師梁楷—牧谿之簡筆水墨禪意畫畫風。後受封「佛慧淨辨圓通法寶大師」號，並奉敕北上汴梁住持大光教禪寺。禪餘常作禪意畫，大多繪祖師諸聖相、公案畫，偶作禪機圖，尤好寒山拾得之禪境。晚年，約當1330年左右，送了多幅之畫作到杭州之永祚寺，請當住持的舊識楚石梵琦題贊，這些畫作多數被來華之日本學僧攜帶回國。

　　現今留存在日本有數幅（僅有一幅在美國）之祖師散聖圖、公案畫、禪機圖，並有數幅類似其風格之畫作，傳為其所繪流傳於世。這些畫作因陀羅以簡約之筆法，點畫、勾現出人物之頭臉

來，輪廓、表情均俱足；人物之衣紋筆線簡約、合身，僅裙裾略有褶線及以淡墨、渴筆略略輕掃，再加上濃墨、焦黑之衣領、衣帶，自然飄逸、流暢，風格獨具，形成「因陀羅樣」之特色。另又佐以「一角」、「半邊」式的大面積之留白，表現出天地之悠悠與自然之餘韻，蘊寓著無盡之禪機。

在這些畫作中，以寒山拾得為主題之畫，占了很大之比例，且其最著名之禪機圖為東京國立博物館所藏、被列為日本國寶之〈寒山拾得圖〉，因此本書擬以寒山拾得繪畫為核心來探討、研究因陀羅之繪畫。

第四章　寒山拾得其人其事

　　何以在宋元之季，在禪林中會興起寒山拾得之風尚？從早期佛教初傳入之時，民眾就熱衷於追求神蹟、神通，對神異僧之崇拜，演變至對能預言、具有先見之禪僧，推尊為聖、佛菩薩再來，尤其是對不明來歷、行為乖異之僧道，往往被尊稱為散聖、仙人，寒山拾得（及豐干）即是個典型之例子，本章將述其事蹟於下。

第一節　宋元時期對禪宗祖師及散聖之尊崇

一、祖師

　　早在佛教初傳之時，來華傳教之梵僧、胡僧，[1]除了譯經僧外，以神異僧為勝，自來僧傳、僧史多有記載，[2]其中以西晉時之

---

[1]　胡梵有別。《宋高僧傳》卷3：「西土有梵有胡」（CBETA 2019.Q2, T50, no. 2061, p. 723c6）

　　《宋高僧傳》卷3：「胡語梵言者：一在五天竺純梵語，二雪山之北是胡，山之南名婆羅門國與胡絕。書語不同。」（CBETA 2019.Q2, T50, no. 2061, p. 723b17-19）

[2]　〔梁〕慧皎《高僧傳》卷9（有四位）、卷10（有十六位）共二卷，計有二十位神異僧。（CBETA 2019.Q2, T50, no. 2059, p. 383b9-13）。

　　〔唐〕道宣《續高僧傳》卷25：感通篇上有正傳三十三、附見三」、感

佛圖澄為最。³事實上，在西秦鳩摩羅什之前，並無官方所支持之大譯場，所譯之佛經⁴多為胡、梵僧私人或民間護持所譯，帝王、主政者所關心、重視的，乃為胡、梵僧之神通與先知，能為祈雨解旱、趨吉避凶、退兵解厄之神通能力而已，僧人為求生存乃至於傳教，不得不顯露其神通，⁵取悅於帝王、主政者，致使一代高僧道安嘆：「不依國主則法事難立」⁶彼時一般庶民亦是如是，祈求僧人預示吉凶、唸咒去病。

　　及至東晉、南北朝之時，士族名流盛行清談，以玄學、老莊思想為主流，佛教則以格義⁷來附會，以老莊、儒之義解佛語。一

通篇中有本傳三十九人、附見四人）」（CBETA 2019.Q2, T50, no. 2060, pp.643c3-6～ 656b24），卷26：感通篇下有正傳四十五、附見二人」（CBETA 2019.Q2, T50, no. 2060, p. 667a5）

〔宋〕贊寧《宋高僧傳》卷18：「感通篇第六之一（正傳十五人、附見三人）」（CBETA 2019.Q2, T50, no. 2061, p. 820b8）

《宋高僧傳》卷19：「感通篇第六之二（正傳二十一人、附見八人）」（CBETA 2019.Q2, T50, no. 2061, p. 828b2-6）

《宋高僧傳》卷20：「感通篇第六之三（正傳二十二人、附見四人）」（CBETA 2019.Q2, T50, no. 2061, p. 836b2-6）

《宋高僧傳》卷21：「感通篇第六之四（正傳十八人、附見三人）」（CBETA 2019.Q2, T50, no. 2061, p. 843a2-6）

《宋高僧傳》卷22：「感通篇第六之五（正傳十三人、附見五人）」（CBETA 2019.Q2, T50, no. 2061, p. 849c7-11）

到了〔明〕如惺之《大明高僧傳》則只有：譯經、義解、習禪三篇，而無神異僧、感通篇之記載了。（CBETA 2019.Q2, T50, no. 2062, p. 901a2-4）

3　梁慧皎《高僧傳》卷9：「高僧傳卷第九：神異上竺佛圖澄一」（CBETA 2019.Q2, T50, no. 2059, p. 383b9-13）。

4　通稱為古譯，鳩摩羅時所譯之經稱為舊譯、唐‧玄奘所譯之經稱為新譯。

5　佛教講如法禪定，修行可證得五神通，即為天眼通、天耳通、他心通、宿命通、神足通等五種神通，唯佛其第六神通——漏盡通。

6　《高僧傳》卷5：「釋道安……謂徒眾曰：今遭凶年，不依國主則法事難立。」（CBETA 2019.Q2, T50, no. 2059, p. 352a12）

7　《高僧傳》卷4：「法雅。河間人……雅乃與康法朗等，以經中事數擬配外書，為生解之例，謂之格義。」（CBETA 2019.Q2, T50, no. 2059, p.

直到了鳩摩羅什之後，才改正了此風。到了隋、唐之際，開始出現了中國化之本土宗派及祖師，天台宗、三論宗及其祖師智顗、吉藏。

　　初、盛唐之時，又有華嚴、法相、淨土、禪等宗派之成立與傳承。中唐時禪宗分裂為南北兩宗，晚唐、五代之後，更是花開五葉，五家七宗遍佈大江南北，各宗各派都有其傳承及祖師。各宗各派均十分注重其法脈之傳承，及敬重、禮拜其祖師，即使有如唐末、五代、北宋前期之禪師，為使禪子們不要執著、禪修時不要住心，表現出呵佛罵祖之言行，其實他們還是十分的尊師及注重傳承的，每當佛誕日、祖師忌日，均會有禮拜、追思之儀式，甚且在平時見景思情，還會吟詩作偈懷念其師尊。

二、羅漢、散聖

　　除祖師之外，在禪宗裡還有一小撮特殊之人物——羅漢與散聖，首先來談羅漢：

　　羅漢乃「阿羅漢」之簡稱/俗稱，為Arhat的譯音。小乘佛教所理想的最高果位。佛教亦用稱斷絕嗜欲，解脫煩惱，修得小乘果的人。[8]《丁福保佛學大辭典》則作：

> （術語）Arhān，小乘極悟之位名。一譯殺賊。殺煩惱賊之意。二譯應供。當受人天供養之意。三譯不生。永入涅槃不再受生死果報之意。智度論三曰：「阿羅名賊，漢名破。一切煩惱破，是名阿羅漢。復次，阿羅漢一切漏盡，故應得一切世間諸天人供養。復次，阿名不，羅漢名

347a18-22）

[8]　參見：《漢語大辭典》：羅漢條目。

生，後世中更不生，是名阿羅漢。」又譯曰應真，真人。
法華文句一上曰：「阿颰經云應真，瑞應云真人。」四果
之一。[9]

一般而言，在唐代或可言玄奘（602～664）之前多稱「應真」，
唐代中、後期則多以「羅漢」稱之。

在玄奘翻譯出《大阿羅漢難提蜜多羅所說法住記經》（簡稱
《法住記經》）之後，因經中明言：阿羅漢「具八解脫三明六通
無諍願智邊際定等，無量功德皆悉具足，有大威神名稱高遠，以
願智力能知此界一切有情種種心行。」[10]能以神通力，示現種種
不可思議之神變事。[11]善男信女一般信眾們，希求神蹟之庇佑與加
持，羅漢思想開始大流行。

在佛教初傳入漢地之時，魏晉南北朝（或有稱六朝）之際，
遍地征戰、廝殺，佛圖澄等神異僧大興，以預言、怯兵、祈雨、
退洪、伏虎、治病為業。隨著隋唐統一天下之際，人民生活相對
較安逸，祈求救援之渴望較不急切，神異僧熱潮稍退，此時以能
預言、祈雨之神異僧為主。及至中唐安史之亂後，天下黎民流離
失所、生靈塗炭，更甚者會昌法難後，人民連心靈寄託都被剝奪
了，在無依、無助中只能祈求神蹟、神助了，如此情況下，具神

9　參見：《丁福保佛學大辭典》「阿羅漢」條目。

10　參見：《大阿羅漢難提蜜多羅所說法住記》：「有阿羅漢名難提蜜多羅
　　（唐言慶友）。具八解脫三明六通無諍願智邊際定等。無量功德皆悉具
　　足。有大威神名稱高遠。以願智力能知此界一切有情種種心行。復能隨順
　　作諸饒益。」（CBETA 2019.Q2, T49, no. 2030, p. 12c12-16）

11　參見：《大阿羅漢難提蜜多羅所說法住記》：「爾時慶友大阿羅漢。為諸
　　大眾廣說如上事已。以神通力於大眾前身昇虛空。高七多羅樹。示現種
　　種不可思議雙神變事。令所觀眾增進勝道。」（CBETA 2019.Q2, T49, no.
　　2030, p. 14c8-11）

通、異能之羅漢、散聖[12]（當然也包括民俗、道教之神仙），就大受歡迎了。《法住記經》譯出後，由於經中明言：

> 「十六大阿羅漢，一切皆具三明六通八解脫等無量功德、離三界染誦持三藏博通外典。承佛勅故，以神通力延自壽量。乃至世尊正法應住常隨護持。及與施主作真福田。令彼施者得大果報。」[13]

護持、供養羅漢，能得大果報，因此羅漢崇拜思想盛行。羅漢之造像也從佛之二脅侍弟子——阿難和迦葉，擴充為十六羅漢乃至增加為十八羅漢、[14]百羅漢、五百羅漢。羅漢造像也由脅侍、配角獨立成單獨之尊神，造型也由縮小之身變成與菩薩、諸神等大

---

[12] 容後再詳談。

[13] 參見：《大阿羅漢難提蜜多羅所說法住記》：「佛薄伽梵般涅槃時。以無上法付囑十六大阿羅漢并眷屬等。令其護持使不滅沒。及勅其身與諸施主作真福田。令彼施者得大果報。時諸大眾聞是語已少解憂悲。復重請言。所說十六大阿羅漢。我等不知其名何等。慶友答言。第一尊者名賓度羅跋囉惰闍。第二尊者名迦諾迦伐蹉。第三尊者名迦諾迦跋釐墮闍。第四尊者名蘇頻陀。第五尊者名諾距羅。第六尊者名跋陀羅。第七尊者名迦理迦。第八尊者名伐闍羅弗多羅。第九尊者名戍博迦。第十尊者名半託迦。第十一尊者名囉怙羅。第十二尊者名那伽犀那。第十三尊者名因揭陀。第十四尊者名伐那婆斯。第十五尊者名阿氏多。第十六尊者名注荼半託迦。如是十六大阿羅漢。一切皆具三明六通八解脫等無量功德。離三界染誦持三藏博通外典。承佛勅故。以神通力延自壽量。乃至世尊正法應住常隨護持。及與施主作真福田。令彼施者得大果報。」（CBETA 2019.Q2, T49, no. 2030, p. 13a3-22）

[14] 後世所傳之十八羅漢乃以天竺之十六羅漢（皆具梵名）增加了中國漢式之降龍與伏虎二羅漢（乾隆欽定）。參見：杭州歷史名碑 五代貫休《十六羅漢圖》，杭州出版社，2003。（筆者按：十八羅漢之成員，有異說，本書於此不作討論。）

小。到了晚唐、五代、北宋初年，十六羅漢造像之風達到鼎盛[15]，流傳至今最具盛名之貫休十六羅漢像[16]世稱為「禪月樣」，就是在那時期創作出來的。不只是禪僧畫羅漢像，同時北宋之文人畫家李公麟也創作出不同於貫休之野逸、梵相式羅漢像，世稱為「龍眠樣」[17]之禪定、漢相式羅漢像，此二羅漢樣式[18]也流傳至日、韓迄今。

　　羅漢早先在佛陀之僧團中是指已證（四）果位之佛弟子，顯現為「出家僧相」，其相貌皆為肅穆、禪定樣，或侍立（在佛身邊）或禪坐於僻靜處（樹下、岩邊），皆不離佛像造像之莊嚴貌。然而，就在五代、兩宋之時，伴隨著佛教之本土化、世俗化，羅漢之造像/畫像，開始呈現出現實比丘、禪僧之面貌，不再是神聖、不食人間煙火、遙不可及之聖人樣貌了，羅漢從聖壇走下來，化現在街坊、路邊，就在你我之身旁，契此禪師（布袋和尚，817～916）、道濟禪師（濟公和尚，1149～1109）......等之傳

---

[15] 參見：陳清香著，《羅漢圖像研究》：「自唐末五代迄宋初間，創作十六羅漢實已呈一股新風氣，盛況空前。」p.29。
[16] 貫休之「十六羅漢像」，現今流傳有多個版本：在中國有杭州西湖孤山聖因寺羅漢堂之「石刻十六羅漢象」。參見：貫休，《貫休十六羅漢象》，杭州市：浙江人民美術出版社。在日本則有：東京宮內廳本十六羅漢圖、東京根津美術館館藏十六羅漢圖、及京都高台寺藏十六羅漢圖（這些皆不齊全），據日本學者川上　涇氏之研究這些羅漢圖，都不是貫休親筆所繪，僅是摹本，只可言「禪月樣」十六羅漢圖，參見：《日本繪畫館12渡來繪畫》，pp.134-135。
[17] 「禪月樣」，就是貫休禪定中所見之奇形異狀及胡僧、梵僧相貌之梵相式、較野逸的羅漢像。「龍眠樣」為李公麟創作出文人士大夫式漢人相貌、較沉靜、禪定姿的漢相羅漢像。
[18] 在晚唐、五代之前，傳有閻立本、吳道子、王維、曹弗興、吳棟等名家之羅漢畫作，今都已佚。黃休復（生卒年不詳，約活動於北宋真宗咸平年間）在其《益州名畫錄》卷中云：「......前輩畫佛像羅漢，相傳曹樣、吳樣二本。曹起曹弗興，吳起吳棟。曹畫衣紋稠疊，吳畫衣紋簡略。」，p.1396；「曹樣」、「吳樣」此二樣式，今皆已不傳。

說不絕。然而，羅漢僅能指稱出家眾，對一般居士、民眾不可以羅漢稱之，因此就出現了「散聖」之稱謂，來稱呼那些具神異功能之在家居士、能異之人，諸如：維摩詰、寒山、拾得、傅大士等諸散聖。[19]

何謂「散聖」？散聖乃「禪宗……以其發言先覺……非正員也矣。」[20]、「無修無證者、乃諸散聖助佛揚化。已於往昔證道不復更證，譬如出礦黃金無復為礦。」[21]、「正流旁出散聖異僧。」[22]、「應時而出，以救一期之病。」[23]、「達者目為散聖。如佛圖澄・寒山・拾得者。」[24]簡言之，散聖就是能預知世事、預告世人（發言先覺）、具某種神通，應時而出、助佛揚化，以解黎民一時之厄。他們通常沒有正規之師資傳承，謎樣的出身，被

---

[19] 參見：明陳實編姚舜漁重輯. 共10卷《大藏一覽》卷10：「散聖品（維摩　布袋　寒山　拾得　無著　傅大士）
散聖慈悲來世上　語言流落滿人間……」（CBETA 2019.Q2, J21, no. B109, p. 596a16-b4）。

[20] 參見：《宋高僧傳》卷20：「禪宗有著述者。以其發言先覺。排普化為散聖科目中。言非正員也矣。」（CBETA 2019.Q2, T50, no. 2061, p. 837b26-27）

[21] 參見：北宋舒州梵天彥琪和尚註證道歌《證道歌註》：「無修無證者。乃諸散聖助佛揚化。已於往昔證道不復更證。譬如出礦黃金無復為礦。即寶公、萬回、寒山、拾得、蒿頭陀、傅大士等是也。」（CBETA 2019.Q2, X63, no. 1241, p. 260c21-24 // Z 2:16, p. 179d4-7 // R111, p. 358b4-7）

[22] 參見：《佛祖歷代通載》卷1：「譯經弘教之師。衣法嫡傳之裔。正流旁出散聖異僧。時君世主之所尊尚。王臣將相之所護持。」（CBETA 2019. Q2, T49, no. 2036, p. 477b3-7）

[23] 參見：《御製揀魔辨異錄》卷1：「酒仙蜆子。皆散聖中人。應時而出。以救一期之病。非傳佛心宗者所宜效顰也。」（CBETA 2019.Q2, X65, no. 1281, p. 200b23-24 // Z 2:19, p. 199b23-24 // R114, p. 397b23-24）

[24] 據現存之記載中，此條之記載為最早將寒山拾得列為散聖之記載。
參見：《天聖廣燈錄》卷30〈東京景德寺僧志言者〉：「達者目為散聖。如佛圖澄・寒山・拾得者。」（CBETA 2019.Q2, X78, no. 1553, p. 574b20-21 // Z 2B:8, p. 451d15-16 // R135, p. 902b15-16）

認為佛、菩薩之再來、化現濟世，或為久遠劫來之修行，身懷神通、來去自如、隨處顯現，為蒼生百姓祈福、除災解厄。

三、神通與禪境

何謂「神通」？《長阿含經》上云：

「六神通：一者神足通證，二者天耳通證，三者知他心通證，四者宿命通證，五者天眼通證，六者漏盡通證。」[25]

神足通就是「能種種變化，變化一身為無數身，以無數身還合為一；身能飛行，石壁無礙；遊空如鳥，履水如地；身出烟燄，如大火（+++積）；手捫日月，立至梵天。」；

天耳通就是「過於人耳，聞二種聲：天聲、人聲。譬如城內有大講堂，高廣顯敞，有聰聽人居此堂內，堂內有聲，不勞聽功，種種悉聞」；

他心通就是「知他心有欲無欲、有垢無垢、有癡無癡、廣心狹心、小心大心、定心亂心、縛心解心、上心下心，至無上心皆悉知之。」；

宿命通就是「能憶識宿命無數若干種事，能憶一生至無數生，劫數成敗、死此生彼、名姓種族、飲食好惡、壽命長短、所受苦樂、形色相貌皆悉憶識。」；　天眼通就是「見諸眾生死此生彼、從彼生此、形色好醜、善惡諸果、尊貴卑賤、隨所造業報應因緣皆悉知之。」；

漏盡通就是「如實知苦聖諦，如實知有漏集，如實知有漏盡，如實知趣漏盡道。彼如是知、如是見，欲漏、有漏、無明漏，心得解脫，得解脫智，生死已盡，梵行已立，所作已辦，不

---

[25] 參見：《長阿含經》卷9：「六神通：一者神足通證，二者天耳通證，三者知他心通證，四者宿命通證，五者天眼通證，六者漏盡通證。」（CBETA 2019.Q2, T01, no. 1, p. 54b9-11、p. 58a24-26）

受後有。」[26]

---

[26] 參見：《長阿含經》卷13：「彼以定心，清淨無穢，柔濡調伏，住無動地，一心修習神通智證，能種種變化，變化一身為無數身，以無數身還合為一；身能飛行，石壁無礙；遊空如鳥，履水如地；身出烟燄，如大火（＋＋　＋積）；手捫日月，立至梵天。譬如陶師善調和泥，隨意所造，任作何器，多所饒益。亦如巧匠善能治木，隨意所造，自在能成，多所饒益。又如牙師善治象牙，亦如金師善煉真金，隨意所造，多所饒益。摩納！比丘如是，定心清淨，住無動地，隨意變化，乃至手捫日月，立至梵天，此是比丘第三勝法。

「彼以心定，清淨無穢，柔濡調伏，住無動地，一心修習，證天耳智。彼天耳淨，過於人耳，聞二種聲：天聲、人聲。譬如城內有大講堂，高廣顯敞，有聰聽人居此堂內，堂內有聲，不勞聽功，種種悉聞；比丘如是，以心定故，天耳清淨，聞二種聲。摩納！此是比丘第四勝法。

「彼以定心，清淨無穢，柔濡調伏，住無動地，一心修習，證他心智。彼知他心有欲無欲、有垢無垢、有癡無癡、廣心狹心、小心大心、定心亂心、縛心解心、上心下心，至無上心皆悉知之。譬如有人以清水自照，好惡必察；比丘如是，以心淨故，能知他心。摩納！此是比丘第五勝法。

「彼以定心，清淨無穢，柔濡調伏，住無動地，一心修習宿命智證，便能憶識宿命無數若干種事，能憶一生至無數生，劫數成敗、死此生彼、名姓種族、飲食好惡、壽命長短、所受苦樂、形色相貌皆悉憶識。譬如有人，從己村落至他國邑，在於彼處，若行若住，若語若默，復從彼國至於餘國，如是展轉便還本土，不勞心力，盡能憶識所行諸國，從此到彼，從彼到此，行住語默，皆悉念之。摩納！比丘如是，能以定心清淨無穢，住無動地，以宿命智能憶宿命無數劫事，此是比丘得第一勝。無明永滅，大明法生，闇冥消滅，光曜法生，此是比丘宿命智明。所以者何？斯由精勤，念無錯亂，樂獨閑居之所行也。

「彼以定心，清淨無穢，柔濡調伏，住無動處，一心修習見生死智證。彼天眼淨，見諸眾生死此生彼、從彼生此、形色好醜、善惡諸果、尊貴卑賤、隨所造業報應因緣皆悉知之。此人身行惡，口言惡，意念惡，誹謗賢聖，信邪倒見，身敗命終，墮三惡道；此人身行善，口言善，意念善，不謗賢聖，見正信行，身壞命終，生天、人中。以天眼淨，見諸眾生隨所業緣，往來五道，譬如城內高廣平地，四交道頭起大高樓，明目之士在上而觀，見諸行人東西南北，舉動所為皆悉見之。摩納！比丘如是，以定心清淨，住無動處，見生死智證。以天眼淨，盡見眾生所為善惡，隨業受生，往來五道皆悉知之，此是比丘得第二明。斷除無明，生於慧明，捨離闇冥，出智慧光，此是見眾生生死智證明也。所以者何？斯由精勤，念不錯

　　此六神通除了「漏盡通」，唯佛獨能證得外，眾生皆可經由禪修而獲得，在早期之經典——《長阿含經》上即有云：「彼以定心，清淨無穢，柔濡調伏，住不動地，一心修習。」[27]也就是說，無論何等人，修習禪定，到達「三摩地」、「心一境性」之境界，神通自然成，其他尚有多處經典上亦有明言及此。因此在禪宗大盛之中晚唐、五代、以至兩宋之際，伴隨著佛教之通俗化、佛道之融合，世俗人企求神通之風極盛，只要能預言禍福、治病、消災，儘管行為乖異、外貌不修、不論戒行與修行，皆被一般庶民視之為「散聖」，而追捧之。寒山、拾得正是在這種情形下，應運而成聖、成仙的。[28]

亂，樂獨閒居之所得也。

「彼以定心，清淨無穢，柔濡調伏，住不動地，一心修習無漏智證。彼如實知苦聖諦，如實知有漏集，如實知有漏盡，如實知趣漏盡道。彼如是知、如是見，欲漏、有漏、無明漏，心得解脫，得解脫智，生死已盡，梵行已立，所作已辦，不受後有。譬如清水中，有木石、魚鱉水性之屬東西遊行，有目之士明了見之：此是木石，此是魚鱉。摩納！比丘如是，以定心清淨，住無動地，得無漏智證，乃至不受後有，此是比丘得第三明。斷除無明，生於慧明，捨離闇冥，出大智光，是為無漏智明。所以者何？斯由精勤，念不錯亂，樂獨閒居之所得也。摩納！是為無上明行具足，於汝意云何？如是明行為是，為非？」（CBETA 2019.Q2, T01, no. 1, p. 86a6-c16）

[27] 同上註：《長阿含經》卷13（CBETA 2019.Q2, T01, no. 1, p. 86a6-c16）

[28] 唐末、五代、兩宋時，被視為散聖，至明、清之際逐漸被世俗化成民間之仙人，雍正十一年時寒山被敕封為「妙覺普度和聖大士」、拾得被敕封為「圓覺慈渡合聖大士」，合稱「合和二聖」或「合和二仙」。詳見：《欽定四庫全書》，沈翼機撰，《浙江通志》卷二百＜〈都會郡縣之屬〉〈仙釋（三）〉〈台州府〉。（按：同書史部，卷二百三十，〈大清一統志〉作「妙覺慈渡合聖大士」。）

第二節　寒山拾得及其應化事蹟

一、寒山拾得其人

　　寒山又名寒山子，以詩聞名，他的詩至遲在晚唐時就已被傳頌了，當時詩人李山甫（生卒年不詳，活動於咸通、中和、光啟年間860~888）有「康樂公應頻結社，『寒山子』亦患多才。」[29] 之詩句，把寒山子與謝靈運同擬。唐末五代之詩僧貫休有「子愛『寒山子』，歌惟樂道歌」[30] 之句、齊己（860~940）之詩中亦提起「赤水珠何覓，『寒山偈』莫吟」[31]。到了宋代又受諸如：王安石（1021~1086）、蘇軾（1037~1101）、黃庭堅（1045~1105）等[32]文人士大夫們之喜好，有多首之擬、和寒山詩流傳下

---

[29] 《全唐詩》卷六百四十三，李山甫〈山中寄梁判官〉：
「歸臥東林計偶諧，柴門深向翠微開。更無塵事心頭起，還有詩情象外來。
康樂公應頻結社，『寒山子』亦患多才。星郎雅是道中侶，六藝拘牽在隴臺。」p.7369。

[30] 《全唐詩》卷八百三十，貫休〈寄赤松舒道士〉：
「不見高人久，空令鄙吝多；
遙思青嶂下，無那白雲何。
子愛『寒山子』，歌惟樂道歌；
會應陪太守，一日到煙蘿。」pp.9360-9361。

[31] 《全唐詩》卷八百四十二，齊己〈渚宮莫問詩一十五首〉第三首：
「莫問休行腳，南方已遍尋；
了應須自了，心不是他心。
赤水珠何覓，『寒山偈』莫吟；
誰同論此理，杜口少知音。」p.9511。

[32] 王安石有《擬寒山拾得二十首》、蘇軾有《擬寒山詩八首》、黃庭堅喜書寒山詩，其詩中往往混入寒山之詩句而不自覺，更有「前身寒山子，

來，黃庭堅更是以寒山子之後身自居。[33]南宋著名之「中興四大詩人」之一的愛國詩人陸游（1125～1210）亦十分關切《寒山詩》，並寄書與明老請與予改正《寒山子詩》被竄改之處。[34]更令人意外的是曠代儒學宗師朱熹（1130～1200），身為南宋理學集大成者朱夫子，亦對《寒山詩》感興趣，寄書於國清寺方丈志南禪師（生卒年不詳，活動於南宋淳熙年中1174-1190），請索《寒山詩》刻本。[35]同時又廣被各宗各派之禪師們上堂提舉、[36]擬和寒

後身黃魯直」之句。參見：崔小敬著，《寒山：一種文化現象的探尋》，p.3。

[33] 《黃庭堅詩全集》《山谷別集》卷二〈戲題戎州作余真〉：「前身寒山子，後身　魯直，頗遭俗人惱，思欲入石壁。」

[34] 參見：《天台山方外志》卷16：「陸放翁與明老改正寒山子詩書
『有人兮山陘　雲卷兮霞縈　乘芳兮欲寄　路漫兮難征　心惆悵兮狐疑　蹇獨立兮忠貞
此寒山子所作楚辭也，今亦在集中。妄人竄改附茲，至不可讀。』放翁書寄天封明公，或以刻之山中也。」（CBETA 2019.Q2, GA089, no. 89, pp. 615a8-616a1）
筆者按：明老、明公，釋可明，南宋末元初華山僧。東臬寺僧無隱重刻《寒山詩集》，即東臬本，師為其校正；後於至元二十六年（1289）撰〈跋〉一篇，收錄於《寒山寺志》。參見：法鼓，《人名規範資料庫》，可明條。

[35] 參見：《天台山方外志》卷16：「朱晦菴與南老索寒山子詩書
熹啟上清泉老：每往，兒輩附問，黃墻得之，聞久時得書也。〈出師表〉未暇寫得，催氣得轉寄去未晚也。《寒山詩》刻成，幸早見寄。有便只附至臨安趙節推廳，託其尋便，必無不達，渠黃巖人也。熹啟上國清南公禪師方丈。」（CBETA 2019.Q2, GA089, no. 89, p. 616a2-5）
朱晦菴與南老帖（索寒山子詩），參見：日本「宮內省本」《寒山詩集》卷首，（本章附錄六）。

[36] 諸如：《圓悟佛果禪師語錄》卷17：「舉。雲門示眾云。結夏得數日也。寒山子作麼生。大溈真如道。結夏得數日也。水牯牛作麼生。師拈云。結夏得數日也。諸上座作麼生。復云。寒山子意在鉤頭。水牯牛事在函蓋。且道。諸上座。落在什麼處。惜取眉毛。」（CBETA 2019.Q2, T47, no. 1997, p. 793b2-6）。（按：臨濟宗、雲門宗、溈仰宗。）
《宏智禪師廣錄》卷5：「寒山子道。吾心似秋月。碧潭澄皎潔。直得皎

山詩，[37]不勝枚舉。道士們亦間有述及，不僅如此，於北宋神宗熙寧五年（1072）入宋求法之日僧成尋（1011～1081）從天臺國清寺得到《寒山子詩》一帖，交由弟子攜回日本，[38]流傳開來，在寬文年間（1661～1673）有《首書寒山詩》三卷、元祿年間（1688～1704）交易和尚之《寒山詩管解》六卷、延享年間（1744～1748）臨濟禪師白隱慧鶴（1685～1768）注解了《寒山詩闡提記聞》三卷、文化年間（1804～1818）大鼎老人之《寒山詩索頤》三卷、明治年間（1868～1912）清潭和尚之《寒山詩新釋》，詳細解說寒山詩之詩境、禪境，在日本形成獨特的文化典範，[39]之後又有大鼎宗允禪師之《寒山詩索賾》、隱元龍琦《擬寒山詩》、連山所著之《寒山詩管解》等。就這樣《寒山詩》一直流傳至上個世紀二、三〇年代，1921年五四運動時，白話詩興起，引起胡適（1892～1962）等學者研究、考證之風潮。寒山與王績及王梵志，被胡適推為唐早期白話詩人，[40]鄭振鐸（1898～1958）亦推

皎地如秋月。尚恐不是。又道。無物堪比倫。教我如何說。既是無物。又作麼生說。」（CBETA 2019.Q2, T48, no. 2001, p. 59c20-23）。（按：曹洞宗。）

[37] 例如：中峰明本有「擬寒山詩一百首」、楚石梵琦及石樹濟岳（生卒年不詳，清初之時人）有全和寒詩等，其餘有數首、數十首之擬、和寒詩不勝枚舉。

[38] 現藏於日本皇宮書陵部，稱為「宮內省本」。有云此為國清寺1189年版印本，亦有云為「無我慧身本」。（筆者按：國清本詩卷末有跋語云：「三隱詩，山中舊本如此，不復校正，博古君子，兩眼如月，政要觀雪中芭蕉畫耳。」，而後東臬寺，釋無隱重刊國清寺本，釋可明參與讎校，撰有跋語記述其事，尾題「屠維赤奮若（己醜）陬月上瀚」，前人定為南宋紹定二年（1229）。再後，釋無我慧身又覓得寒山序詩一首，遂補刻入「東臬寺本」，這也是現存唯一的國清寺系統傳本。參見：http://www.gmzm.org/?gujitushu/hanshanshiji.html 2019.09.21點擊。）

[39] 參見：黃敬家著，《寒山詩在宋元禪林的傳播研究》，pp.1-2；及張伯偉著，《禪與詩學》，p.308。

[40] 參見：胡適一九二八年著之《白話文學史》，p.157。

寒山、拾得為王梵志精神上的肖子。[41]及至1958年寒山詩被美國
詩人加里‧史奈德（Gary Snyder）以其山林生活的內在經驗，運
用簡潔的語言直譯了24首寒山詩，正趕上日本禪/學者鈴木大拙
（すずき だいせつ，D.T. Suzuki，1870-1966）在歐美弘傳「禪」
（Zen）之際，而成為當時非常流行之寒山詩譯本，[42]廣為西方讀
者接受，開啟了美國的寒山熱。[43]彼時正逢上六、七〇年代西方嬉
皮（Hippie）[44]運動的興起，又被推上風潮，甚至寒山子也被推尊
為嬉皮之祖。[45]在台灣於1970年3月，曉雲法師（1912～2004）在
中國文化大學華岡召開了「寒山子研究會」，開啟了台灣、香港
地區的寒山研究序幕，1972年9、12月《中國詩季刊》也連著二期

---

[41] 參見：鄭振鐸一九三八年著之《中國俗文學史》上冊，p.125。

[42] 美國彼時共有三種寒山詩之譯本：加里‧史奈德（Gary Snyder）、亞
瑟‧魏雷（Arthur Walay）、華特生（Burton）；史奈德及寒山，因克洛
厄（Jack Kerouac）所著之暢銷小說《法丐》（The Dharma Bums），而
被捧紅。參見：鍾玲，《中國詩季刊》寒山詩專號二集 第三卷第四期，
1972.12，〈寒山在東方和西方文學界的地位〉，pp.6-9。

[43] Gary Snyder,Riprap & Cold Mountain Poems〔M〕.San Francisco：Grey Fox
Press,1965.參見鍾玲，〈寒山在東方和西方文學界的地位〉，《中國詩季
刊》第3卷第4期（1972年12月），頁1-17。轉引自：黃敬家著，《寒山詩
在宋元禪林的傳播研究》，p.3。

[44] 嬉皮運動，起自二十世紀六〇年代美國的紐約格林威治村和舊金山地區，
後流傳至全世界。Hippie來自Hipster這個字，起初是被用來形容「垮掉的
這一代」。是1940年代美國非裔搖擺音樂的通俗用語，後來被轉用來描寫
西方國家六、七〇年代時，反抗社會傳統習俗和當時政治的年輕人。嬉皮
不是一個固定、一致性的文化運動，它沒有宗旨、宣言及領袖。嬉皮用公
社式的和流浪、寄居式的生活方式，來表達他們對民族主義和對越戰的反
對，他們批判西方社會中階層人士的價值觀、宗教觀。

[45] 嬉皮族群亦有稱為The Beat Generation，鍾玲譯為披頭一代、趙滋蕃譯為
疲弱一代、胡菊人譯為搜索一代、陳鼎環則譯為撞擊一代。參見：陳鼎
環，《中國詩季刊》寒山詩專號二集 第三卷第四期，〈寒山的禪境與詩
情〉，1972.12，p.2。

出版了《寒山詩專號》，[46]尤其是旅美之學者鍾玲在〈寒山在東方
和西方文學界的地位〉[47]一文中，論述寒山詩揚棄傳統詩學之律法
與典雅，文字通俗、白話，其思想亦儒亦佛亦道，其行徑非儒非
佛非道、特立獨行。引發了台灣、香港地區研究寒山之熱潮，之
後朱傳譽主編了《寒山子傳記資料》七冊，收錄了台灣七〇年代
有關寒山研究之論文，時至今日，又陸續有許多的學者趙滋蕃、
黃博仁、陳慧劍、黃敬家、葉珠紅等出版寒山研究專論、專書，
再加上大陸地區亦有孫昌武、錢學烈、張伯偉、賈晉華、羅時
進、項楚、陳耀東等及日本之入矢義高、吉山幸次郎等學者之專
門研究，可說是汗牛充棟、洋洋大觀，成果斐然。

　　然而，考之寒山子之身世，則是個謎樣的人物，僅知是個唐
代科舉不第之文人，非僧非道，中年後落魄隱居天台山寒岩，當
然史書無載，生平不傳。但因寒山子愛作詩，寓居寒岩時，將日
常所作之詩，題寫在樹皮、山巖、石壁上，經好事者傳抄而流傳
下來，[48]又因寒山詩深寓佛理、頗具禪境，令文人學士、禪師們喜
好。又因其文句通俗、易解，一般粗通文墨之庶民，亦能朗朗上
口，僅百餘年間，即傳佈開來。伴隨著詩作的流傳開來，當然謎

---

[46] 該二期共刊了十一篇有關寒山之論文：（九月號）：1.胡鈍俞，〈寒山詩
　　評〉、2.高越天，〈讀寒山詩偶記〉、3.易中達，〈詩人寒山的研究〉、
　　4.魏子雲，〈寒山詩校勘錄〉、5.胡鈍俞，〈和寒山詩〉；（十二月
　　號）：1.卓安琪，〈寒山時代的探考〉、2.鍾玲，〈東方與西方文學界的
　　地位〉、3.胥端甫，〈寒山世界〉、4.陳鼎環，〈寒山的禪境與詩情〉、
　　5.易中達，〈評胡鈍俞先生和寒山詩〉6.姚琮，〈鈍俞先生和寒山詩小
　　評〉，掀起一陣寒山熱。

[47] 參見：鍾玲，《中國詩季刊》寒山詩專號二集 第三卷第四期，〈寒山在
　　東方和西方文學界的地位〉，1972.12。

[48] 《太平廣記》五十五卷〈仙傳拾遺〉，寒山子條云：「寒山子者，不知其
　　名氏。大曆中，隱居天台翠屏山。其山深邃，當暑有雪，亦名寒岩，因自
　　號寒山子。好為詩，每得一篇一句。輒題於樹間石上。有好事者，隨而錄
　　之。凡三百餘首。」

樣的身世，更加地被傳奇化、神化了。

根據早期流傳之版本[49]中有閭丘胤之〈寒山子詩集序〉，[50]序中云：「詳夫寒山子者，不知何許人也？自古老見之，皆謂貧人風狂之士。隱居天台唐興縣七十里，號為寒巖。時來國清寺，寺有拾得，知食堂，尋常收貯殘飯菜滓於竹筒內。寒山若來，即負之而去。或長廊徐行、叫喚快活、獨言獨笑，時僧捉罵打趁，乃駐立撫掌，呵呵大笑，良久而去。且狀如貧子、形貌枯悴，一言一偈，理合其意，沈而思之，隱況道情，凡所啟言，洞該玄默。乃樺皮為冠、布裘破弊、木屐履地。是故至人遯迹、同類化物。或長廊唱詠、唯言咄哉！咄哉！三界輪迴。或於村墅與牧牛子而歌笑、或逆、或順，自樂其性，非哲者安可識之矣......乃令僧道翹尋其往日行狀。唯於竹木石壁書詩。并村墅人家廳壁上所書文句。三百餘首。及拾得於土地堂壁上書言偈。並篹集成卷。」由此序中，約略可得出寒山子之形影來。他是一個佯狂瘋癲的落魄讀書人，形貌枯悴、衣著襤褸、樺皮為冠、木屐履地。然而，知佛理、信輪迴，言先覺、具機鋒、有禪意；酷愛詩偈、樂天知命，隱居天台山寒巖洞之隱士。但此序文中言寒山子「不知何許人也？」，更不知其為何時之人？因之，從《寒山子詩集》傳佈以降，（約從中晚唐，九世紀後半葉）千百年來，世人縱有懷疑，[51]但一直把寒

---

[49] 最早之版本，在中晚唐之時，即有傳抄本流通。

[50] 詳見：附錄四。

[51] 北宋高僧贊寧（919～1001）於太宗太平興國七年（984）奉敕編纂《宋高僧傳》時，曾有懷疑，並附記於書中，然彼並沒有去求證，而照錄於僧傳中。詳見：《宋高僧傳》卷19：「系曰。按封干先天中遊遨京室。知閭丘寒山拾得俱睿宗朝人也。奈何宣師高僧傳中閭丘武臣也。是唐初人。閭丘序記三人不言年代使人悶焉。復賜緋乃文資也。夫如是乃有二同姓名閭丘也。又大溈祐公於憲宗朝遇寒山子指其泐潭。仍逢拾得於國清。知三人是唐季葉時猶存。夫封干也天台沒而京兆出。寒拾也先天在而元和逢。為年壽彌長耶。為隱顯不恒耶。易象有之。小狐汔濟。其此之謂乎。」

山子視為閭丘胤[52]同時代之人，閭丘胤為唐代貞觀年間之臺州刺史，[53]所以認為寒山子也是貞觀時人。

但另有一成書於北宋太平興國三年（978）之《太平廣記》[54]中，記載著：

> 「寒山子者，不知其名氏。大曆中，隱居天台翠屏山。其山深邃，當暑有雪，亦名寒岩，因自號寒山子……」[55]

卻是言寒山子為唐大曆年間人，大曆為唐代宗的年號（766-779），而貞觀為唐太宗的年號（627-649），相差百多年（若取中間值足足相差了一百三十四年），約莫半個唐朝了（唐朝國祚共289年）。

歷代之禪宗史/傳燈錄，代代相襲，不但傳抄前錄，更是加油添醋，把寒山、拾得、豐干拱成散聖、佛菩薩化現、再來；民間傳奇更是將之奉成仙家。如此歷經一千多年來，沒有人去質疑、考證，直至上個世紀二、三十年代，寒山熱興起時，相繼有學者

（CBETA 2019.Q2, T50, no. 2061, p. 832a29-b9）

[52] 《天台山方外志》卷11：「閭丘太守，覆姓閭丘，名胤。刺史臺州，得遇寒山、拾得。錄二人歌詩三百首，輯之成編，為作序并讚，行于世。見〈聖僧志〉。」（CBETA 2019.Q2, GA089, no. 89, p. 444a2-3）

[53] 參見：康熙六十一年版《臺州府志》卷五歷代官制，在職官題名錄上，記載著：閭丘胤為唐代第七任之臺州刺史，年序在貞觀年間。轉引自：陳慧劍著，《寒山子研究》，pp.10-11。

[54] 《太平廣記》，李昉、扈蒙、李穆、徐鉉、趙鄰幾、王克貞、宋白、呂文仲等人編著的大型類書，是一部按類編纂、專收野史以及小說雜著，其中以神仙、鬼、報應、神、女仙、定數、畜獸、草木、再生、異僧、徵應等十一類約佔全書之半。，凡五百卷。

[55] 詳見：附錄五。

來考證，諸如：余嘉錫在他的《四庫提要辨證》中，就以閭丘胤之〈寒山子詩集序〉中之地名天台唐興縣名之更易，質疑寒山之年代。[56]另有數位學者亦分別考證出寒山之年代，[57]如下：

胡適之：700～780（於大歷年中766-779居於天臺）。[58]

趙滋蕃：642～742。[59]

魏子雲：認為晚於天寶年間（742-756）之後的人。[60]

陳慧劍：700～820。[61]

本書以陳慧劍之700～820，即武周久視年至唐憲宗元和末年間，在往後推三十年，為寒山子生卒參考年代，即730～840唐玄宗開元（713-741）中末期至文宗太和、開成（827-835/836-840）年間。理由如下：

寒山子詩中自敘：「少年學書劍，叱馭到京州，聞伐匈奴[62]盡，娑婆無處遊，歸來翠巖下，席草枕清流，壯士志朱紱，獼猴騎土牛。」[63]吐蕃大將達扎路恭（漢名馬重英）於代宗廣德一年

---

[56] 參見：余嘉錫，《四庫提要辨證》，pp.1246-1260。

[57] 此數據引用自陳慧劍著，《寒山子研究》，pp.15-30。至於學者們如何考證，則非本書討論之範圍，請自參閱相關之文獻。

[58] 參見：參見：胡適著，《白話文學史》，pp.171-177。

[59] 參見：趙滋蕃，〈寒山子其人其詩〉，原刊載在中央副刊（一九七〇年三月底至四月初），揚州藏經院藏版，《合訂天台三聖二和詩集》1970年這一代出版社出版本中，收錄在為〈代跋之一〉，p.298。

[60] 臺灣聯合副刊之〈寒山子其人其詩之我觀〉，轉引自：陳慧劍著，《寒山子研究》，p.17。

[61] 參見：陳慧劍著，《寒山子研究》，p.28。

[62] 寒山所言之匈奴指的是應為吐蕃（藏族人），安史之亂後，唐代宗廣德一年（763）吐蕃大將達扎路恭（漢名馬重英），率軍攻陷京城長安，十五天後退兵，佔領陝北敦煌地區。

[63] 《寒山子詩集》：「少年學書劍，叱馭到京州，聞伐匈奴盡，娑婆無處遊，歸來翠巖下，席草枕清流，壯士志朱紱，獼猴騎土牛。」（CBETA 2019.Q2, J20, no. B103, p. 669a4-6）

（763），率軍攻陷京城長安，因吐蕃軍不適應長安的酷熱，吐
蕃軍中疾病流行，加上唐軍集結逼近，吐蕃軍在入據長安15天即
退出長安，往西北、占領河西，隴右及敦煌地區，而沒再患唐之
都城及中原內地。因之，寒山從軍提劍馭馬入京，欲西征光復京
城，然敵軍已自退，「西征武不勳」，[64]無功而解甲，時年約三
十，南遊至天臺寒山：「出生三十年，常遊千萬里，行江青草
合，入塞紅塵起…今日歸寒山，枕流兼洗耳。」[65]因此，我們從
763往前推約莫30年，為寒山子之出生年：733左右；而寒山甚為
長壽活過百年：《寒山子詩集》：「老病殘年百有餘」[66]卒於約
當唐文宗太和、開成（827-835/836-840）年間；若從現今公認最
為接近、可信之史料記載——《太平廣記》上云：「大曆（766-
779」中，隱居天台翠屏山。」再加上七十年的寒巖居住[67]，約當
836左右，為文宗開成年間。再若從收集寒山子詩的桐柏徵君徐靈
府之生平史實來看：據《歷世真仙體道通鑑》卷四十記載，徐靈
府晚年隱修於天臺山，卒於唐武宗會昌元年（841），[68]是以他勢

---

[64] 《寒山子詩集》：「一為書劍客，三遇聖明君。東守文不賞，西征武不
勳，學文兼學武，學武兼學文。今日既老矣，餘生不足云。」（CBETA
2019.Q2, J20, no. B103, p. 656c21-23）]

[65] 《寒山子詩集》：「出生三十年，常遊千萬里，行江青草合，入塞紅塵
起。鍊藥空求僊，讀書兼詠史，今日歸寒山，枕流兼洗耳。」（CBETA
2019.Q2, J20, no. B103, p. 654c12-14）

[66] 《寒山子詩集》：「老病殘年百有餘，面黃頭白好山居，布裘擁質隨緣
過，豈義人間巧樣模？」（CBETA 2019.Q2, J20, no. B103, p. 667a13-14）

[67] 《寒山子詩集》：「昔日經行處，今復七十年，故人無往來，埋在古塚
間。余今頭已白，猶守片雲山，為報後來者，何不讀古言？」（CBETA
2019.Q2, J20, no. B103, p. 661c9-11）

[68] 徐靈府，晚唐時錢塘天目山（今屬浙江省）人，號默希子。隱修於天臺
山雲蓋峰虎頭巖石室。據《歷世真仙體道通鑑》卷四十載，元和四年
（809年）雲遊至衡峰、華蓋山。十一年（816年）注《通玄真經》十二
卷。會昌元年（841年）武宗詔之，固辭不就。不久，辭世。著有《天

必在841年之前收集並「序而集之，分為三卷，行於人間。」[69] 而寒山子之詩偈，皆題寫於巖石[70]、石壁[71]，而天臺寒山地處東南丘陵區，潮濕、雨雪多，僅是題寫於石壁、山巖，而非鑿刻，恐怕無法久存於世，故我們可以大膽的推斷，寒山子卒於841年之前不過三、五年而已，亦即是文宗太和、開成年間，此亦可證之本書之觀點。

雖然閭丘胤云，寒山子「不知何許人也？」，但因他留傳下了三百餘首之詩偈，[72] 記述了他的下半生之心境，間有述及其自身之句，我們可從其中窺知彼之一、二。這三百餘首詩偈，有的研究者依詩之字數來分類，曰七言、五言、三言。[73] 然依此分法，將很難看得出寒山子之思想脈絡、及其一生思想之變化、轉化。陳

台山記》、《三洞要略》、《玄鑒》等五篇。著名弟子有左元澤。http://zh.daoinfo.org/w/index.php?title=%E5%BE%90%E9%9D%88%E5%BA%9C&variant=zh-tw（蓬瀛仙館道教文化中心資料庫）20190928擷取。

[69] 「（寒山子）好為詩，每得一篇一句。輒題於樹間石上。有好事者，隨而錄之。凡三百餘首。多述山林幽隱之興，或譏諷時態，能警勵流俗。桐栢徵君徐靈府。序而集之，分為三卷，行於人間。」詳見：附錄五。

[70] 《寒山子詩集》：「五言五百篇，七字七十九，三字二十一，都來六百首。一例書巖石，自誇云好手，若能會我詩，真是如來母。」（CBETA 2019.Q2, J20, no. B103, p. 664b6-8）

[71] 《寒山子詩集》：「一住寒山萬事休，更無雜念掛心頭，閑於石壁題詩句，任運還同不繫舟。」（CBETA 2019.Q2, J20, no. B103, p. 667b1-2）

[72] 據寒山自言共六百首，然而實際留傳下僅三百餘首；據歷年來之收錄統計：康熙四十六年（1707）編之《全唐詩》《寒山詩集》收錄了三百一〇首（按：應為303+6+2共311，詳：卷八〇六，pp.9063-9102。）、南宋淳熙十六年志南勘刻之《天臺山國清禪寺三隱集》收錄了三百〇九首、揚州藏經院藏版之《合訂天台三聖二和詩集》收錄了三百〇七首、汲古閣之宋刻本《寒山詩》收錄了三百一十一首、陳慧劍之研究統計，則計有三百一十四首，參見：陳慧劍著，《寒山子研究》，p.2/169。

[73] 寒山子詩自身中，亦如是自言。

慧劍則以詩偈之意涵來分類，分成：自敘詩、黃老詩、學佛詩、雜詩四類，[74]這樣的分法，很容易將寒山子的一生經歷貫串起來。

　　細讀他的自敘詩——依陳慧劍之歸類，共計八十九首（其數見仁見智而易），又細分成前後二期：儒生期（前期）二十四首、寒巖期（後期）六十五首，可以窺探出他的出身及貫串出他的一生經歷之大致輪廓：

　　　　「綠水千腸咽，黃雲四面平，哀哉百年內，腸斷憶
　　　『咸京』。」[75]
　　　　「尋思少年日，遊獵向『平陵』…聯翩騎白馬，喝兔
　　　放蒼鷹。」[76]
　　　　「弟兄同五郡，父子本三州…鄉國何迢遞？同魚寄水
　　　流。」[77]
　　　　「父母續經多，田園不羨他。婦搖機軋軋，兒弄口喁
　　　喁。」[78]

---

[74] 參見：陳慧劍著，《寒山子研究》，pp.169-170。

[75] 《寒山子詩集》：「去年春鳥鳴，此時思弟兄，今年秋菊爛，此時思發生。綠水千腸咽，黃雲四面平，哀哉百年內，腸斷憶咸京。」（CBETA 2019.Q2, J20, no. B103, p. 656c6-8）

[76] 《寒山子詩集》：「尋思少年日，遊獵向平陵，國使職非願，神僊未足稱。聯翩騎白馬，喝兔放蒼鷹。不覺今流落，皤皤誰見矜？」（CBETA 2019.Q2, J20, no. B103, p. 656a18-20）

[77] 《寒山子詩集》：「弟兄同五郡，父子本三州，欲驗飛鳧集，須微白兔遊。靈瓜夢裏受，神橘座中收，鄉國何迢遞？同魚寄水流。」（CBETA 2019.Q2, J20, no. B103, p. 655b21-23）

[78] 《寒山子詩集》：「父母續經多，田園不羨他。婦搖機軋軋，兒弄口喁喁。拍手催花舞，搘頤聽鳥歌。誰當來嘆賞？樵客屢經過。」（CBETA 2019.Q2, J20, no. B103, p. 657a9-11）

　　他在其詩中不言名姓，[79]故歷來有關之記載，皆言：「不知何許人也？」、「不知其名氏？」，但可知悉他出生於位於西安市西北之咸陽市（咸京），書香子弟，家境上等，有兄弟，[80]有妻有子。少年時嬉戲、遊獵於平陵，蓋唐朝都城為長安（即今之西安市），其西北郊不遠處有咸陽市，為秦朝都城——咸陽或稱咸京，秦亡時，被西楚霸王項羽一把火燒個精光，漢朝建國時，一片敗瓦殘磚，劉邦只好在其東南隅重建都城長安，此後咸陽地區雖慢慢復建，然已成都城——長安之外圍鄉城了，漢昭帝劉弗陵（94BC～74BC）及其皇后上官氏同塋異穴的合葬於此，稱「平

---

[79] 據近人易宗達在其〈詩人寒山的研究〉一文中，根據台北故宮博物院藏之黃庭堅手錄寒山五言詩的橫披，披首「超脫塵根」，詩曰「我見黃河水，凡經幾度清，水流如急箭，人世若浮萍。癡屬根本業，無明煩惱坑，輪迴幾許劫，只為造迷盲。」披尾書「敬錄寒山子『龐』居士詩 涪翁題」，推定出寒山姓『龐』。另易宗達有又舉二首寒山詩：「粵自居寒山，曾經幾萬載，『任運』遯林泉，棲遲觀自在。」、「一住寒山萬事休，更無雜念掛心頭，閒於石壁題詩句，『任運』還同不繫舟。」，推定出寒山名為『任運』。參見：易宗達，《中國詩季刊》寒山詩專號一集 第三卷第三期，1972.09，〈詩人寒山的研究〉，pp.2-3。關於此推斷，葉珠紅已於〈寒山子異名考〉中予以辯駁。此文發表於暨南國際大學之《暨大電子雜誌》第37期（2006.02），現收錄於《寒山詩集論叢》pp.31-34。

[80] 有些學者，根據：《寒山子詩集》中之：「弟兄同五郡，父子本三州。」及「我有『六兄弟』，就中一簡惡，打伊又不得，罵伊又不著。處處無奈何，耽財好婬殺，見好埋頭愛，貪心過羅剎，阿爺惡見伊，阿孃嫌不悅，昨被我捉得，惡罵恣情掣，趁向無人處，一一向伊說。汝今須改行，覆車須改轍。若也不信受，共汝惡合殺。汝受我調伏，我共汝覓活。從此盡和同，如今過菩薩。學業攻鑪冶，鍊盡三山鐵，至今靜恬恬，眾人皆讚說。」（CBETA 2019.Q2, J20, no. B103, p. 666a5-12），認為寒山有五、六個兄弟，此非也！前詩之「弟兄同五郡，父子本三州。」乃出自北周時庾信〈哀江南賦〉中「五郡則兄弟相悲，三州則父子離別。」之典故，哀嘆骨肉別離。而後詩中之『六兄弟』實乃言佛家之「六入」——「眼、耳、鼻、舌、身、意」，皆非寒山子自述有幾兄弟之詞。

陵」，[81]寒山子正是在此畋獵、遊憩，度過年少時光。

> 「書判[82]全非弱，嫌身不得官，銓曹被拗折，洗垢覓瘡
> 瘢。」[83]
>
> 「可憐好丈夫，身體極稜稜，春秋未三十，才藝百般
> 能。金羈逐俠客，玉饌集良朋，唯有一般惡，不傳無盡
> 燈。」[84]
>
> 「箇是何措大，時來省南院，[85]年可三十餘，曾經四五
> 選，囊裏無青蚨，篋中有黃卷，行到食店前，不敢暫回
> 面。」[86]
>
> 「雍容美少年，博覽諸經史，盡號曰先生，皆稱為學
> 士，未能得官職，不解秉耒耜，冬披破布衫。蓋是書誤

---

[81] 平陵位於今之陝西省咸陽市秦都區平陵鄉大王村，陵區總面積13.6平方公里，分陵園、陵邑及陪葬墓區三部分。陵園平面為方形，邊長370米。陵墓底邊長160米，頂部邊長49米，高29米；為二層台，東西台寬4米，南北台寬3米。

[82] 唐時之科舉選官，需考量：「以三銓之法官天下之材，以『身、言、書、判』、德行、才用、勞效較其優劣而定其留放，為之注擬。」參見：《新唐書 志第三十六 百官一》第11冊，p.320（按：二十四史：頁1186）。雖是書判優選，主考官可以『身』言不佳篩汰掉，此易造成賄賂弊端。

[83] 《寒山子詩集》：「書判全非弱，嫌身不得官，銓曹被拗折，洗垢覓瘡瘢。必也關天保，今年更試看。盲兒射雀日，偶中亦非難。」（CBETA 2019.Q2, J20, no. B103, p. 659a6-8）

[84] 《寒山子詩集》：「可憐好丈夫，身體極稜稜，春秋未三十，才藝百般能。金羈逐俠客，玉饌集良朋，唯有一般惡，不傳無盡燈。」（CBETA 2019.Q2, J20, no. B103, p. 657c12-14）

[85] 即科考放榜之處。《唐會要》卷七十四：「開元二十八年八月，以考功貢院地，置吏部南院，以懸選人文書，或謂之選院。其選院本銓之內，至是移出之東都，至二十一年七月以太常園置之。」

[86] 《寒山子詩集》：「箇是何措大，時來省南院，年可三十餘，曾經四五選，囊裏無青蚨，篋中有黃卷，行到食店前，不敢暫回面。」（CBETA 2020.Q1, J20, no. B103, p. 660b3-5）

已。」[87]

「少小帶經鋤，本將兄共居，緣遭他筆責，剩被自妻疏。拋絕紅塵境，常遊好閱書。」[88]

「去家一萬里，提劍擊匈奴。」[89]

「少年學書劍，叱馭到京州，聞伐匈奴盡，婆婆無處遊，歸來翠巖下，席草枕清流，壯士志朱紱，獼猴騎土牛。」[90]

「一為書劍客，三遇聖明君。東守文不賞，西征武不勳，學文兼學武，學武兼學文。今日既老矣，餘生不足云。」[91]

　　貫串起這幾首詩偈，我們可以浮現出一個躊躇滿志，「博覽諸經史」，充滿自信的文武兼修之青年，然而歷經四五次的落榜，在殘酷的現實中，「雖書判全非弱」，滿腹經綸，但因身材不夠偉武（閭丘胤言其「形貌枯悴」），或因不會奉承、交際主

---

[87] 《寒山子詩集》：「雍容美少年，博覽諸經史，盡號曰先生，皆稱為學士，未能得官職，不解秉耒耜，冬披破布衫。蓋是書誤已。」（CBETA 2019.Q2, J20, no. B103, p. 659b3-5）

[88] 《寒山子詩集》：「少小帶經鋤，本將兄共居，緣遭他筆責，剩被自妻疏。拋絕紅塵境，常遊好閱書，誰惜一斗水，活取轍中魚。」（CBETA 2019.Q2, J20, no. B103, p. 656b6-8）

[89] 《寒山子詩集》：「去家一萬里，提劍擊匈奴，得利渠即死，失利汝即殂。渠命既不惜，汝命有何辜？教汝百勝術，不貪為上誤。」（CBETA 2019.Q2, J20, no. B103, p. 658b18-20）

[90] 《寒山子詩集》：「少年學書劍，叱馭到京州，聞伐匈奴盡，婆婆無處遊，歸來翠巖下，席草枕清流，壯士志朱紱，獼猴騎土牛。」（CBETA 2019.Q2, J20, no. B103, p. 669a4-6）

[91] 《寒山子詩集》：「一為書劍客，三遇聖明君。東守文不賞，西征武不勳，學文兼學武，學武兼學文。今日既老矣，餘生不足云。」（CBETA 2019.Q2, J20, no. B103, p. 656c21-23）]

考官，被嫌「身」，而不得官。居家因長年讀經書，「不解秉耒耜」，不事生產，又年已屆「而立」，因屢試不第，「未能得官職」，有如戰國時之蘇秦「歸至家，妻不下紝，嫂不為炊，父母不與言。」[92]一般，被兄長、親輩譴責，「被自妻疏」、連自家之妻子也嫌棄，「囊裏無青蚨」、「冬披破布衫」，在家鄉無以為生，文既不就，只好提劍從軍去，北上發匈奴，[93]又不成。只好拋絕紅塵，棄家遠行他鄉，南遊至浙江天臺唐興縣。

　　　「三月蠶猶小，女人來採花，隔墻弄蝴蝶，臨水擲蝦蟆。羅袖盛梅子，金鎞挑筍芽，鬥論爭物色，此地是予家。」[94]

　　　「家住綠巖下，庭蕪更不芟。新藤垂繚繞，古石豎巉巖。山果獼猴摘，池魚白鷺啣。倦書一兩卷，樹下讀喃喃。」[95]

　　　「茅棟野人居，門前車馬疏。林幽偏聚鳥，谿闊本藏魚。山果攜兒摘，皋田共婦鋤。山中何所有？唯有一床書。」[96]

---

[92] 參見：《戰國策》《秦策》〈蘇秦始將連橫〉，p.75。

[93] 實際上應為吐蕃（藏族人）。

[94] 《寒山子詩集》：「三月蠶猶小，女人來採花，隔墻弄蝴蝶，臨水擲蝦蟆。羅袖盛梅子，金鎞挑筍芽，鬥論爭物色，此地是予家。」（CBETA 2019.Q2, J20, no. B103, p. 655c18-20）

[95] 《寒山子詩集》：「家住綠巖下，庭蕪更不芟。新藤垂繚繞，古石豎巉巖。山果獼猴摘，池魚白鷺啣。倦書一兩卷，樹下讀喃喃。」（CBETA 2019.Q2, J20, no. B103, p. 655c6-8）

[96] 《寒山子詩集》：「茅棟野人居，門前車馬疏。林幽偏聚鳥，谿闊本藏魚。山果攜兒摘，皋田共婦鋤。山中何所有？唯有一床書。」（CBETA 2019.Q2, J20, no. B103, p. 655c12-14）

一路南行，行過萬里，不知走了多少春夏，終於找到了暫時之棲身處——天臺山腳下唐興縣之村落，深峻巖綠、山青水秀，正是好居處。落了腳，拋開了經史、科考功名，再度娶妻生子，躬耕於山村，「山果攜兒摘，臯田共婦鋤。」閒時「儻書一兩卷，樹下讀喃喃。」然而，終究是有了家累，「山中何所有？唯有一床書。」日子如何過？只好「丈夫莫守困，無錢須經紀，養得一牸牛，生得五犢子。犢子又生兒，積數無窮已，寄語陶朱公，富與君相似。」[97]為柴米油鹽折腰。

可是這種日子，並非寒山子所希冀的，過了一段時日。心中覺得

> 「人生不滿百，常懷千載憂，自身病始可，又為子孫愁。下視禾根土，上看桑樹頭，秤槌落東海，到底始知休。」[98]
>
> 「我在村中住，眾推無比方，昨日到城下，仍被狗形相。或嫌褲太窄，或說衫少長，撐卻鷂子眼，雀兒舞堂堂。」[99]
>
> 「我見一癡漢，仍居三兩婦，養得八九兒，總是隨宜手。丁戶是新差，資財非舊有，黃蘗作驢鞦，始知苦在

---

[97] 《寒山子詩集》：「丈夫莫守困，無錢須經紀，養得一牸牛，生得五犢子。犢子又生兒，積數無窮已，寄語陶朱公，富與君相似。」（CBETA 2019.Q2, J20, no. B103, p. 660c12-14）

[98] 《寒山子詩集》：「人生不滿百，常懷千載憂，自身病始可，又為子孫愁。下視禾根土，上看桑樹頭，秤槌落東海，到底始知休。」（CBETA 2019.Q2, J20, no. B103, p. 659b12-14）

[99] 《寒山子詩集》：「我在村中住，眾推無比方，昨日到城下，仍被狗形相。或嫌褲太窄，或說衫少長，撐卻鷂子眼，雀兒舞堂堂。」（CBETA 2019.Q2, J20, no. B103, p. 663b15-17）

後。」¹⁰⁰

終於再度放下紅塵，上了天臺山。讀黃老、修道、鍊藥、求僊。

> 「我聞天台山，山中有琪樹，永言欲攀上，莫繞石橋路。緣此生悲嘆，幸居將已暮，今日觀鏡中，颯颯鬢垂素。」¹⁰¹
>
> 「欲得安身處，寒山可長保，微風吹幽松，近聽聲愈好。下有斑白人，喃喃讀黃老，十年歸不得，忘卻來時道。」¹⁰²
>
> 「手筆太縱橫，身材極魁偉，生為有限身，死作無名鬼。自古多如此，君今爭奈何？可來白雲裏，教你紫芝歌。」¹⁰³
>
> 「鍊藥空求僊，讀書兼詠史，今日歸寒山，枕流兼洗耳。」¹⁰⁴

---

¹⁰⁰ 《寒山子詩集》：「我見一癡漢，仍居三兩婦，養得八九兒，總是隨宜手。丁戶是新差，資財非舊有，黃蘗作驢鞦，始知苦在後。」（CBETA 2019.Q2, J20, no. B103, p. 664a9-11）

¹⁰¹ 《寒山子詩集》：「我聞天台山，山中有琪樹，永言欲攀上，莫繞石橋路。緣此生悲嘆，幸居將已暮，今日觀鏡中，颯颯鬢垂素。」（CBETA 2019.Q2, J20, no. B103, p. 659c21-23）

¹⁰² 《寒山子詩集》：「欲得安身處，寒山可長保，微風吹幽松，近聽聲愈好。下有斑白人，喃喃讀黃老，十年歸不得，忘卻來時道。」（CBETA 2019.Q2, J20, no. B103, p. 654b6-8）

¹⁰³ 《寒山子詩集》：「手筆太縱橫，身材極魁偉，生為有限身，死作無名鬼。自古多如此，君今爭奈何？可來白雲裏，教你紫芝歌。」（CBETA 2019.Q2, J20, no. B103, p. 657a15-17）

¹⁰⁴ 《寒山子詩集》：「出生三十年，常遊千萬里，行江青草合，入塞紅塵起。鍊藥空求僊，讀書兼詠史，今日歸寒山，枕流兼洗耳。」（CBETA 2019.Q2, J20, no. B103, p. 654c12-14）

然而，

> 「人生在塵蒙，恰如盆中蟲，終日行遶遶，不離其盆
> 中。神仙不可比，煩惱計無窮，歲月如流水，須臾作老
> 翁。」[105]
> 「常聞漢武帝，爰及秦始皇，俱好神僊術，延年竟不
> 長。金臺既摧折，沙石遂滅亡。茂陵與驪嶽，今日草茫
> 茫。」[106]
> 「昨到雲霞觀，忽見僊尊士，星冠月帔橫，盡云居山
> 水。余問神僊術，云道若為比？謂言靈無上，妙藥心神
> 祕，守死待鶴來，皆道乘魚去。余乃返窮之，推尋勿道
> 理，但看箭射空，須臾還墜地。饒你得僊人，恰似守屍
> 鬼。心月自精明，萬象何能比？欲知僊丹術，身內元神
> 是。莫學黃巾公，握愚自守擬。」[107]

求僊、鍊藥，但「歲月如流水，須臾作老翁。」終於知道神僊
術，不可學，如「箭射空，須臾還墜地」。此道非究竟。又放下

---

[105] 《寒山子詩集》：「人生在塵蒙，恰如盆中蟲，終日行遶遶，不離其盆中。神仙不可比，煩惱計無窮，歲月如流水，須臾作老翁。」（CBETA 2019.Q2, J20, no. B103, p. 664a24-b2）

[106] 《寒山子詩集》：「常聞漢武帝，爰及秦始皇，俱好神僊術，延年竟不長。金臺既摧折，沙石遂滅亡。茂陵與驪嶽，今日草茫茫。」（CBETA 2019.Q2, J20, no. B103, p. 655a9-11）

[107] 《寒山子詩集》：「昨到雲霞觀，忽見僊尊士，星冠月帔橫，盡云居山水。余問神僊術，云道若為比？謂言靈無上，妙藥心神秘，守死待鶴來，皆道乘魚去。余乃返窮之，推尋勿道理，但看箭射空，須臾還墜地。饒你得僊人，恰似守屍鬼。心月自精明，萬象何能比？欲知僊丹術，身內元神是。莫學黃巾公，握愚自守擬。」（CBETA 2019.Q2, J20, no. B103, pp. 665c22-666a4）

藥鋤、黃老經，去了國清寺出家學佛。[108]

> 「自從出家後，漸得養生趣，伸縮四肢全，勤聽六根
> 具，褐衣隨春秋，糲飯供朝暮，今日懇懇修，願與佛相
> 遇。」[109]

　　在國清寺，被安排在大寮廚下燒火，與庫院洗滌食器之拾得
相善，[110]又得親近豐干禪師，與之鬥機鋒、切磋禪理。[111]由於寒
山子飽讀書詩，又曾修習黃老術，且歷盡風霜、行過萬里路，習

---

[108] 自來史家、學者多因循著閭丘胤之〈寒山子詩集序〉中云：「貧人風狂之
士」、「狀如貧子、形貌枯悴」且僧傳中無彼之出家、師承之記載，而認
為寒山「非僧」，然細觀其詩中云其「出家」、「褐衣」、「懇懇修，願
與佛相遇」；且有多首詩勸人戒食葷腥、魚肉，如：「寄語食肉漢，食時
無逗遛。今生過去種，未來今日修。只取今日美，不畏來生憂。老鼠入
飯瓮，雖飽難出頭。」（CBETA 2019.Q2, J20, no. B103, p. 663b12-14）、
「嗔嗔買魚肉，擔歸餧妻子，何須殺他命，將來活汝己。此非天堂緣，
純是地獄滓，徐六語破堆，始知沒道理。」（CBETA 2019.Q2, J20, no.
B103, p. 663b24-c2）、「城北仲翁翁，渠家多酒肉，仲翁婦死時，弔客滿
堂屋。仲翁自身亡，能無一人哭，喫他盂臠者，何太冷心腹。」（CBETA
2019.Q2, J20, no. B103, p. 663c6-8）等詩句。更有諷勸出家人守戒之詩：
「我見出家人，不習出家學，欲知真出家，心淨無繩索。澄澄絕玄妙，
如如無倚託，三界任縱橫，四生不可泊。無為無事人，逍遙實快樂。」
（CBETA 2019.Q2, J20, no. B103, p. 664c20-22）、「我見出家人，總愛
喫酒肉，此合上天堂，卻沉歸地獄。念得兩卷經，欺他市廛俗，豈知廛
俗人，大有根性熟？」（CBETA 2019.Q2, J20, no. B103, p. 669a13-15）等
詩。觀寒山之詩更多是通曉佛理、詩偈亦多深具禪境。另綜此，筆者認為
寒山為一禪師無疑。

[109] 《寒山子詩集》：「自從出家後，漸得養生趣，伸縮四肢全，勤聽六根
具，褐衣隨春秋，糲飯供朝暮，今日懇懇修，願與佛相遇。」（CBETA
2019.Q2, J20, no. B103, p. 661c21-23）

[110] 參見：《寒山子詩集》閭丘胤之〈寒山子詩集序〉：「寒山...拾得...在國
清寺庫院，走使廚中著火。」（CBETA 2019.Q2, J20, no. B103, p. 653b2）

[111] 有論者認為豐干禪師為其師，然史料中並無證據可據。

禪很快地就開悟了，沒多久他就獨自上了天臺山深處之寒巖，在巖穴中獨居、巖修、保任。

> 「重巖我卜居，鳥道絕人跡。庭際何所有？白雲抱幽石。住茲凡幾年，屢見春冬易。寄語鐘鼎家，虛名定何益？」[112]
> 「一住寒山萬事休，更無雜念掛心頭，閒於石壁題詩句，任運還同不繫舟。」[113]
> 「慣居幽隱處，乍向國清中，時訪豐干老，仍來看拾公。」[114]

興來吟詩作偈，題於巖壁，時而往返國清寺，訪豐干、看拾得。間而寄語開示世間凡愚人：

> 「寄語諸仁者，復以何為懷？達道見自性，自性即如來，天真元具足，修證轉差迴，棄本卻逐末，只守一場獃。」[115]
> 「我見凡愚人，多畜資財穀，飲酒食生命，謂言我富

---

[112] 《寒山子詩集》：「重巖我卜居，鳥道絕人跡。庭際何所有？白雲抱幽石。住茲凡幾年，屢見春冬易。寄語鐘鼎家，虛名定何益？」（CBETA 2019.Q2, J20, no. B103, p. 654b3-5）

[113] 《寒山子詩集》：「一住寒山萬事休，更無雜念掛心頭，閒於石壁題詩句，任運還同不繫舟。」（CBETA 2019.Q2, J20, no. B103, p. 667b1-2）

[114] 《寒山子詩集》：「慣居幽隱處，乍向國清中，時訪豐干老，仍來看拾公。獨回上寒巖，無人話合同。尋究無源水，源窮水不窮。」（CBETA 2019.Q2, J20, no. B103, p. 657b12-14）

[115] 《寒山子詩集》：「寄語諸仁者，復以何為懷？達道見自性，自性即如來，天真元具足，修證轉差迴，棄本卻逐末，只守一場獃。」（CBETA 2019.Q2, J20, no. B103, p. 664a21-23）

足。莫知地獄深……寄語兀兀人，叮嚀再三讀。」[116]

「重巖我卜居，鳥道絕人跡。庭際何所有？白雲抱幽石。住茲凡幾年，屢見春冬易。寄語鐘鼎家，虛名定何益？」[117]

時而見景示悟境：

「吾心似秋月，碧潭清皎潔，無物堪比倫，教我如何說？」

「碧澗泉水清，寒山月華白，默知神自明，觀空境逾寂。」[118]

「巖前獨靜坐，圓月當天耀，萬象影現中，一輪本無照。廓然神自清，含虛洞玄妙，因指見其月，月是心樞要。」[119]

山中無曆日，寒盡不知年。日月如梭，不覺悠悠數十年已過，不覺老已至，壽長百餘年，最後終老於寒山。

---

[116] 《寒山子詩集》：「我見凡愚人，多畜資財穀，飲酒食生命，謂言我富足。莫知地獄深，唯求上天福，罪業如毗富，豈得免災毒？財主忽然死，爭共當頭哭，供僧讀疏文，空是鬼神祿。福田一箇無，虛設一群禿，不如早覺悟，莫作黑暗獄。狂風不動樹，心真無罪福。寄語兀兀人，叮嚀再三讀。」（CBETA 2019.Q2, J20, no. B103, p. 665c4-9）

[117] 《寒山子詩集》：「重巖我卜居，鳥道絕人跡。庭際何所有？白雲抱幽石。住茲凡幾年，屢見春冬易。寄語鐘鼎家，虛名定何益？」（CBETA 2019.Q2, J20, no. B103, p. 654b3-5）

[118] 《寒山子詩集》：「碧澗泉水清，寒山月華白，默知神自明，觀空境逾寂。」（CBETA 2019.Q2, J20, no. B103, p. 664b11-12）

[119] 《寒山子詩集》：「巖前獨靜坐，圓月當天耀，萬象影現中，一輪本無照。廓然神自清，含虛洞玄妙，因指見其月，月是心樞要。」（CBETA 2019.Q2, J20, no. B103, p. 654b12-14）

「十年歸不得，忘卻來時道。」[120]

「憶得二十年，徐步國清歸，國清寺中人，盡道寒山癡。癡人何用疑，疑不解尋思。我尚自不識，是伊爭得知？低頭不用問，問得復何為？有人來罵我，分明了了知。雖然不應對，卻是得便宜。」[121]

「一向寒山坐，淹留三十年，昨來訪親友，太半入黃泉。漸減如殘燭，長流似逝川。今朝對孤影，不學淚雙懸。」[122]

「何以長惆悵？人生似朝菌，那堪數十年，新舊凋零盡。以此思自哀，哀情不可忍，奈何當奈何，脫體歸山隱。」[123]

「昔日經行處，今復七十年，故人無往來，埋在古塚間。余今頭已白，猶守片雲山，為報後來者，何不讀古言？

去年春鳥鳴，此時思弟兄，今年秋菊爛，此時思發生。綠水千腸咽，黃雲四面平，哀哉百年內，腸斷憶咸

---

[120] 《寒山子詩集》：「欲得安身處，寒山可長保，微風吹幽松，近聽聲愈好。下有斑白人，喃喃讀黃老，十年歸不得，忘卻來時道。」（CBETA 2019.Q2, J20, no. B103, p. 654b6-8）

[121] 《寒山子詩集》：「憶得二十年，徐步國清歸，國清寺中人，盡道寒山癡。癡人何用疑，疑不解尋思。我尚自不識，是伊爭得知？低頭不用問，問得復何為？有人來罵我，分明了了知。雖然不應對，卻是得便宜。」（CBETA 2019.Q2, J20, no. B103, p. 665a2-6）

[122] 《寒山子詩集》：「一向寒山坐，淹留三十年，昨來訪親友，太半入黃泉。漸減如殘燭，長流似逝川。今朝對孤影，不學淚雙懸。」（CBETA 2019.Q2, J20, no. B103, p. 657c3-5）

[123] 《寒山子詩集》：「何以長惆悵？人生似朝菌，那堪數十年，新舊凋零盡。以此思自哀，哀情不可忍，奈何當奈何，脫體歸山隱。」（CBETA 2019.Q2, J20, no. B103, p. 660a6-8）

京。」[124]

　　「老病殘年百有餘，面黃頭白好山居，布裘擁質隨緣
過，豈羨人間巧樣模？」

　　至於拾得其人雖也「不知其名氏？」、「不知何許人也？」，
然而相對於寒山子，拾得之身世來歷，卻是十分清楚的，他與寒
山同時代之人，年紀較寒山子略小一、二十歲，他是天臺山區村
民之棄兒，童蒙之時被棄於國清寺旁之林中，寺中之禪師豐干，
於林中經行時，拾得而帶回寺中安置，[125]他也因而被稱為拾得，
先是被安置在大殿幫忙香燈作務，後因登座與殿中尊像「對盤而
餐」，[126]被罰調至廚下洗滌餐器，[127]在廚下工作時與燒火之寒山
子知遇、相善，後來寒山子離寺入寒巖後，他仍留在寺中，但常
將食堂中之剩菜飯，裝在竹筒中，等寒山子下山來寺時取回食
用。[128]住寺中時，多次示現靈蹟（將分述於下文中），時而與寒
山子鬥機鋒、禪機，偶也吟詩作偈，題於殿旁土地堂壁上，[129]最

---

[124] 《寒山子詩集》：「去年春鳥鳴，此時思弟兄，今年秋菊爛，此時思發
生。綠水千腸咽，黃雲四面平，哀哉百年內，腸斷憶咸京。」（CBETA
2019.Q2, J20, no. B103, p. 656c6-8）

[125] 《宋高僧傳》卷19：「拾得者。封干禪師先是偶山行至赤城道側。仍聞兒
啼遂尋之見一子可數歲已來。初謂牧牛之豎。委問端倪云。無舍孤棄于
此。封干攜至國清寺付與典座僧。或人來認必可還之。」（CBETA 2019.
Q2, T50, no. 2061, p. 832a5-9）

[126] 《宋高僧傳》卷19：「登座與像對槃而飡。復呼憍陳如曰小果聲聞。傍若
無人執筯大笑。」（CBETA 2019.Q2, T50, no. 2061, p. 832a10-12）

[127] 《宋高僧傳》卷19：「罷其堂任。且令廚內滌器。」（CBETA 2019.Q2,
T50, no. 2061, p. 832a12-13）

[128] 《寒山子詩集》閭丘胤〈寒山子詩集序〉：「拾得知食堂，尋常收貯餘殘
菜滓於竹筒內，寒山若來，即負而去。」（CBETA 2019.Q2, J20, no. B103,
p. 653a7-8）

[129] 《寒山子詩集》閭丘胤〈寒山子詩集序〉：「拾得於土地堂壁上書言偈」

終與寒山子二人把手出寺，出走寒巖，不知所終。[130]消失在山巖石壁中。

　　於此，附談一下，豐干禪師其人，亦「未窮根裔」，[131]為天臺山國清寺之寺僧，剪髮齊眉、布裘擁質。身材高大，七尺餘。於廚下舂穀作務，無多言語。[132]曾經騎虎直入松門。[133]卒後，於先天年中在出現在京都行化、與人治病。行事瘋癲，然能預言後事。並洩漏天機告知天臺州官閭丘胤：寒山、拾得為文殊、普賢之化現，而寒拾則稱「豐干饒舌」、豐干為彌陀示現。贊寧（919～1001）在《宋高僧傳》中豐干作封干，並質疑其是否為同一人。[134]

（CBETA 2019.Q2, J20, no. B103, p. 653c4）

《宋高僧傳》卷19：「於寺土地神廟壁。見拾得偈詞。」（CBETA 2019.Q2, T50, no. 2061, p. 832a27-28）

[130] 《寒山子詩集》，閭丘胤〈寒山子詩集序〉：「時二人乃把手走出寺，乃令逐之，急走而去，即歸寒巖。胤乃重問僧曰：此二人肯止此寺否？乃令覓訪，喚歸寺安置。胤乃歸郡，遂置淨衣二對香藥等，持送供養。時二人更不返寺，使乃就巖送上而見寒山子，乃高聲喝曰：賊！賊！退入巖穴。乃云：報汝諸人，各各努力入穴，而云其穴自合，莫可追之。其拾得跡沈無所。」（CBETA 2019.Q2, J20, no. B103, p. 653b18-c1）

[131] 參見：《四部叢刊宋本》《寒山子詩集》：「道者豐干，未窮根裔，古老見之，居於天台山國清。剪髮齊眉，毳裘擁質，錙素問鞠，乃云隨時。貌悴昂藏，恢端七尺。唯攻舂米供僧，夜則扃房，吟詠自樂。郡縣諳知，咸謂風僧。或發一言，異於常流。忽爾一日，騎虎松徑，來入國清，尋廊唱道，眾皆驚訝，怕懼惶然，並欽其德。昔京肇與胤救疾，到任丹丘，跡無追訪。賢人隱遁，示化東甌。」

[132] 《宋高僧傳》卷19：「釋封干師者。本居天台山國清寺也。剪髮齊眉布裘擁質。身量可七尺餘。人或借問。止對曰隨時二字而已更無他語。樂獨舂穀。役同城旦。應副齋炊。」（CBETA 2019.Q2, T50, no. 2061, p. 831b3-6）

[133] 從天臺縣北之赤城山往國清寺，路旁遍植松樹，此寺門俗稱松門。

[134] 《宋高僧傳》卷19：「封豐二字出沒不同。韋述吏官作封疆之封。閭丘序三賢作豐稔之豐。未知孰是。」（CBETA 2019.Q2, T50, no. 2061, p. 831c6-

　　自國清寺方丈志南重校刊刻《寒山子詩》並把拾得及豐干之詩附刊於寒山詩之後，並作〈天臺山國清禪寺三隱集記〉，[135]世人遂把寒山拾得豐干合稱為「天臺三隱」，之後伴隨著寒山拾得之應化事蹟愈傳愈多，後世人視為散聖之化現，遂以「天台三聖」[136]稱之。

二、寒巖其地

　　至於寒山子所居之天臺山寒巖洞在哪？《太平廣記》中云：「寒山子者，不知其名氏。大曆中，隱居天台翠屏山。其山深邃，當暑有雪，亦名寒岩，因自號寒山子。」、閭丘胤之〈寒山子詩集序〉中云：「天臺唐興縣西七十里，號為寒巖。」、《宋高僧傳》云：「（寒山子）隱天台始豐縣西七十里，號為寒暗二巖。每於寒巖幽窟中居之，以為定止。」[137]考之，天臺縣原為漢之章安縣地，三國吳析置始平縣。晉太康初，改為始豐縣，屬臨海郡。宋、齊因之。隋省縣入臨海，唐武德四年，復置始豐縣。八年廢。貞觀八年，復置，屬臺州。上元二年，改曰唐興縣。

8）
[135] 志南重新校勘之《天臺山國清禪寺三隱集》刊刻於1189年。
[136] 「天台三聖」之稱首見於南宋末年希叟紹曇（生卒年不詳，無準師範1178～1249之法嗣，卒於1279之前）為〈寒山拾得豐干圖〉題贊：「滿地埃塵弗掃除。無端商校潑文書。灼然主丈能行令。不到豐干放過渠。」，此圖贊在《希叟紹曇禪師廣錄》卷7中登錄為：〈天台三聖圖〉並註記：（寒山兩手執卷。拾得一手握帚。一手指點。相顧作商量勢。豐干倚杖。立其傍）。參見：《希叟紹曇禪師廣錄》卷7：〈天台三聖圖〉（CBETA 2019.Q2, X70, no. 1390, p. 479a11-14 // Z 2:27, p. 162a1-4 // R122, p. 323a1-4）
[137] 《宋高僧傳》卷19：「隱天台始豐縣西七十里。號為寒暗二巖。每於寒巖幽窟中居之。以為定止。」（CBETA 2019.Q2, T50, no. 2061, p. 831c10-12）

...吳越改曰天臺...宋復曰天臺縣。[138]為今之浙江省臺州市轄下之天臺縣。[139]

天臺地處東南丘陵，[140]其處多山陵、石巖、岩穴，屬溫帶地域（緯度介於北緯28～29之間），四季分明，春、夏樹木扶蘇，秋冬有雪。據閭丘胤云「天臺唐興縣西七十里，號為寒巖。」、諸僧傳、登錄俱言寒山子隱居寒巖，然實際上考之，當處有明、寒二巖矗立，寒山子所居不知是明巖或寒巖，眾說紛紜，莫可考之。

據《徐霞客遊記》中記載：

「寒、明兩岩道，由（國清）寺向西門覓騎...五十里

---

[138] 參見：《讀史方輿紀要》卷九十二　浙江四：「天臺縣府西北九十里。東北至寧海縣百十里，北至紹興府新昌縣百二十里，西至金華府東陽縣三百五十里。漢章安縣地。三國吳析置始平縣。晉太康初，改為始豐縣，屬臨海郡。宋、齊因之。隋省縣入臨海，唐武德四年，復置始豐縣。八年廢。貞觀八年，復置，屬臺州。上元二年，改曰唐興縣。咸通初，王式討裘甫於寧海，分軍屯唐興，斷其南出之路，是也。五代梁開平中，吳越改曰天臺。石晉時，改曰臺興。宋復曰天臺縣。舊有城，相傳三國吳永安中築，後廢。宋宣和三年重修。明嘉靖三十二年，改築，周五里有奇。編戶四十二里。」p.612（《讀史方輿紀要》卷九十二，p.19）。

[139] 位於浙江省中東部，東連三門縣、寧波市寧海縣，南鄰臨海市、仙居縣，西接金華市磐安縣，北界紹興市新昌縣。

[140] 東南丘陵，是中國三大丘陵之首，世界主要地形之一，指中國東南部一帶的丘陵，是北至長江，南至兩廣（指廣東、廣西），東至東海，西至雲貴高原的大片低山和丘陵（即雪峰山以東）的總稱，東南丘陵也是中國地形地貌中，分布最廣最密集、土地面積最大的丘陵東南丘陵包含（江南丘陵、江淮丘陵、浙閩丘陵、兩廣丘陵等），福建省、江西省、浙江省、湖南省、廣東省、廣西壯族自治區、安徽省、湖北省、江蘇省的全部地區或部分地區均為丘陵地形地貌。東南丘陵海拔高度多在200米至500米之間，其中部分主要的山峰超過1500米。。
https://www.itsfun.com.tw/%E6%9D%B1%E5%8D%97%E4%B8%98%E9%99%B5/wiki-6143056華人百科 20190929典擊。

至步頭…二里，入山，峰索水映，木秀石奇，意甚樂之。一溪從東陽來，勢甚急，大若曹娥。四顧無筏，負奴背而涉。深過於膝，移渡一澗，幾一時。三里，至明巖。明巖為寒山、拾得隱身地，兩山回曲…四週峭壁如城…洞深數丈，廣容數百人。洞外，左有兩巖，皆在半壁；右有石筍突聳，上齊石壁，相去一線，青松紫蕊，翁蓯於上，恰與左巖相對，可稱奇絕。」[141]

及據《天台山方外志》云：

「明巖山，在縣西七十里三十三都。舊名闇巖。巖之前峭壁屹立，勢摩窮蒼，亦號幽石。其下竅穴透邐，日光穿漏…巖西有泉，蔽崖而下…至重巖，磐石品列，即三隱嘯詠之地…寒山子詩所謂『重巖我卜居，鳥道絕人蹟』是也。」[142]

---

[141] 《徐霞客遊記》〈遊天台山日記〉：「有雨色，不顧，取寒、明兩岩道，由寺向西門覓騎。騎至，雨亦至。五十里至步頭，雨止，騎去。二里，入山，峰索水映，木秀石奇，意甚樂之。一溪從東陽來，勢甚急，大若曹娥。四顧無筏，負奴背而涉。深過於膝，移渡一澗，幾一時。三里，至明岩。明岩為寒山、拾得隱身地，兩山回曲，《志》所謂八寸關也。入關，則四週峭壁如城。最後，洞深數丈，廣容數百人。洞外，左有兩岩，皆在半壁；右有石筍突聳，上齊石壁，相去一線，青松紫蕊，翁蓯於上，恰與左岩相對，可稱奇絕。出八寸關，復上一岩，亦左向。來時仰望如一隙，及登其上，明敞容數百人。岩中一井，曰仙人井，淺而不可竭。岩外一特石，高數丈，上岐立如兩人，僧指為寒山、拾得云。入寺。飯後雲陰潰散，新月在天，人在回岩頂上，對之清光溢壁。」p.3。

[142] 〔明〕萬曆釋無盡傳燈（1554～1628）著，《天台山方外志》卷2：「明巖山
在縣西七十里三十三都。舊名闇巖。巖之前峭壁屹立，勢摩窮蒼，亦號幽石。其下竅穴透邐，日光穿漏，中有僧全宰棲真洞。轉北數步，惟石森

又云：

> 「寒巖山，在縣西南七十里三十六都。前有盤石…四
> 山環峙如郛郭，上矗雲漢，其下嵌空，置佛屋不用瓦覆。
> 洞左有小甎塔，是寒山子蟬蛻處。」[143]

> 「寒、明二巖。二巖洞一山，以脊相背而倚。明巖道
> 不容軌，兩石峙如門夾之…崖上飛泉百丈，以鐵索斜接
> 之。又北行轉五里餘，始至寒巖…寒巖石壁，高百丈如
> 屏，洞敞容數百人，夏至不見日影。一石方正，則寒山子
> 宴坐處也。」[144]

然。上有兩峯倒側，號合掌。巖西有泉，蔽崖而下，渙若垂箔。寺僧亦用
竹引之，從高下墜，號曰「水索」。由寺北捫蘿而下，至重巖，磐石品
列，即三隱嘯詠之地。常有光如月，號「石月」。寺東有響巖，擊之聲鏗
然。寒山子詩所謂「重巖我卜居，鳥道絕人蹟」是也。」（CBETA 2019.
Q2, GA088, no. 89, pp. 110a9-111a4）

[143] 《天台山方外志》卷2：「寒巖山
在縣西南七十里三十六都。前有盤石，曰「宴坐」。峰上有石室，舊名
「撫石洞」，後米公芾題曰「潛真」。四山環峙如郛郭，上矗雲漢，其下
嵌空，置佛屋不用瓦覆。洞左有小甎塔，是寒山子蟬蛻處。山滅後數日，
有梵僧持錫杖於此尋覓，或問其故，對曰：「吾拾文殊舍利也。」故後人
於此而建塔焉。由宴坐西有石梁，可數尺，架兩崖間，險峻不可陟。南有
泉如屋霤，寺僧麼竹引之。前距山腹一里，有道人洞；轉西二里，亂石
灑流巖竇間，散若虬鬐，因號龍鬚洞，台山絕勝處也。《臨海記》云：石
室前有立石，差五色，遠望如綬帶，舊傳為綬帶山。產石髓石脂，絕杪
有僊石棺。」（CBETA 2019.Q2, GA088, no. 89, p. 110a2-9）

[144] 《天台山方外志》卷22，王士性，〈入天台山志〉：「…由桐柏入。蓋余
家台城，由間道龜溪可步南山。乃引一僮，自跨一寋驢，信宿翠屏。西下
數十里，至寒、明二巖。二巖洞一山，以脊相背而倚。明巖道不容軌，兩
石峙如門夾之。巖竇嵌空，飛閣重樑，半在巖間。不復覆以茆瓦，即石成
簷，如赤城也。洞口有帽影馬跡，俗稱為閭丘太守徵遺像。徵謁寒山、拾
得于國清。竈中追及之，二僊拍掌笑，入巖去。巖闔，閭丘蛻焉。崖上飛
泉百丈，以鐵索斜接之。又北行轉五里餘，始至寒巖。馬首望巖，真如天

　　由上述四筆史料之記載，實在無法確定寒山子所居之處是明巖或寒巖？本書姑且依寒山詩所云居於寒山、寒巖洞。

　　另《太平廣記》中云：「隱居天臺翠屏山。其山深邃，當暑有雪，亦名寒巖，因自號寒山子。」經查考天臺翠屏山，並非上述之明、寒二巖之寒巖，乃位於「在（宋）天台縣南二十五里，孫綽賦所謂搏壁立之翠屏者是也。」[145]《天台山方外志》亦記載：「翠屏巖，在縣南二十五里二十一都，八峯山上。下有龍湫。《志要》云：山形壁立如屏風然，故名。」[146]由天台縣治，南行二十五里可至翠屏山，再由翠屏山往西數十里，才到達寒、明二巖。[147]

　　由此三條史料之記述，可以推論、引證，本書對寒山子入天臺後之行徑：先寓居在天臺縣治農村，娶妻生子，數年後，棄家南行至翠屏山道觀，修道、求僊、鍊藥，再經數年後，覺修道、求僊不究竟，就至國清寺出家學佛、禪修，被分配在廚下燒火，認識了舂米之豐干與洗滌食器之拾得；由於根性好、悟性高，沒多久就解悟，開悟之後，獨自西行入寒、明巖，巖修保任，「杳杳寒山道，落落冷澗濱，啾啾常有鳥，寂寂更無人。淅淅風吹

上芙蓉十二城，亦仿佛行黃牛峽也。寒巖石壁，高百丈如屏，洞敞容數百人，夏至不見日影。一石方正，則寒山子宴坐處也。」（CBETA 2019.Q2, GA090, no. 89, p. 808a3-9）

[145] 參見：法鼓，《地名規範資料庫》，翠屏山條：「在（宋）天台縣南二十五里，孫綽賦所謂搏壁立之翠屏者是也。」（g089p0121；淵四‧赤城志‧卷二十一：12；天台縣地名志：384）

[146] 《天台山方外志》卷3：「翠屏巖，在縣南二十五里二十一都，八峯山上。下有龍湫。《志要》云：山形壁立如屏風然，故名。遠望山勢，中立如案，兩端略起，似展誥軸，又名展誥。屏後有特山如展誥者。」（CBETA 2019.Q2, GA088, no. 89, p. 121a3-5）

[147] 王士性，〈入天台山志〉：「翠屏，西下數十里，至寒、明二巖。」

面，紛紛雪積身。朝朝不見日，歲歲不知春。」[148]、「寒山子，長如是，獨自居，不生死。」[149]吟詩、作偈怡然過餘生。

三、寒山拾得應化事蹟

　　隨著時間的經過，一個傳說很容易被添枝加葉，附加上很多的傳奇、傳說，甚至還產生出新的事蹟來，像雪球一樣越滾越大，寒山拾得之事蹟就是如此。尤其是中國歷來之僧傳、傳燈錄，多有後書抄錄前書之事，不但未加以考據、證實，甚且更予與添加、潤飾，以訛傳訛、積非成是，一俟年代久遠，已言之鑿鑿，無法加以考究了，寒山拾得之應化事蹟即是如此。本書於此不作真偽、訛是之考證，僅就歷來之僧傳、燈錄之記載之有關寒山拾得應化事蹟、傳奇，以其成書之先後次序先者，略述於下，以資觀察其對後世禪思想的影響。

（一）、詩集原序——閭丘胤〈寒山子詩集序〉[150]（參見附錄四）中之記載：

　　來去自如、生死自在：

　　　　「（寒山）退入巖穴。乃云：『報汝諸人，各各努

---

[148] 《寒山子詩集》：「杳杳寒山道，落落冷澗濱，啾啾常有鳥，寂寂更無人。淅淅風吹面，紛紛雪積身。朝朝不見日，歲歲不知春。」（CBETA 2019.Q2, J20, no. B103, p. 654b21-23）

[149] 《寒山子詩集》：「寒山子，長如是，獨自居，不生死。」（CBETA 2019.Q2, J20, no. B103, p. 667b13）

[150] 雖然現今學者考證出，此序為後人之偽作，然而它到底還是現存最早之史料，且千百年來，有關寒山拾得之傳奇、記載，皆以此為底本，而加以補充、添加、修飾。本書姑且還是稱它為原序。

『力』入穴而云，其穴自合，莫可追之。」

「拾得跡沈無所。」

佛、菩薩化現：

「（豐干）師曰：見之不識，識之不見。若欲見之，不得取相，迺可見之。寒山『文殊』，遯跡國清，拾得『普賢』，狀如貧子，又似風狂，或去或來，在國清寺庫院，走使廚中著火。」

（二）、道教書籍中之記載：

化現出世、教導後生道士：

《太平廣記》五十五卷〈仙傳拾遺〉（參見附錄五）：

「寒山子……十餘年忽不復見。咸通十二年，毘陵道士李褐，性褊急，好凌侮人。忽有貧士詣褐乞食，褐不之與，加以叱責。貧者唯唯而去。數日，有白馬從白衣者六七人詣褐，褐禮接之。因問褐曰：『頗相記乎？』褐視其狀貌，乃前之貧士也，逡巡欲謝之，慚未發言。忽語褐曰：『子修道未知其門，而好凌人侮俗，何道可冀。子頗知有寒山子邪？』答曰：『知。』曰：『即吾是矣。吾始謂汝可教，今不可也。修生之道，除嗜去欲，嗇神抱和，所以無累也；內抑其心，外檢其身，所以無過也；先人後己，知柔守謙，所以安身也；善推於人，不善歸諸身，所以積德也。功不在大，立之無怠，過不在大，去而不貳，所以積功也。然後內行充而外丹至，可以冀道於髣髴耳。子之三毒未剪，以冠簪為飾，可謂虎豹之鞟，而犬豕之質

189

也。』出門乘馬而去，竟不復見。」

按：《太平廣記》是北宋太宗太平興國三年（978）李昉等人奉
敕收集世傳之野史、傳記和以小說家為主的雜著。編著而成之大
型類書，基本上是一部按類編纂的古代小說總集，凡五百卷，共
兩百多萬字。其中雖然多述神鬼、精怪、傳奇，但也含括記載佛
釋之事蹟，例如：卷87～98為異僧、卷99～101為釋證、卷102～
115為報應等等，實不能歸類於道教之書；然因寒山子此條記載，
被列在屬於道教神仙之〈仙傳拾遺〉卷下，故歷來此有關寒山子
之記載，被視為道書之記載。

　導氣、煉丹訣：
《正統道藏》中第114冊。
　洞真部方法類。三卷。《玉清金笥青華秘文金寶內鍊丹訣》
卷中：《玉清金笥青華秘文金寶內鍊丹訣》卷中云：

> 「『寒山子』曰：上有接神窟，橫安治命橋者，此
> 也，氣降至于此，陽氣與精氣盛而上衝，與此氣相接於
> 一，則固圍於鼎器之外，日用之則日增。經營之力，故鄞
> 鄂之成肇，於此也。忽然有一物，超然而出，不內不外，
> 金丹之事，不言可知矣！」[151]

《欽定四庫全書》，《雲笈七籤》卷七十三〈大還心鏡〉：

> 「〈寒山子至訣〉云：但悟鉛真，藥必自神；但記汞

---

[151] 參見：附錄十。

正，藥如自聖。修之合聖，天地同慶；得因師傳，為道
之經。所以古之聖人，不直言之，托之《周易》，寄之五
行，合之符契，真仙之理，莫若大丹之神歟！」[152]

（三）、佛教僧傳、燈錄之記載：

來去自如、生死自在：
《宋高僧傳》卷19：

>「（寒山、拾得）二人連臂笑傲出寺。閭丘復往寒巖
>謁問，并送衣裳藥物。而高聲倡言曰：『賊我！賊退！』
>便身縮入巖石穴縫中。復曰：『報汝諸人各各努力。』其
>石穴縫泯然而合杳無蹤跡。」（CBETA 2019.Q2, T50, no.
>2061, p. 831c23-27）

《景德傳燈錄》卷27：

>「（寒山、拾得）二士高聲喝之曰：『賊賊！』便縮
>身入巖石縫中。」唯曰：『報汝諸人各各努力。』其石縫
>忽然而合。」（CBETA 2019.Q2, T51, no. 2076, p. 433c21-
>23）

預言（發言先覺）：
《祖堂集》[153]卷16：

---

[152] 參見：附錄十一。
[153] 成書於南唐保大十年（952），泉州招慶寺靜、筠兩位禪師編撰。

「潙山和尚嗣百丈，在潭州。師諱靈祐（771～
853），福州長溪縣人也。姓趙。師小乘略覽，大乘精
閱。年二十三，乃一日歎曰：『諸佛至論，雖則妙理淵
深，畢竟終未是吾棲神之地。』於是杖錫天台，禮智者遺
跡，有數僧相隨。至唐興路上，遇一逸士，向前執師手，
大笑而言：『余生有緣，老而益光。逢潭則止，遇潙則
住。』逸士者，便是寒山子也。至國清寺，拾得唯喜重於
師一人，主者呵嘖偏黨，拾得曰：『此是一千五百人善知
識，不同常矣。』自爾尋遊江西，禮百丈。一湊玄席，
更不他遊。」（CBETA 2019.Q2, B25, no. 144, pp. 603b13-
604a8））

《宋高僧傳》[154]卷11〈唐大潙山靈祐傳〉：

「…及入天台遇寒山子於途中。乃謂祐曰。千山萬水
遇潭即止。獲無價寶賑郵諸子祐順途而念。危坐以思。旋
造國清寺遇異人拾得。申繫前意信若合符。遂詣泐潭謁大
智師。頓了祖意。」（CBETA 2019.Q2, T50, no. 2061, p.
777b25-29）

《祖堂集》成書於952、《宋高僧傳》成書於988，所述大致
相同，很顯然後書引錄前書，其餘後成書之燈錄一同此狀況，於
此不多引述。

示現宿命通：

---

[154] 成書於北宋太宗端拱元年（988），贊寧（919～1001）編撰。

《聯燈會要》[155]卷29：

> 「大溈祐禪師。作沙彌時。往國清受戒。寒山預知。
> 同拾得。往松門接。祐纔到。二人從路傍跳出。作大蟲吼
> 三聲。祐無對。山云。自從靈山一別。迄至于今。還記得
> 麼。祐亦無對。拾得拈拄杖云。儞喚這箇。作甚麼。祐又
> 無對。寒山云。休休。不用問他。自別後。已三生作國王
> 來。總忘却了也。」（CBETA 2019.Q2, X79, no. 1557, p.
> 256b24-c5 // Z 2B:9, p. 463c4-9 // R136, p. 926a4-9）

〈天台山國清禪寺三隱集記〉[156]：

> 「溈山來寺受戒。與拾往松門。夾道作虎吼三聲。溈
> 無對。寒曰自從靈山一別。迄至于今。還相記麼。溈亦
> 無對。拾拈拄杖曰。老兄喚這箇作什麼。溈又無對。寒曰
> 休休。不用問他。自從別後。已三生作國王來。總忘卻
> 也。」（CBETA 2019.Q2, B14, no. 87, p. 735a8-12）

　　此條有關溈山靈祐之記載，《宋高僧傳》中之〈唐大溈山靈
祐傳〉無載，顯然是後世增生出來的傳說，刊刻於淳熙十六年
（1189）之《合訂天台三聖二和詩集》釋志南的序文，有可能參
酌成書於淳熙十年（1183）的《聯燈會要》。

---

[155] 成書於南宋淳熙十年（1183），晦翁悟明（生卒年不詳，木菴安永
（1115-1173）禪師之法嗣）編撰。

[156] 《天台山國清禪寺三隱集》，釋志南校勘、刻版並作序：〈天台山國清禪
寺三隱集記〉成書於淳熙十六年（1189）。

鬥機鋒、示禪機：
《趙州和尚語錄》[157]卷3：

> 「師（按：趙州778～897）因到天台國清寺，見寒山拾得。師云：『久響寒山拾得，到來只見兩頭水牯牛。』寒山拾得便作牛鬥，師云：『叱！叱！』寒山拾得咬齒相看，師便歸堂。二人來堂內，問師：『適來因緣作麼生？師乃呵呵大笑。」（CBETA 2019.Q2, J24, no. B137, pp. 369c30-370a3）

《趙州和尚語錄》卷3：

> 「一日二人（按：寒山拾得）問師（按：趙州）：『什麼處去來？』師云：『禮拜五百尊者。』二人云：『五百頭水牯牛，羶尊者。』師云：『為什麼作五百頭水牯牛去？』山云：『蒼天蒼天！』師呵呵大笑。」（CBETA 2019.Q2, J24, no. B137, p. 370a4-6）

〈天台山國清禪寺三隱集記〉：

> 「趙州到天台，行見牛迹。寒曰：『上座還識牛麼？此是五百羅漢遊山。』州曰：『既是羅漢，為什麼作牛去？』寒曰：『蒼天蒼天！』州呵呵大笑。寒曰：『笑作什麼？』州曰：『蒼天蒼天！』寒曰：『這小廝兒，卻有

---

[157] 《趙州和尚語錄》，由其法嗣文遠（生卒年不詳）所記錄，趙州諗禪師（778-897），其成書之年，應在其卒後數年內完成的，可推斷約在900左右。

大人之作。』」（CBETA 2019.Q2, B14, no. 87, p. 735a5-8）

《五燈會元》[158]卷2：

> 「趙州遊天台，路次相逢；山見牛跡，問州曰：『上
> 座還識牛麼？』州曰：『不識。』山指牛跡曰：『此是
> 五百羅漢遊山。』州曰：『既是羅漢，為甚麼却作牛
> 去？』山曰：『蒼天！蒼天！』州呵呵大笑。山曰：『作
> 甚麼？』州曰：『蒼天！蒼天！』山曰：『這廝兒宛有大
> 人之作。』」（CBETA 2019.Q2, X80, no. 1565, p. 67c17-22
> // Z 2B:11, p. 40d8-13 // R138, p. 80b8-13）

以上二則《趙州和尚語錄》，均是在言「水牯牛」公案，此
公案起於趙州之師——南泉普願（748～835）發願再來，到山前
檀越家作一頭水牯牛去報恩，[159]而發展出來的，志南與普濟則是
抄錄過來的。

《古尊宿語錄》[160]卷42真淨克文（1025～1102）〈住洞山語
錄〉：

> 「上堂，舉。昔日天台國清寺因炙茄[161]次，有拾得以

---

[158] 成書於南宋淳祐十二年（1252），杭州靈隱寺普濟編集。

[159] 《趙州和尚語錄》卷1：「師問南泉知有底人向什麼處去泉云山前檀越家
作一頭水牯牛去」（CBETA 2019.Q2, J24, no. B137, p. 358a14-15）

[160] 南宋，守賾（賾藏主，生卒年不詳，竹菴士珪1092?～1146之法嗣）於南
宋紹興年間（1131～1162），編集重編、刊刻《古尊宿語錄》。

[161] 炙茄會在禪林中是個節慶日，禪眾會聚集，燒烤茄子、會餐。時間在立秋
之前。參見：《百丈清規證義記》卷1〈節臘〉：「…端午、建青苗會、

竹弗向維那背上打一下，維那叫直歲，你看這風顛漢。拾
得云：『蒼天！蒼天！』寒山問：『你打伊作什麼？』拾
得云：『費却多少鹽醬？』諸禪德，拾得打維那，實謂費
鹽醬多也。」（CBETA 2019.Q2, X68, no. 1315, p. 278a19-
22 // Z 2:23, p. 355b5-8 // R118, p. 709b5-8）

〈天台山國清禪寺三隱集記〉：

「寒因眾僧炙茄，以茄串打僧背一下。僧回首，寒持
串云：『是什麼？』僧云：『這風顛漢。』寒示傍僧曰：
『你道這簡師僧，費卻多少鹽醬？』」（CBETA 2019.Q2,
B14, no. 87, p. 735a3-5）

在十一世紀時，於國清寺之炙茄會上，用茄串打一下維那背
的是拾得，到了十二世紀變成了寒山打僧背，可見傳聞之不可
靠，幸而此傳聞之主體精神沒走調。志南之後之《寒山寺志》、
《天台山方外志》均照錄〈天台山國清禪寺三隱集記〉之版本。

《景德傳燈錄》[162]卷27：

「（拾得）一日掃地，寺主問：『汝名拾得，豐干拾
得汝歸。汝畢竟姓簡什麼？在何處住？』拾得放下掃箒叉
手而立，寺主罔測。寒山搥胸云：『蒼天！蒼天！』拾得

散青苗會、炙茄會、立秋…」（CBETA 2019.Q2, X63, no. 1244, p. 378b5-6
// Z 2:16, p. 294c16-17 // R111, p. 588a16-17）

[162] 本書原題名為《佛祖同參集》，中國佛教禪宗最早的傳燈錄。北宋景德元
年（1004年）東吳僧道原撰。

却問：『汝作什麼？』曰：『豈不見道，東家人死、西家助哀。』二人作舞哭笑而出。」（CBETA 2019.Q2, T51, no. 2076, p. 434a7-11）

〈天台山國清禪寺三隱集記〉：

「拾掃地。寺主問：『姓箇什麼？住在何處？』拾置箒叉手而立。主罔測。寒搥胸曰：『蒼天！蒼天！』拾問：『汝作什麼？』寒曰：『豈不見道，東家人死、西家助哀』因作舞。笑哭而出。」（CBETA 2019.Q2, B14, no. 87, p. 735a12-15）

《景德傳燈錄》卷27：

「一日寒山問：『古鏡不磨，如何照燭？』（豐干）師曰：『冰壺無影像，獼猴探水月。』曰：『此是不照燭也，更請師道。』師曰：『萬德不將來，教我道什麼？』寒拾俱禮拜。」（CBETA 2019.Q2, T51, no. 2076, p. 433b16-19）

〈天台山國清禪寺三隱集記〉：

「一日（寒山）問（豐干）師：『古鏡不磨，如何照燭？』曰：『冰壺無影像，獼猴探水月。』曰：『此是不照燭也，更請師道。』曰：『萬德不將來，教我道什麼？』寒拾俱作禮。」（CBETA 2019.Q2, B14, no. 87, p. 734b16-18）

《景德傳燈錄》卷27：

> 「一日豐干告（寒山）之曰：『汝與我遊五臺，即
> 我同流，若不與我去，非我同流。』曰：『我不去。』
> 豐干曰：『汝不是我同流。』寒山卻問：『汝去五臺作
> 什麼？』豐干曰：『我去禮文殊。』曰：『不是我同
> 流。』」（CBETA 2019.Q2, T51, no. 2076, p. 433c12-15）

《景德傳燈錄》卷27：

> 「師尋獨入五臺山巡禮，逢一老翁師問：『莫是文
> 殊否？』曰：『豈可有二文殊？』。師作禮未起忽然不
> 見。」（CBETA 2019.Q2, T51, no. 2076, p. 433b19-21）

〈天台山國清禪寺三隱集記〉：

> 「（豐干）師謂寒曰：『汝與我遊五臺，即我同流，
> 若不與我去，非我同流。』曰：『我不去。』師曰：『汝
> 不是我同流。』寒問：『汝去五臺作什麼？』曰：『我去
> 禮文殊。』曰：『汝不是我同流。』師尋獨入五臺，逢一
> 老翁。問：『莫是文殊否？』曰：『豈有二文殊。』及作
> 禮，忽不見，後回天台而化。」（CBETA 2019.Q2, B14,
> no. 87, pp. 734b18-735a3）

　　此三則公案，很顯然，志南是抄錄自《景德傳燈錄》。最後
一則則除了述「汝不是我同流」之公案外，還點出了寒山就是文
殊的化現。在寒山詩中，更有許多具有機鋒、禪意之詩，將在下

一節述之。

另有單獨拾得之應化事蹟的記載：

與尊像對坐餐食：

《宋高僧傳》卷19：

> 「登座與像對槃而飡。復呼憍陳如曰小果聲聞。傍若無人執筯大笑。」（CBETA 2019.Q2, T50, no. 2061, p. 832a10-12）

《景德傳燈錄》卷27：

> 「令知食堂香燈，忽一日輒爾登座與佛像對盤而餐。復於憍陳如上座塑形前呼曰：小果聲聞。僧驅之。」（CBETA 2019.Q2, T51, no. 2076, p. 434a2-5）

〈天台山國清禪寺三隱集記〉：

> 「令知食堂香燈。忽登座。與佛像對盤而餐。復於聖僧前。呼曰小果。」（CBETA 2019.Q2, B14, no. 87, p. 734b10-11）

責打伽藍：

《宋高僧傳》卷19：

> 「護伽藍神廟每日僧廚下食。為烏鳥所取狼藉。拾得以杖扑土偶三二下罵曰。汝食不能護。安護伽藍乎。是夕

神附夢與闔寺僧曰。拾得打我。明日諸僧說夢符同。」、
「一寺紛然始知非常人也。時牒申州縣。郡符下云。賢士
隱遁菩薩應身。宜用旌之。號拾得為賢士。」（CBETA
2019.Q2, T50, no. 2061, p. 832a14-20）

《景德傳燈錄》卷27：

　　「有護伽藍神廟。每日僧廚下食為烏所有。拾得以杖
扶之曰。汝食不能護。安能護伽藍乎。此夕神附夢于合寺
僧曰。拾得打我。詰旦諸僧說夢符同。
　　一寺紛然牒申州縣。郡符至云。賢士隱遁菩薩應身宜
用旌之。號拾得為賢士」（CBETA 2019.Q2, T51, no. 2076,
p. 434a12-17）

〈天台山國清禪寺三隱集記〉：

　　「護伽藍神。僧廚下食每每為烏所耗。拾杖扶之。曰
汝食不能護。安能護伽藍乎。神附夢于合寺僧曰。拾得打
我。詰旦說夢一一無差。視神像果有所損。驚異。牒申郡
縣。郡謂賢士遁迹菩薩應身。號拾得賢士。」（CBETA
2019.Q2, B14, no. 87, p. 735b1-5）

　　天臺三隱之異行，至南宋之時，就只有拾得有獲得郡縣之官
方旌揚，[163]然在民間，從五代、兩宋之時已被尊捧為散聖，稱為

---

[163] 雖無法找到正式官方之旌揚紀錄，（可能是因為只是郡縣地方性的），然
　　有高僧傳及景德傳燈錄，為其背書，姑且信之。

天臺三聖。隨著時間之經過，民間信仰之風傳，逐漸被奉成仙，稱之為和合二仙；及至清初時，寒山、拾得二人得到了清世宗於雍正十一年的封敕，正式封聖。[164]

示現宿命通：

《宋高僧傳》卷19：

> 「於寺莊牧牛。歌詠呼天。當其寺僧布薩時。拾得驅牛至僧集堂前倚門撫掌。大笑曰。悠悠者聚頭。時持律首座咄曰。風人何以喧礙說戒。拾得曰。我不放牛也。此群牛者多是此寺知僧事人也。拾得各呼亡僧法號。牛各應聲而過。舉眾錯愕。咸思改往修來感菩薩垂跡度脫。」
> （CBETA 2019.Q2, T50, no. 2061, p. 832a20-27）

〈天台山國清禪寺三隱集記〉：

> 「於莊舍牧牛。歌詠叫天。曰我有一珠。埋在陰中。無人別者。眾僧說戒。拾驅牛至。倚門撫掌微笑曰。悠悠哉。聚頭作。相這箇如何。僧怒呵云。下人風狂。破我說戒。拾笑曰。無嗔即是戒。心淨即出家。我性與汝合。一切法無差。驅牛出。乃呼前世僧名。牛即應聲而過。復曰

---

[164] 唐末、五代、兩宋時，被視為散聖，至明、清之際逐漸被世俗化成民間之仙人，雍正十一年時寒山被敕封為「妙覺普度和聖大士」、拾得被敕封為「圓覺慈渡合聖大士」，合稱「合和二聖」或「合和二仙」。詳見：《欽定四庫全書》，沈翼機撰，《浙江通志》卷二百<〈都會郡縣之屬〉〈仙釋（三）〉〈台州府〉。（按：同書史部，卷二百三十，〈大清一統志〉作「妙覺慈渡合聖大士」。）

前生不持戒。人面而畜心。汝今招此咎。怨恨於何人。佛
力雖然大。汝辜於佛恩。」（CBETA 2019.Q2, B14, no. 87,
p. 735a15-b1）

拾得於國清寺懺摩、[165]布薩[166]時，驅牛示現輪迴之因緣果
報，以警示、勸僧守戒。此則《景德傳燈錄》無錄。

單獨有關豐干之應化事蹟的記載：
騎虎：
〈寒山子詩集序〉（閭丘胤）：

「豐干禪師院在經藏後，即今無人住得，每有一虎，

---

[165] 《佛光大辭典》「懺摩」：梵語kṣama。意譯悔、忍恕。謂乞
請他人忍恕自己之罪過。……四分律行事鈔資持記卷中之四下（大四〇‧三四九
中）：「梵云懺摩，此翻悔往。」〔南海寄歸內法傳卷二第十五隨意成
規〕（參閱「懺悔」6772）
「懺悔」：謂悔謝罪過以請求諒解。懺，為梵語kṣama（懺摩）之略譯，
乃「忍」之義，即請求他人忍罪；悔，為追悔、悔過之義，即追悔過去之
罪，而於佛、菩薩、師長、大眾面前告白道歉；期達滅罪之目的。據義淨
所譯根本說一切有部毘奈耶卷十五之注謂，懺與悔具有不同之意義，懺，
是請求原諒（輕微）；悔，是梵語āpatti-pratideśana（阿鉢底鉢喇底提舍
那）之譯，即自申罪狀（說罪）之義（嚴重）。此外亦有異說，然概以義
淨之說為正確。

[166] 《丁福保佛學大辭典》「布薩」：原為梵語Upavasatha，變於巴利
Uposatha，失梵語之原形，而為Posadha。具曰布沙他，布灑他，逋沙他，
襃沙陀，布薩陀婆，譯曰淨住，善宿，又曰長養。出家之法，每半月（十
五日與廿九日或三十日），集眾僧說戒經，使比丘住於淨戒中。能長養善
法，又在家之法，於六齋日持八戒而增長善法，謂之布薩。因而就所作之
法，謂之說戒或八戒。就其功能則曰布薩。又曰優補陀婆，譯曰斷增長，
斷惡長善之義也。又名缽羅帝提舍耶寐pratideśayāmi，譯曰：此日向人懺
悔所犯之罪也。

時來此吼。寒山、拾得二人見在廚中，僧引胤至豐干禪師院，乃開房，唯見虎跡。」（CBETA 2019.Q2, J20, no. B103, p. 653b10-13）

《宋高僧傳》卷19：

「（封干）嘗乘虎直入松門，眾僧驚懼。口唱唱道歌，時眾方皆崇重。」（CBETA 2019.Q2, T50, no. 2061, p. 831b6-7）

《宋高僧傳》卷19：

「封干舊院即經藏後，今聞無人，止有虎豹，時來此哮吼耳…入干房，唯見虎跡縱橫。」（CBETA 2019.Q2, T50, no. 2061, p. 831b22-25）

《景德傳燈錄》卷27：

「天台豐干禪師者…嘗誦唱道歌，乘虎入松門。」（CBETA 2019.Q2, T51, no. 2076, p. 433b11-13）

記述豐干禪師，乃為伏虎羅漢之示現，此與後之傳稱豐干禪師為彌陀佛之化現，實在有點干格！

發言先覺：
《宋高僧傳》卷19：

「以其躡萬迴師之後。微亦相類。風狂之相過之。言則多中。」（CBETA 2019.Q2, T50, no. 2061, p. 831b9-10）

治病

《宋高僧傳》卷19：

「閭丘胤出牧丹丘。將議巾車。苦頭疼羌甚。醫工寡効。邇近干造云。某自天台來謁使君。且告之患。干曰。君何慮乎。便索淨器吮水噴之。斯須覺體中頗佳。」（CBETA 2019.Q2, T50, no. 2061, p. 831b14-17）

《景德傳燈錄》卷27：

「胤出牧丹丘將議巾車。忽患頭疼醫莫能愈。師造之曰。貧道自天台來謁使君。閭丘且告之病。師乃索淨器呪水噴之斯須立瘳。」（CBETA 2019.Q2, T51, no. 2076, p. 433b22-25）

〈天台山國清禪寺三隱集記〉：

「閭丘胤將牧丹丘。頭疾醫莫能愈。遇禪師名豐干。言自天台來謁使君。告之病。師曰身居四大。病從幻生。若欲除之。應須淨水。索器呪水。噀之立愈。」（CBETA 2019.Q2, B14, no. 87, p. 735b5-8）

來去自如、生死自在：

《宋高僧傳》卷19：

「及終後於先天年中在京兆行化。非恒人之常調。士庶見之無不傾禮。」（CBETA 2019.Q2, T50, no. 2061, p. 831b7-9）

《景德傳燈錄》卷27：

「…（豐干）入五臺山巡禮…後迴天台山示滅。初閭丘公胤出牧丹丘將議巾車…師造之…閭丘拜辭。
方行尋至山寺。問此寺有豐干禪師否？…僧道翹對曰：『豐干舊院在經藏後，今聞無人矣。』」（CBETA 2019.Q2, T51, no. 2076, p. 433b19-c2）

洩漏天機：
《宋高僧傳》卷19：

「閭丘異之。乃請干一言定此行之吉凶。曰到任記謁文殊。閭丘曰。此菩薩何在。曰國清寺厨執爨洗器者是。」（CBETA 2019.Q2, T50, no. 2061, p. 831b17-20）

《景德傳燈錄》卷27：

「閭丘異之。乞一言示此去安危之兆。師曰。到任記謁文殊普賢。曰此二菩薩何在。師曰。國清寺執爨洗器者寒山拾得是也。」（CBETA 2019.Q2, T51, no. 2076, p. 433b25-28）

〈天台山國清禪寺三隱集記〉：

「（閭丘胤）乞言示此去安危之兆。師曰記謁文殊普賢。此二菩薩。見之不識。識之不見。若欲見之。不得取相。國清寺執爨滌器。寒山拾得是也。」（CBETA 2019. Q2, B14, no. 87, p. 735b8-10）

以上為有關寒山拾得豐干三人，在寒山詩集序言、僧傳、燈錄所載之事蹟、傳奇。以資作為本書析論寒山詩之意境、禪境之背景。

第三節　寒山拾得詩及其意境、禪境

一、寒山拾得詩

「家有寒山詩，勝汝看經卷，書放屏風上，時時看一遍。」[167]

「下愚讀我詩，不解卻嗤誚，中庸讀我詩，思量云甚要。上賢讀我詩，把著滿面笑。楊脩見幼婦，一覽便知妙。」[168]

「有人笑我詩，我詩合典雅。不煩鄭氏箋，豈用毛公解？不恨會人稀，只為知音寡。若遣趁宮商，餘病莫能

---

[167] 《寒山子詩集》：「家有寒山詩，勝汝看經卷，書放屏風上，時時看一遍。」（CBETA 2019.Q2, J20, no. B103, p. 667b19-20）

[168] 《寒山子詩集》：「下愚讀我詩，不解卻嗤誚，中庸讀我詩，思量云甚要。上賢讀我詩，把著滿面笑。楊脩見幼婦，一覽便知妙。」（CBETA 2019.Q2, J20, no. B103, p. 664b3-5）

罷。忽遇明眼人，即自流天下。」[169]

「我詩也是詩，有人喚作偈，詩偈總一般，讀者須仔細。緩緩細披尋，不得生容易，依此學修行，大有可笑事。」[170]（按：此首為拾得詩）

寒山詩，在晚唐、五代、直到北宋時都非常盛行，時有詩人、文人引用，例如晚唐之李山甫、五代之貫休、齊己（案：此二人雖是詩僧、然彼等與文人士大夫往來、互動極其頻繁）、北宋之蘇軾、黃庭堅、王安石等，到了南宋雖尚有陸游、朱熹等文人之關懷、過問寒山詩，（按：他們皆是與僧人互動時，提起有關寒山詩之事），可能因禪門引用、提舉多，反而被文人們視為是「宗教詩」，而屏除於正統詩外。

「十二世紀計有功編輯《唐詩紀事》、十四世紀楊世宏編《唐音》、十五世紀高棅編《唐詩品彙》都沒有收錄寒山詩，這些集子裏都有僧人詩的一部門，收了一些比寒山差很多的詩人。」[171]

一直到清康熙四十六年（1707）編成之《全唐詩》寒山詩才被收錄在釋家詩之首、乾隆四十七年（1782）之《四庫全書》亦

---

[169] 《寒山子詩集》：「有人笑我詩，我詩合典雅。不煩鄭氏箋，豈用毛公解？不恨會人稀，只為知音寡。若遣趁宮商，餘病莫能罷。忽遇明眼人，即自流天下。」（CBETA 2019.Q2, J20, no. B103, p. 664c11-13）

[170] 《寒山子詩集》〈拾得詩附〉：「我詩也是詩，有人喚作偈，詩偈總一般，讀者須仔細。緩緩細披尋，不得生容易，依此學修行，大有可笑事。」（CBETA 2019.Q2, J20, no. B103, p. 668a19-21）

[171] 參見：鍾玲，《中國詩季刊》寒山詩專號二集 第三卷第四期，〈寒山在東方和西方文學界的地位〉，p.3。

有收錄，也就是說在十二至十七世紀，整整六個世紀，寒山詩一直被儒家文人們屏棄於門外。然而寒山詩並未因此而佚失、隱沒，歸因於禪門、寺院、民間之刻版、印刷、流傳。

究之，為何寒山詩在這漫長之六百年間，不被正統儒家學者接受？除了上述因禪林的廣為流行，而被認為是宗教詩外，歸因為：一則因寒山子之身分，非儒非佛非道、同時亦儒亦佛亦道，而被自視為正統之儒士們，鄙視而屏棄之。二則寒山詩體之結構混雜、不注重格律，古體詩、律詩夾雜、又用語俚俗，被文人們嫌惡，他在自己詩中亦云：「有箇王秀才，笑我詩多失，云不識蜂腰，仍不會鶴膝平側（仄）不解壓（押）。凡言取次出，我笑你作詩，如盲徒詠日。」[172]三則詩中多談道、釋之理，如前所述，多為佛家、禪門、道士們所引用，尤其是在禪林中廣為傳唱，被視為宗教詩。

陳鼎環在〈寒山的禪境與詩情〉：

> 「寒山子的詩不是通常的詩，不屬於中國詩家中任何一路。中國詩史上兩大主流，一為以杜甫為代表的涵泳於儒家思想的沉毅誠篤一派；一為以陶潛所優游其中的以道家情調為基礎的澹泊恬適一派…但他們二位都是純粹的詩人……寒山子卻不然，他志不在詩，而是在道」[173]、在禪。

---

[172] 《寒山子詩集》：「有箇王秀才，笑我詩多失，云不識蜂腰，仍不會鶴膝平側（仄）不解壓（押）。凡言取次出，我笑你作詩，如盲徒詠日。」（CBETA 2019.Q2, J20, no. B103, p. 663a9-11）

[173] 參見：陳鼎環，《中國詩季刊》寒山詩專號二集 第三卷第四期，〈寒山的禪境與詩情〉p.2。

試看他的詩：

「本志慕道倫，道倫常獲親，時逢社源客，每接話禪賓。談玄月明夜，探理日臨晨，萬機俱泯跡，方識本來人。」[174]

「凡讀我詩者，心中須護淨，慳貪繼日廉，諂曲登時正。驅除遣惡業，歸依受真性，今日得佛身，急急如律令。」[175]

寒山自言，他的詩本志慕道倫，談玄月明夜，每接話禪賓；驅除遣惡業，急急如律令。

《四庫全書總目提要》評寒山詩云：

「其詩有工語，有率語，有莊語，有諧語。至云『不煩鄭氏箋，豈待毛公解』，又似儒生語。大抵佛語、菩薩語也。今觀所作，皆信手拈弄，全作禪門偈語，不可複以詩格繩之。而機趣橫溢，多足以資勸戒。」[176]

近人趙滋蕃稱寒山「矗立著、偉大、冷峭而剛健」，「富象

---

[174] 《寒山子詩集》：「本志慕道倫，道倫常獲親，時逢社源客，每接話禪賓。談玄月明夜，探理日臨晨，萬機俱泯跡，方識本來人。」（CBETA 2019.Q2, J20, no. B103, p. 661c15-17）

[175] 《寒山子詩集》：「凡讀我詩者，心中須護淨，慳貪繼日廉，諂曲登時正。驅除遣惡業，歸依受真性，今日得佛身，急急如律令。」（CBETA 2019.Q2, J20, no. B103, p. 656c15-17）

[176] 參見：《欽定四庫全書總目提要》第四冊集部（一），卷一百四十九 集部《寒山子詩集》云：「其詩有工語，有率語，有莊語，有諧語。至云『不煩鄭氏箋，豈待毛公解』，又似儒生語。大抵佛語、菩薩語也。今觀所作，皆信手拈弄，全作禪門偈語，不可複以詩格繩之。而機趣橫溢，多足以資勸戒。」p.4-25（別集類二，p.3）。

徵意義、詩思、幻想和夢的容受性。他寫的詩，我們也可以稱它為怪詩。這些怪詩，部分為「半格詩」，綜合古體詩、古樂府調與齊梁詩體，另創一格；且一律沒有詩題。他的詩，通過個性，走向自我和內心世界，致夢境與禪境交融；而非通過格律，走向傳統和庸俗。」、「他寫的詩是活生生的，具有野生力量的詩；清新而明朗，是它們的優異處。曠放而缺乏藝術的圓熟，是它們的缺點。」[177]

寒山之「半格詩」，乃是以其深厚的儒學背景，「綜合了古詩與樂府詩之醇厚簡樸、生動活潑，遣詞用字的音樂感和節奏感；[178]以及齊梁體詩之華采豐贍、清新俊逸。」[179]如此構成了寒山所創之「半格詩」，形成了自己特異的風格，被稱為「寒山體」詩。

寒山詩既有哲理亦有詩情、又含有玄境與禪境，含括了儒、釋、道三學，他以其「玄覽之澄明、體證之真切，更可貴者能出以水木清華之詩才，陶鑄三大哲學境界，無怪乎歷來儒者、高僧、仙客都愛讀他的詩。儘管它隱了姓、埋了名，還要拉他的衣角回到人間來，也從不見有那一家對他施以攻訐。」[180]

胥端甫云：「寒山詩有淺有深，有俗有雅，有玄理，有感悟，有破障，複雜紛歧莫衷一是。」[181]胥將之歸為玄悟、感詠、

[177] 參見：趙滋蕃，〈寒山詩評估〉，p.318-319。
[178] 〔法〕法蘭西學院院士程抱一曾云：「詩中韻律節奏（與氣這一哲學連繫在一起）的重要性，它能夠充當確保字與字之間的分隔與連接的角色。」詳見：程抱一，《中國詩畫語言研究》，p.38。
[179] 參見：趙滋蕃，〈寒山詩評估〉，p.344。
[180] 參見：陳鼎環，《中國詩季刊》寒山詩專號二集 第三卷第四期，〈寒山的禪境與詩情〉p.5。
[181] 參見：胥端甫云，《中國詩季刊》寒山詩專號二集 第三卷第四期，〈寒

述懷、抒情、境界、警世六類。而陳慧劍則將之分成四類：自敘詩（又細分成「本事前期」——儒生期、「本事後期」——寒岩期）、黃老詩、學佛詩、雜詩。本書將在下一小節中，就寒山詩與禪境有關之詩來加以探討。

早期之史料，《宋高僧傳》中贊寧云：寒山「發辭氣宛有所歸歸于佛理。」把寒山詩偈，歸於佛家講輪迴、勸人向佛、持素、守戒之類的言教詩。曹洞宗祖師本寂極其欣賞寒山詩，更「以其頗含玄理、懼人不解，遂敷衍其義」，為之作註、「與原詩相應答，如天問之有天對」[182]故謂之《對寒山詩》。[183]《寒山子詩集》也由《宋志別集》言的原本為一卷，增為七卷，並在其寓內（按：可能是在其曹洞宗門中）流傳，[184]惜到了宋中後期，可能隨著曹洞宗一度中落，而佚失了。

雖然曹洞宗本寂禪師有註《對寒山詩》，然而在其語錄中，無其提舉、頌或評唱寒山詩之記載。另在早期成書之《祖堂集》及《宋高僧傳》中均有述及潙仰宗祖師靈佑禪師在開悟之前，曾與寒山拾得相遇，獲得其預言指路，及後來之《聯燈會要》中言寒山拾得對靈佑作大蟲吼，與之鬥機鋒之記載，此同樣的在其語錄中，亦無其提舉、或頌寒山詩之記載。還有在《趙州和尚語錄》中有與寒山拾得鬥「水牯牛」之機鋒的記載，也無趙州禪師提舉、或頌寒山詩之記載。上述三禪師均屬於早期開宗立派之祖

山世界〉，p.20。

[182] 參見：余嘉錫著，《四庫提要辨證》p.1253。

[183] 《宋高僧傳》卷19〈唐天台山封干師傳（木湏師寒山子拾得）〉：「後曹山寂（840～901）禪師注解。謂之對寒山子詩。」（CBETA 2019.Q2, T50, no. 2061, pp. 831c29-832a1）

[184] 《宋高僧傳》卷13〈梁撫州曹山本寂傳〉：「復注對寒山子詩流行寓內。蓋以寂素修舉業之優也文辭遒麗號富有法才焉。」（CBETA 2019.Q2, T50, no. 2061, p. 786b28-c1）

師級的禪師：

　　曹山本寂840～901

　　溈山靈佑771～853

　　趙州從諗778～897

　　本書推定寒山年代在730～840，因溈山和趙州二人與寒山均有過從，故他們之年代有重疊，大曆（766-779）年寒山進入天臺、國清寺之後相逢。據《宋高僧傳》記載：溈山二十三歲時，上天臺國清寺受具足戒時，在途中遇到寒山子，[185]此年應為794，寒山子已六十多歲了。而趙州語錄上並無記載年歲，然禪林中言「趙州八十猶行腳」[186]趙州於其師南泉（748～835）化後，到了五、六十歲時才出門行腳，推估趙州遇見寒山時，應是835以後，寒山已是百歲老人了。而曹山840後才出生，他並未與寒山有相逢，屬於私淑。推估曹山註寒山詩時，應已開山立派中年過後了，時序也已近900年了。因此本書推論，在九世紀末——晚唐、唐末之前，寒山詩雖有流布於世或部分之禪林（如曹洞宗本寂之流派），然彼時尚未引起禪林、禪師們之廣泛的重視。

　　直到五代雲門文偃禪師（864～949）上堂提舉「寒山子作麼生？」[187]、風穴延沼禪師（897～973）上堂提舉寒山子詩：「梵志死去來。魂識見閻老。讀盡百王書。未免受捶拷。一稱南無

---

[185] 《宋高僧傳》卷11：「（溈山靈佑）冠年剃髮三年具戒。時有錢塘上士義賓。授其律科。及入天台遇寒山子於途中。」（CBETA 2019.Q2, T50, no. 2061, p. 777b23-25）；（按：古人二十歲行冠禮，以示成年。）

[186] 《雲棲法彙（選錄）》卷14：「古有頌云。趙州八十猶行腳。祇為心頭未悄然。及至歸家無一事。始知虛費草鞋錢。」（CBETA 2019.Q2, J33, no. B277, p. 58a6-7）

[187] 《雲門匡真禪師廣錄》卷2：「寒山子作麼生」（CBETA 2019.Q2, T47, no. 1988, p. 562c19）

佛。皆以成佛道。」[188]之後，汾陽善昭、雪竇重顯相繼提舉「四句百非外。盡蹋寒山道」[189]、「寒山逢拾得，撫掌笑呵呵！」[190]等十世紀中葉以後、十一世紀時才逐漸開啟了禪林之寒山熱。

　　成書於時十一世紀初（1004）之《景德傳燈錄》，開始出現有寒山拾得互鬥機鋒及示禪機之公案出現。隨後《聯燈會要》（成書於1183）、《五燈會元》（成書於1252）以及之後的一些禪師語錄則大量出現有關寒山詩偈之提舉、頌或評唱。

二、寒山拾得詩中之禪境

　　正如本章上面所述，寒山詩中有儒、有道、有佛，佛、道二家競相爭尊為自家之聖賢，數百年後，彼果然在佛界成聖、在道界（民間信仰）成仙。因其詩集中有多首詩禪意盎然、禪境超脫，再加上五代、兩宋不分宗派之禪師們之競相題舉、評唱，最終在禪林中，扎根、成長，開出了璀璨的花朵來；入元後及明、清時，更有多位舉足輕重之禪師（著名的有中峰明本、楚石梵琦、石樹濟岳）的擬、和寒山詩。

　　以下就寒山詩中，較常為禪師所提舉之公案、引用之詩偈，略舉述之。

　　公案：

---

[188] 《古尊宿語錄》卷8：「上堂舉寒山詩曰梵志死去來魂識見閻老讀盡百王書未免受捶拷一稱南無佛皆以成佛道」（CBETA 2019.Q2, C077, no. 1710, p. 664a14-17）

[189] 《汾陽無德禪師語錄》卷1：「如何是第一要。師云。言中無造作。如何是第二要。師云。千聖入玄奧。如何是第三要。師云。四句百非外。盡蹋寒山道。謝師親示離言旨。」（CBETA 2019.Q2, T47, no. 1992, p. 603b13-16）

[190] 《雪竇石奇禪師語錄》卷1：「寒山逢拾得，撫掌笑呵呵！」（CBETA 2019.Q2, J26, no. B183, p. 486a3-4）

（一）、「寒山逢拾得，撫掌[191]笑呵呵！」、「寒山逢拾
　　　得，把手呵呵大笑！」、「寒山逢拾得，撫掌咲哈
　　　哈！」、「寒山撫掌，拾得忻忻。」、「寒山撫掌，
　　　拾得歡呼。」、「寒山常撫掌，拾得每慇懃。」等等

（二）、中秋時，上堂提舉：「靈山話月、曹溪指月、南泉
　　　（/馬祖）翫月、寒山比月。」

（三）、結夏日中，上堂提舉：「結夏已??日，寒山子作麼
　　　生？」[192]

　　其他如：「燈籠、露柱」、「水牯牛」[193]、「憶寒山」[194]、

---

[191] 語錄中「撫掌」亦多有作「拊掌」者。

[192] 最早見於《古尊宿語錄》卷17〈雲門匡真禪師廣錄〉：「云：今日十五入
夏也。寒山子作麼生？」（CBETA 2019.Q2, X68, no. 1315, p. 108b21-22 //
Z 2:23, p. 185a6-7 // R118, p. 369a6-7）

[193] 《圜悟佛果禪師語錄》卷7：「古者道。結夏得十一日也。寒山子作麼
生。又道。結夏得十一日也。水牯牛作麼生。山僧即不然。結夏得十一日
也。燈籠露柱作麼生。若透得燈籠露柱。即識水牯牛。若識得水牯牛。即
見寒山子。」（CBETA 2019.Q2, T47, no. 1997, p. 743c10-14）
（按1：燈籠露柱乃屬無情物，在禪堂屋簷外均有此物，禪師們坐在禪堂
外一抬頭望外，即可見到，常被提舉為尋常日用之物，早期之禪宗祖師如
臨濟義玄（767～866）、雲門文偃（864～～949）即嘗提舉。如：《鎮
州臨濟慧照禪師語錄》：「有一般不識好惡禿奴，即指東劃西──好晴、
好雨、好燈籠露柱──爾看眉毛有幾莖，這簡具機緣學人不會，便即心
狂。」（CBETA 2019.Q2, T47, no. 1985, p. 500b11-14）、《雲門匡真禪師
廣錄》卷2：「佛法不用學。燈籠露柱欺爾去。」（CBETA 2019.Q2, T47,
no. 1988, p. 561c24）云云。）
（按2：水牯牛，參見：《趙州和尚語錄》卷1：「師問南泉知有底人向什
麼處去泉云山前檀越家作一頭水牯牛去」（CBETA 2019.Q2, J24, no. B137,
p. 358a14-15））

[194] 最早之「憶寒山」出現在《古尊宿語錄》卷30《舒州龍門佛眼（清遠，
1067～1120）和尚語錄》
〈憶寒山〉：「一住天台後。身單布亦穿。雖然筋骨露。歌笑不堪傳。」
（CBETA 2019.Q2, X68, no. 1315, p. 196c5-6 // Z 2:23, p. 273b7-8 // R118, p.
545b7-8）

「騎虎」、「磨墨」、「執帚」、「遊五臺、與我同流」、「炙茄」、「蚊子叮鐵牛，無渠下觜處。」[195]、「寒山拾得，昨夜三更，起佛見法見」[196]、「寒山子行太早，十年歸不得，忘卻來時路」[197]、「寒山忘卻來時路，拾得相將攜手歸」[198]或徑言「寒山拾得，下座」等等不一而足。

詩偈：

　　「吾心似秋月，碧潭清皎潔，無物堪比倫，教我如何說？」[199]

　　「碧澗泉水清，寒山月華白，默知神自明，觀空境逾寂。」[200]

　　「可貴天然物，獨立無伴侶，覓他不可見，出入無門

---

[195] 《寒山子詩集》：「若人逢鬼魅，第一怕驚懼，捺硬莫采渠，呼名自當去，燒香請佛力，禮拜求僧助，蚊子叮鐵牛，無渠下觜處。」（CBETA 2019.Q2, J20, no. B103, p. 658a3-5）

[196] 《斷橋妙倫禪師語錄》卷1：「師拈云。南泉二十棒。打文殊普賢。可謂棒棒見血。只是罕遇知音。國清門下。寒山拾得。昨夜三更。起佛見法見。山僧棒未曾拈。各自隱身無地。為什麼如此。蛇皺草鞋。」（CBETA 2019.Q2, X70, no. 1394, p. 558c17-20 // Z 2:27, p. 210a4-7 // R122, p. 419a4-7）

[197] 參見：《佛果圜悟（克勤，1063～1135）禪師碧巖錄》卷4：「雪竇道。君不見。寒山子行太早。十年歸不得。忘却來時道。」（CBETA 2019.Q2, T48, no. 2003, p. 173b17-18）
（按：在雪竇重顯（980～1052）《明覺禪師語錄》中並無記載。）

[198] 《明州天童景德禪寺宏智覺禪師（1091～1157）語錄》卷3：「雲犀玩月燦含暉木馬遊春駿不羈眉底一雙寒碧眼看經那到透牛皮明白心超曠劫英雄力破重圍妙圓樞口轉靈機寒山忘卻來時路拾得相將攜手歸」（CBETA 2019.Q2, J32, no. B272, p. 192a8-11）

[199] 《寒山子詩集》，（CBETA 2019.Q2, J20, no. B103, p. 664b9-10）

[200] 《寒山子詩集》，（CBETA 2019.Q2, J20, no. B103, p. 664b11-12）

戶。促之在方寸，延之一切處，你若不信受，相逢不相遇。」[201]

「寒山頂上月輪孤，照見晴空一物無，可貴天然無價寶，埋在五陰溺身軀。」[202]

「余家有一窟，窟中無一物，淨潔空堂堂，光華明日日。蔬食養微軀，布裘遮幻質，任你千聖現，我有天真佛。」[203]

「各有天真佛，號之為寶王，珠光日夜照，玄妙卒難量。盲人常兀兀，那肯怕災殃？唯貪婬佚業，此輩實堪傷。」[204]

「我見謾人漢，如籃盛水走，一氣將歸家，籃裏何曾有？我見被人謾，一似園中韭，日日被人傷，天生還自有。」[205]

「自古多少聖，叮嚀教自信，人根性不等，高下有利鈍。真佛不肯認，置力枉受困，不知清淨心，便是法王印。」[206]

「世間一等流，誠堪與人笑，出家獎己身，誑俗將為道。雖著離塵衣，衣中多養蚤，不如歸去來，識取心王好。」[207]

「寒巖深更好，無人行此道。白雲高岫閒，青嶂孤猿嘯。我更何所親？暢志自宜老。形容寒暑遷，心珠甚可

---

[201] 《寒山子詩集》，（CBETA 2019.Q2, J20, no. B103, pp. 660c24-661a2）

[202] 《寒山子詩集》，（CBETA 2019.Q2, J20, no. B103, p. 667a17-18）

[203] 《寒山子詩集》，（CBETA 2019.Q2, J20, no. B103, p. 661a24-b2）

[204] 《寒山子詩集》，（CBETA 2019.Q2, J20, no. B103, p. 668c19-21）

[205] 《寒山子詩集》，（CBETA 2019.Q2, J20, no. B103, p. 664a18-20）

[206] 《寒山子詩集》，（CBETA 2019.Q2, J20, no. B103, p. 662c15-17）

[207] 《寒山子詩集》，（CBETA 2019.Q2, J20, no. B103, p. 663b3-5）

保。」[208]

「可笑寒山道，而無車馬蹤，聯谿難記曲，疊嶂不知重。泣露千般草，吟風一樣松。此時迷徑處，形問影何從？」[209]

「人問寒山道：寒山路不通，夏天冰未釋，日出霧朦朧。似我何由屆？與君心不同，君心若似我，還得到其中。」[210]

「登陟寒山道，寒山路不窮，谿長石磊磊，澗闊草濛濛。苔滑非關雨，松鳴不假風，誰能超世累？共坐白雲中。」[211]

「時人見寒山，各謂是風顛，貌不起人目，身唯布裘纏。我語他不會，他語我不言，為報往來者，可來向寒山。」[212]

「報汝修道者，進求虛勞神，人有精靈物，無字復無文。呼時歷歷應，隱處不居存，叮嚀善保護，勿令有點痕。」[213]

「高高峰頂上，四顧極無邊，獨坐無人知，孤月照寒泉。泉中且無月，月自在青天，吟此一曲歌，歌中（按：終）不是禪。」[214]

「寒山子，長如是，獨自居，不生死。」[215]

---

[208] 《寒山子詩集》，（CBETA 2019.Q2, J20, no. B103, p. 655a12-14）
[209] 《寒山子詩集》，（CBETA 2019.Q2, J20, no. B103, p. 655b3-5）
[210] 《寒山子詩集》，（CBETA 2019.Q2, J20, no. B103, p. 655b24-c2）
[211] 《寒山子詩集》，（CBETA 2019.Q2, J20, no. B103, p. 654b15-17）
[212] 《寒山子詩集》，（CBETA 2019.Q2, J20, no. B103, p. 663a21-23）
[213] 《寒山子詩集》，（CBETA 2019.Q2, J20, no. B103, p. 656c3-5）
[214] 《寒山子詩集》，（CBETA 2019.Q2, J20, no. B103, p. 660b24-c2）
[215] 《寒山子詩集》，（CBETA 2019.Q2, J20, no. B103, p. 667b13）

　　諸如此類，有機鋒、禪語之詩偈，歷來禪師多提舉、評唱，有正引、有反諷。這些詩偈皆蘊含深刻禪理、深具禪境，絕非一般勸世佛言、醒世語錄可比擬。其中，最常為歷代禪師們所樂道、提舉、評唱的：

　　公案莫過於「寒山逢拾得，撫掌笑呵呵！」、「寒山逢拾得，把手呵呵大笑！」

　　詩偈無過於「吾心似秋月，碧潭清皎潔，無物堪比倫，教我如何說？」，此詩甚至被化為「靈山話月、曹溪指月、南泉（/馬祖）翫月、寒山比月。」之公案。本書將就此二「寒山子之禪境」來作探討。

　　有關被提舉最多的「寒山拾得，笑呵呵」之公案：

　　「笑」，有二種成因：（1）因內心欣喜而露出快樂的表情或聲音。如：「大笑」、「微笑」。（2）諷刺、譏嘲。如：「譏笑」、「嘲笑」、「冷笑」。[216]

　　依照近代英國心理學、哲學家詹姆士·薩利（James Sully，1842～1923）之研究，笑的起因為「由於某種刺激物引起的，更準確地說，笑是感覺的呈現或者表示笑的意念引起的。」[217]例如：被搔癢、也有出於「無意識的，笑也許並不來自感覺刺激（按：如被搔癢），它是大腦過程的結果」[218]、諸如：「好心情外溢」、「有兩類條件下的的歡笑最值得注意：一類是擺脫了外在的約束……另一類條件，它可能來自我們所在環境的突然改

---

[216] 參見：：《教育部國語小字典》：「笑」條。https://pedia.cloud.edu.tw/Entry/Detail/?title=%E7%AC%91 20191005點擊

[217] 參見：：〔英〕詹姆士·薩利（James Sully）《笑的研究——笑的形式、起因、發展和價值》，p.44。

[218] 同上，p.55。

變，來自某種好事情的到來。」[219]

　　由上述所言之笑的成因來分析，寒山子最早之史料記述——
閭丘胤之序文中前段之「寒山若來…或長廊徐行，叫喚快活、
獨言獨笑；時僧捉罵打趁，乃駐立撫掌、呵呵大笑。」此段敘
述中，包含了兩種寒山之「笑」，「長廊徐行，叫喚快活、獨言
獨笑」乃屬於第一種因內心欣喜而露出快樂之表現（詹姆士所謂
的：「擺脫了外在的約束」、內心已獲解脫了，而「好心情外
溢」）、「僧捉罵打趁，乃駐立撫掌、呵呵大笑」乃屬於第二種
譏諷、嘲笑之笑——嘿！你們奈我何？

　　此序後段之「（閭丘胤）見（寒山拾得）二人向火大笑。胤
便禮拜。二人連聲喝胤。自相把手。呵呵大笑。」此段敘述中，
包含了兩種寒山之「笑」，「二人向火大笑」乃屬於第一種因內
心欣喜而露出快樂之表現（詹姆士所謂的：「擺脫了外在的約
束」、內心已獲解脫了，而「好心情外溢」）、「胤便禮拜。二
人連聲喝胤，自相把手，呵呵大笑。」乃屬於第二種譏諷、嘲笑
之笑——嘿！你們在幹什麼？真是俗不可耐！

　　綜上所述，不管是僅僅寒山，或寒山與拾得兩人，若笑之外
再加上肢體動作—撫掌或（二人）把手者，多是在表達譏諷、嘲
笑，諷嘲世人之俚俗、無知，不知禪修、求解脫。千百年來禪林
諸禪德皆信以此序為寒山詩之原序，彼等上堂時所舉、唱「寒山
逢拾得，撫掌笑呵呵！」、「寒山逢拾得，把手呵呵大笑！」應
多為此嘲諷之意。另，在三百多首寒山詩中，言及「笑」字者，
約有二十三首（含拾得詩五首）[220]，其「笑」字之意亦多表嘲諷

---

[219] 同上，p.60-61。

[220] 本書以《嘉興大藏經》（新文豐版）第 20 冊 No. B103《寒山子詩集》為
　　主，其他版本或有一、二首之出入。

之意。[221]

　　至於詩偈：「吾心似秋月，碧潭清皎潔，無物堪比倫，教我如何說？」，則是被引用最頻繁之寒山詩，通常在月圓時或中秋之夜，禪師們每每即景捻來示眾。法眼文益禪師（885～958）可能是最早引用者；[222]之後有禪師將之與「靈山話月、曹溪指月」[223]之禪堂問答話合併，而演變成「靈山話月、曹溪指月、南泉（/馬祖）翫月、寒山比月。」[224]、「靈山話、曹溪指、南泉（/馬祖）翫、寒山比。」之禪堂提舉語。

　　早自世尊之時，即時時以皎潔之月光來喻佛、喻心，茲略舉數則相對較早期之經典之記述於下：

> 「世尊無染，至大善見。
> 　　如日初出，淨無塵翳，
> 　　明若秋月，詣一究竟。」[225]

---

[221] 僅有少數二、三首不是，例如：「上賢讀我詩，把著滿面笑。楊脩見幼婦，一覽便知妙。」不是嘲諷之意。

[222] 《全唐詩》卷八百二十五，〈睹木平和尚〉：「木平山裏人，貌古年複少。相看陌路同，論心秋月皎。」（按：法眼文益作，pp.9300-9301。）後蘇軾在〈和寄天選長官〉中：「但記寒巖翁，論心秋月皎」，引了法眼和尚之『論心秋月皎』，並標出『寒巖翁』來。詳見：項楚著，《寒山詩注》，p.138。

[223] 最早之紀錄見於：《宗鑑法林》卷61：「投子（大同禪師，819～914）因僧問。曹溪指月靈山話月。如何是真月。師曰昨夜三更轉向西。」（CBETA 2019.Q2, X66, no. 1297, pp. 651c24-652a1 // Z 2:21, p. 386c4-5 // R116, p. 772a4-5）

[224] 最早之紀錄見於：《無門慧開禪師語錄》卷1《隆興府天寧禪寺語錄》：「中秋上堂。靈山話月。曹溪指月。寒山比月。從上佛祖納盡敗闕。天寧即不然。有箇頌子畢似大眾。地黑天昏見得親。肯隨光影弄精魂。老僧拳下死中活。佛與眾生一口吞。」（CBETA 2019.Q2, X69, no. 1355, p. 355a14-17 // Z 2:25, p. 251c2-5 // R120, p. 502a2-5）

[225] 參見：《長阿含經》卷1，（CBETA 2019.Q2, T01, no. 1, p. 10b28-c1）

「淨心詣我，光如月滿。」[226]

「我遙見佛端正姝好，猶星中月，光耀曄曄，晃若金山，相好具足，威神巍巍。」[227]

「佛如明月，弟子如明星，與月相隨。」[228]

「佛言：『諸比丘！如一日月，旋照四天下。』」[229]

「佛言：『比丘！如一日月所行之處照四天下。』」[230]

以上所引之經句，出自阿含經、起世經、樓炭經、泥洹經等經，這些經典皆成立甚早，後期之經典亦比比皆有「話月」，故禪師們稱世尊說法時為「靈山話月」。

「曹溪指月」乃因《楞嚴經》上言：

「如人以手指月示人，彼人因指當應看月；若復觀指以為月體，此人豈唯亡失月輪，亦亡其指。何以故？以所標指為明月故。豈唯亡指，亦復不識明之與暗。何以故？即以指體為月明性，明暗二性無所了故。汝亦如是，若以分別我說法音為汝心者，此心自應離分別音有分別性。」[231]

[226] 參見：《長阿含經》卷1，（CBETA 2019.Q2, T01, no. 1, p. 10c15-16）

[227] 參見：《中阿含經》卷6，（CBETA 2019.Q2, T01, no. 26, p. 460b10-12）

[228] 參見：《佛般泥洹經》卷1，（CBETA 2019.Q2, T01, no. 5, p. 164b16-17）

[229] 參見：《大樓炭經》卷1，（CBETA 2019.Q2, T01, no. 23, p. 277a20）

[230] 參見：《起世經》卷1，（CBETA 2019.Q2, T01, no. 24, p. 310b8）

[231] 參見：《大佛頂如來密因修證了義諸菩薩萬行首楞嚴經》卷2，（CBETA 2019.Q2, T19, no. 945, p. 111a9-15）

因南宗禪德慣常以「以手指月」[232]來比喻、形容「繞路說禪」，大慧宗杲禪師（1089～1163）解釋曰：「譬如以手指月，手之與月，初不相干，然知手之所指，則知月之所在。」[233]因此禪師們以「曹溪指月」來代表南宗禪之一種接引禪子之禪法。

「南泉（/馬祖）翫月」則是一則公案：

> 「一夕，西堂（智藏，735～814）、百丈（懷海，720～814）、南泉（普願，748～835）隨侍翫月次。（馬祖）師問：『正恁麼時如何？』堂曰：『正好供養。』丈曰：『正好修行。』泉拂袖便行。師曰：『經歸藏、禪歸海、唯有普願獨超物外。』」[234]

此後成為一禪林公案稱為「馬祖翫月」或「南泉翫月」。

「寒山比月」就是指寒山詩「吾心似秋月，碧潭清皎潔，無物堪『比』倫，教我如何說？」中之『比』就是比喻、譬喻。寒山子先拿秋月來比心，云自心清淨如清澈的碧潭所映照之皎潔秋月，然而心為「識王」、「寶王」、「天然物」、「天真佛」如何可以用月來比呢？禪境是不可說、不可言語的。

除了此首千古絕唱之詩外，寒山言月之詩頗多，共計有三十一首（含拾得二首、豐干一首，並已扣除如：三月、五月、歲月

---

[232] 參見：周裕鍇博論《文字禪與宋代詩學》：「在宋人眼中，指與月，符號與意義，能指與所指，語言與存在，往往有同一性。」，p.3。

[233] 參見：《大慧普覺禪師語錄》卷1，（CBETA 2019.Q2, T47, no. 1998A, p. 811a6-8）

[234] 參見：《古尊宿語錄》卷1：「一夕。西堂・百丈・南泉隨侍翫月次。（馬祖）師問。正恁麼時如何。　堂曰。正好供養。　丈曰。正好修行。泉拂袖便行。　師曰。經歸藏。禪歸海。唯有普願獨超物外。」（CBETA 2019.Q2, X68, no. 1315, p. 4b7-10 // Z 2:23, p. 81a6-9 // R118, p. 161a6-9）

等無關月之詩）；其中尤其是「吾心似秋月，碧潭清皎潔，無物堪比倫，教我如何說？」此詩更是廣受歷來之禪師或文人雅士之讚賞、吟詠、擬和。

　　自唐末五代以降，寒山在禪林中多被視為散聖、文殊菩薩之化身，藉詩以度化禪子，如前文所述。而在文人士大夫中，從王安石、蘇軾之擬、和及推崇外，亦有甚多之愛好者，如：黃庭堅（1045～1105）言寒山乃淵明流亞，[235]張鎡（1153～1221？）亦稱寒山為「八老」[236]之一，將寒山列於陶淵明之次；王衡（生卒年不詳，萬曆二十九年，1601，進士）在松上人之《巖棲集》序中云：「（寒山詩）不歌不律，鳥鳴泉流。」[237]；錢謙益（1582～1664）在〈陳古公詩集序〉中云：「吾嘗謂陶淵明、謝康樂、王摩詰之詩，皆可以為偈頌，而寒山子之詩，則非李太白不能作也。」[238]；王士禎（1634～1711）在〈蔣虎臣修　述天台之　賦贈　太史三茅〉中云：「朱顏薄世榮，言尋沃洲路，遙向赤霞城，語識寒山妙，詩同太白清，石梁橫地底，今夜蘿經行。」[239]以上略述寒山詩在由宋代至清代文人中之評價。詳細可參閱葉珠紅著

---

[235] 參見：釋惠洪，《石門文字禪》卷二十七：「山谷論詩以寒山為淵明之流亞世多未以為然獨雲巖長老元悟以為是此道人村氣而俎豆山谷靈源之間也已可驚駭乃又能　評詩之論殊出意外此寒山詩也以山谷嘗喜書之故多為林下人所得顏平原方乞米而山谷已謝得米要之非胡椒八百斛之家也跋叔黨字」，p.15-16，收錄於王雲五主編，《四庫全書珍本》。

[236] 張鎡，《南湖集》卷四-六〈題尚友軒〉：「作者無如八老詩，古今模思更求誰。淵明次及寒山子，太白還同杜拾遺。白傳東坡俱可法，涪翁無已總堪師。胸中活底仍須悟，若泥陳言卻是癡。」

[237] 引自：葉珠紅著《寒山詩集之流傳與影響》，p.130。

[238] 參見：錢謙益，《牧齋有學集》卷十八〈陳古公詩集序〉。轉引自：葉珠紅著《寒山詩集之流傳與影響》，p.131。

[239] 參見：王士禎，《漁洋山人精華錄》卷五，〈蔣虎臣修　述天台之遊賦贈太史三茅〉。

《寒山詩集之流傳與影響》第六章第一節 歷代詩話、文集對寒山及其詩之評議，p.129-147。

至於寒山詩中所示之禪境，我們可依據日本京都學派之泰斗久松真一所提之「禪畫的七個性格」（七つの性格），各舉二首寒山詩來檢視：

1.「不均齊」：高低錯落、前後不齊、沒有幾何之對稱。

在三百多首寒山詩中，他的體裁、長短不一、格律不整、音韻不拘平仄、俚語俗話雅典隨性，自然的「不均齊」。

> 「寒山子，長如是，獨自居，不生死。」[240]
> 「我見世間人，堂堂好儀相，不報父母恩，方寸底模樣。欠負他人錢，蹄穿始惆悵。簡簡惜妻兒，爺孃不供養。兄弟似冤家，心中常悒怏。憶昔少年時，求神願成長。今為不孝子，世間多此樣。買肉自家噇，抹觜道我暢。自逞說嘍囉，聰明無益當。牛頭努目嗔，始覺時已矞。擇佛燒好香，揀僧歸供養。羅漢門前乞，趁卻閧和尚。不悟無為人，從來無相狀。封疏請名僧，喫錢兩三樣。雲光好法師，安角在頭上。汝無平等心，聖賢俱不降。凡聖皆混然，勸君休取相。勸你三界子，莫作勿道理。理短被他欺，理長不奈你。世間濁濫人，恰似黍粘子。不見無事人，獨脫無能比。早須返本源，三界任緣起，清淨入如流，莫飲無名水。」[241]

---

[240] 《寒山子詩集》，（CBETA 2019.Q2, J20, no. B103, p. 667b13）
[241] 《寒山子詩集》，（CBETA 2019.Q2, J20, no. B103, p. 666a13-b2）

短者僅12字，有如順口溜；長者220字，宛如長歌。

2.「簡素」：單純、簡樸、無華。

　　「今日巖前坐，坐久煙雲收，一道清谿冷，千尋碧嶂頭。白雲朝影靜，明月夜光浮，身上無塵垢，心中那更憂。」[242]

　　「一住寒山萬事休，更無雜念掛心頭，閑於石壁題詩句，任運還同不繫舟。」[243]

3.「枯高」：挺拔、勁遒。

　　「獨臥重巖下，蒸雲晝不消。室中雖瞑黤，心裏絕喧囂。夢去遊金闕，魂歸度石橋，拋除鬧我者，歷歷樹間瓢。」[244]

　　「自見天台頂，孤高出眾群，風搖松竹韻，月現海潮頻，下望青山際，談玄有白雲，野情便山水，本志慕道倫。」[245]

4.「自然」：不做作，無心、無念。

　　「時人尋雲路，雲路杳無蹤，山高多嶮峻，澗闊少玲瓏。碧嶂前兼後，白雲西復東，欲知雲路處，雲路在虛

---

[242] 《寒山子詩集》，（CBETA 2019.Q2, J20, no. B103, p. 660b18-20）

[243] 《寒山子詩集》，（CBETA 2019.Q2, J20, no. B103, p. 667b1-2）

[244] 《寒山子詩集》，（CBETA 2019.Q2, J20, no. B103, pp. 655c24-656a2）

[245] 《寒山子詩集》，（CBETA 2019.Q2, J20, no. B103, p. 660a3-5）

空。」[246]

「隱士遁人間，多向山中眠，青蘿疏麓麓，碧澗響聯
聯。騰騰且安樂，悠悠自清閒，免有染世事，心淨如白
蓮。」[247]

5.「幽玄」：深邃、有餘意。

「獨坐常忽忽，情懷何悠悠？山腰雲漫漫，谷口風颼
颼。猿來樹嫋嫋，鳥入林啾啾。時催鬢颯颯，歲盡老惆
惆。」[248]

「慣居幽隱處，乍向國清中，時訪豐干老，仍來看拾
公。獨回上寒巖，無人話合同。尋究無源水，源窮水不
窮。」[249]

6.「脫俗」：灑脫、不流於凡俗。

「高高峰頂上，四顧極無邊，獨坐無人知，孤月照寒
泉。泉中且無月，月自在青天，吟此一曲歌，歌中不是
禪。」[250]

「杳杳寒山道，落落冷澗濱，啾啾常有鳥，寂寂更無
人。淅淅風吹面，紛紛雪積身。朝朝不見日，歲歲不知

[246] 《寒山子詩集》，（CBETA 2019.Q2, J20, no. B103, p. 656c12-14）
[247] 《寒山子詩集》，（CBETA 2019.Q2, J20, no. B103, p. 660b12-14）
[248] 《寒山子詩集》，（CBETA 2019.Q2, J20, no. B103, p. 654c21-23）
[249] 《寒山子詩集》，（CBETA 2019.Q2, J20, no. B103, p. 657b12-14）
[250] 《寒山子詩集》，（CBETA 2019.Q2, J20, no. B103, p. 660b24-c2）

春。」[251]

7.「靜寂」：安定、寂靜。

　　「我居山，勿人識，白雲中，常寂寂。」[252]
　　「可笑寒山道，而無車馬蹤，聯谿難記曲，疊嶂不知
重。泣露千般草，吟風一樣松。此時迷徑處，形問影何
從？」[253]

　　依久松氏之「禪畫的七個性格」的論點，不需具足七點，也
無先後次序，只要合乎其中一、二點即可言有禪意、具禪境，此
意即「一即多」、「多即一」之表現。觀之上述所略舉之數首寒
山詩，雖其各自列於某一項下，然其實每每多通於數項；詩詩皆
禪意盎然、禪境高超，無怪乎歷代各宗禪門祖師之所以喜愛提
舉、評頌、吟詠、擬和不輟，尤其是十三、四世紀南宋至元明時
之禪師。
　　當然我們在禪語錄中所看到的，並非全部都是歌頌、讚賞
的評語，同時也看到一些相反之提舉語、評論，諸如：漳州保
福本權禪師（生卒年不詳，黃龍晦堂祖心禪師1025～11005之法
嗣）曰：「吾心似燈籠，點火內外紅，有物堪比倫，來朝日出
東！」[254]、甘露達珠禪師（生卒年不詳，長蘆道和禪師1057～

---

[251] 《寒山子詩集》，（CBETA 2019.Q2, J20, no. B103, p. 654b21-23）
[252] 《寒山子詩集》，（CBETA 2019.Q2, J20, no. B103, p. 667b8）
[253] 《寒山子詩集》，（CBETA 2019.Q2, J20, no. B103, p. 655b3-5）
[254] 《續傳燈錄》卷22：「上堂舉寒山偈曰：『吾心似秋月，碧潭清皎潔，無
物堪比倫，教我如何說？』老僧即不然：『吾心似燈籠，點火內外紅，有
物堪比倫，來朝日出東！』」（CBETA 2019.Q2, T51, no. 2077, p. 615a13-
16）

1124之法嗣）上堂，喝曰：「寒山子話墮了也！諸禪德，皎潔無塵，豈中秋之月可比！虛明絕待，非照世之珠可倫！」[255]、雲谷禪師（生卒年不詳，寶祐四年1256入住平江府聖壽禪寺）舉：「寒山云：吾心似秋月，碧潭光皎潔，無物堪比倫，教我如何說？」拈云：「既說不得，就模子脫出一个！吾心秋月印中天，到處相逢到處圓！普請且歸林下坐，『好看光影未生前』。」[256] 這些禪師們並非質疑、否定「寒山比月」之禪境，而是用反面之教法，來遶路說禪接引禪子。如同馬祖以「即心即佛」、「非心非佛」勘驗他的弟子法常禪師（752～839）），而言「梅子熟也！」[257]，由上我們可以確知：寒山的嬉笑怒罵、裝瘋佯狂，獨居寒山，實乃是居於天臺頂做嚴修、保任。他的禪境實已臻我語人不會、[258]教我如何說？

---

[255] 《續傳燈錄》卷24：「上堂。吾心似秋月。碧潭清皎潔。乃喝曰。寒山子話墮了也。諸禪德。皎潔無塵。豈中秋之月可比。虛明絕待。非照世之珠可倫。觸露乾坤光吞萬象。普天匝地耀古騰今。且道是箇甚麼。良久曰。此夜一輪滿清光何處無。」（CBETA 2019.Q2, T51, no. 2077, p. 629c11-16）

[256] 《雲谷和尚語錄》卷1：「師舉。寒山云。吾心似秋月。碧潭光皎潔。無物堪比倫。教我如何說。拈云。既說不得。就模子脫出一个。吾心秋月印中天。到處相逢到處圓。普請且歸林下坐。好看光影未生前。」（CBETA 2019.Q2, X73, no. 1454, p. 438a18-21 // Z 2:32, p. 82a10-13 // R127, p. 163a10-13）

[257] 《景德傳燈錄》卷7：「大寂（馬祖道一）聞（明州大梅山法常禪師）師住山。乃令一僧到問云。和尚見馬師得箇什麼便住此山。師云。馬師向我道即心是佛。我便向遮裏住。僧云。馬師近日佛法又別。師云。作麼生別。僧云。近日又道非心非佛。師云。遮老漢惑亂人未有了日。任汝非心非佛。我只管即心即佛。其僧迴舉似馬祖。祖云。大眾。梅子熟也」（CBETA 2019.Q2, T51, no. 2076, p. 254c14-20）

[258] 《寒山子詩集》：「時人見寒山，各謂是風顛，貌不起人目，身唯布裘纏。我語他不會，他語我不言，為報往來者，可來向寒山。」（CBETA 2019.Q2, J20, no. B103, p. 663a21-23）

　　另又有論寒山詩，好壞雜陳、良莠並列，趙滋蕃言：「夢境、禪意、和沒有詩題的詩，所共同呈現的精神狀態，是一種不穩定的平衡。寒山詩之出現兩極化現象，應與此發生密切關係。」[259]所以其詩呈現出好壞並列，工整合律之佳作有之、幼稚乏意之破詩亦有，三言絕句之短詩與二百多字之長詩並陳；無怪乎孫昌武懷疑其詩為有一作者群為集體之作，[260]甚至更有人懷疑寒山患了「妥瑞症」（Tourette Syndrome）[261]、「迷狂症」[262]但是考量寒山之人生經歷，出身在優渥的家庭、文經四、五次不第之打擊、武又從軍落空，居家又不解秉耒耜，遭兄責、妻疏，有家歸不得，顛沛流離；面貌枯瘁、布襦零落、餐寺僧之殘食菜滓、又時遭寺僧杖逐霸凌，於此情況下，如何不叫他能不叫噪或望空慢罵？另又因彼時南宗禪禪林之風，盛行棒喝、[263]禪師經常有之出乎常態的言行、舉止，以呵笑、拍手、叫跳來表達禪境是很自然之事；再就其詩集之形成超過七十年之歲月，從三十歲不曉世事、失意潦倒，到學道、入佛、悟禪、知天命；一路走來，當然其詩之表現，有高、有低、有糟粕、有佳作；絕不可語之失心、迷狂。更何況我們若從禪悟之視角，來品讀寒山詩，其禪境是無

---

[259] 參見：趙滋蕃，〈寒山詩評估〉，收錄在為《合訂天台三聖二和詩集》1970年這一代出版社出版本中，（代跋之二），p.333。

[260] 參見：孫昌武〈寒山傳說與寒山詩〉：「寒山詩非寒山子一人所作，應另有一個寒山詩的作者群，寒山子只是其中的一人（或是主要的一人）而已。」轉引自：項楚著，《寒山詩注》，p.18。

[261] Tourette Syndrome一種又會抖又會叫病症，精神狀態介於天才與瘋子之間。參閱：https://www1.cgmh.org.tw/chldhos/intr/c4a90/new_page_29.htm 2019.10.04點擊。

[262] 參見：陳鼎環，《中國詩季刊》寒山詩專號二集 第三卷第四期，〈寒山的禪境與詩情〉，p.12。

[263] 棒喝之風起自馬祖，非起於德山、臨濟之時，馬祖有一喝百丈耳聾三日之記載。

物堪比倫，教我如何說？

小結

　　寒山子，從中唐大曆年間之一個落魄文人，由數度考舉落第後，又遭家人之嘲諷、鄙視，從故居長安一路流浪南下，最後隱居、終老於天臺山寒巖洞，由於彼將其一生所經歷之心路歷程，以詩偈書寫於岩壁、竹木之上，經有心人收輯錄下，而留存下來，計有三百餘首詩偈，其中包含其一生從青年屢試不第、憤世嫉俗，經中年棄文田作，後去俗向道，及至晚年修佛習禪、悟後留下一些頗具深邃之禪境的詩偈，自唐末、五代之時，已開始引起文人、詩僧之注意了，到了兩宋時，禪師們更是樂道，常於上堂時提舉寒山子話題，示眾以接引禪子，同時也引起了禪僧畫家們之興趣，喜以之為畫禪之題材，自南宋到元時，留下了許多的有關寒山拾得之繪畫，在下一章中，本書將略舉數幅寒山拾得繪畫，述其寓意。

第五章　有關寒山拾得繪畫

　　寒山拾得之傳奇，因詩而名、因詩而流傳，除了在文人士大夫間廣為吟唱、擬和外，在禪林中禪師們亦時常提舉、評唱，在畫壇上也不缺席，自唐末五代時，畫僧、也是著名的詩僧，貫休把寒山、拾得畫成羅漢像（見圖35）、南宋寧宗時畫院之畫師梁楷（見圖36）、及稍後之畫僧牧谿皆有寒山拾得之畫作流傳下來（見圖39）、及至南宋末、及入元之際（約當十三、四世紀之時），正當禪林中禪師們熱衷提舉、評唱寒拾之詩時，寒拾之畫也應運而興起，除了本書第三章所列舉之因陀羅及「傳」因陀羅之畫作（見第三章圖18～22及33、34）外，尚有很多佚名及「傳」或仿某名家之寒山拾得題材的畫作，這些寒山拾得繪畫，大多數流傳到日本[1]，然而卻是無心插柳柳成蔭，這些畫作，正值日本室町幕府之時，受到幕府足利將軍及武士們之喜好，蔚然成風，彼時日本人不但廣為搜羅中國之畫作，[2]甚且在日本國內興起「南畫」風潮，而此畫風以僧人為主，尤其是禪僧。他們將禪修與日常生活有關之各種休閒、藝術活動結合，發展出一系列的「道」，如花道、茶道、香道、書道、繪畫、能劇等，這些禪藝

[1] 其原因為這些畫作多為疏筆、潑墨、筆畫草草不為中國之文人士大夫階層人士所欣賞，尤其是入明之後吳派、浙派興起時，更是嫌惡之。詳可參見前文第二章。
[2] 尤其是在四明地區，做為當時對日本的主要出口港，更產生了數個的職業畫家集團，專畫甚至仿作名家之畫出口日本。

231

術之「道」，充分的發揮了馬祖之「平常心是道」，行住坐臥、應機接物盡是道。同時把中國之書法、繪畫，從文人畫、墨戲，發展成書道、禪畫。將書法、繪畫、參禪合而為一，禪師們皆能提筆做書、繪畫，不拘法度、筆法，只要能把禪意、禪境表達出來即可。[3]正如同寒山子詩一樣，「不識蜂腰，不會鶴膝」、「若能會我詩，把著滿面笑」、「楊脩見幼婦，一覽便知紗」。

第一節 寒山拾得繪畫的表現及其演變

一、早期之寒山拾得繪畫（唐、五代至宋）

早在中、晚唐之時，閭丘胤之〈寒山子詩集序〉云：「國清，圖寫儀軌」[4]但因其語意模稜兩可，雖言圖寫，又附加了儀軌，有學者認為圖寫的不見得寒山拾得的圖像，有可能是佛教禮拜儀式之儀軌。但極有可能是真有寒山拾得豐干三人之圖像，懸掛在國清寺之三賢堂上，供人禮拜朝聖，[5]此種圖像形式上，應為祖師相之型式圖像。[6]兩宋之際時，呂本中（1084～1145）於其《東萊詩集》中有云：「觀甯子儀所蓄〈維摩寒山拾得〉唐畫，

---

[3] 詳可參見本章第三節。

[4] 參見：《寒山子詩集》：「是故國清，圖寫儀軌，永劫供養，長為弟子。」（CBETA 2019.Q3, J20, no. B103, p. 653c14-15）。

[5] 參見：〔宋〕李庚等編，《天台續集》卷中，張景修（生卒年不詳，於元豐末1085為饒州浮梁令）撰之《三賢堂》詩：「今古三賢隱，仙凡兩路分，唐人書畫在，明日更殷勤」。

[6] 日僧成尋（1011～1081）在其《參天臺五臺山記》卷一：「參禮三賢院，三賢者：豐干禪師、拾得菩薩、寒山菩薩，彌陀、普賢、文殊化現。禪師傍有虎，二大士是俗形也。」。此文中之「二大士是俗形」，可能是指非佛菩薩之裝束，為現祖師相。

歌君不見寒山子垢面蓬頭何所似？戲拈拄杖喚拾公，似是同游國清寺。」[7]此畫已佚，我們無法確知畫作之內容、表現型式與確切之年代，呂本中活動於兩宋時之際，彼言「唐畫」、「丹青傳百年」，姑不論此畫之正確年代，但由此可推知寒山拾得題材在唐末、五代時，已經步下聖堂走入丹青畫了，至少在五代時貫休已有寒山拾得之應真像（羅漢像，見圖35）水墨畫了。據呂本中所述之甯子儀持有的〈維摩寒山拾得〉唐畫中所描述之寒山相貌為「垢面蓬頭」，呼應了閭丘胤偽序中所描述的「狀如貧子，形貌枯悴」[8]；在北宋初年成書之宋高僧傳中，亦有作「老叟之貌」[9]的描述。因之本書推測早期之寒山拾得繪畫，多以滿頭鬖髮之老叟樣貌，來表現其亦僧亦俗、非僧非俗之散聖的身分。實際上，禪僧、羅漢之圖像，亦常常為滿頭亂髮之相。底下列舉數幅早期寒山拾得繪畫，諸如五代貫休、南宋梁楷、牧谿等之畫作，（見圖35～39）。

---

7 參見：《東萊詩集》卷3：「觀甯子儀所藏〈維摩寒山拾得〉唐畫，歌君不見寒山子垢面蓬頭何所似？戲拈拄杖喚拾公，似是同游國清寺；又不見維摩老，結習已空無可道，牀頭誰是散花人？墮地紛紛不須掃。嗚呼！妙處雖在不得言，尚有丹青傳百年；請公着眼落筆前，令我琢句逃幽禪；異時净社看白蓮，莫忘只今香火緣。」

8 參見：《寒山子詩集》，（CBETA 2019.Q3, J20, no. B103, p. 653a10）。

9 參見：《宋高僧傳》卷22：「多作沙門之形。設如異迹化成。或作老叟之貌（寒山拾得）瘡痍可惡疥癩堪嫌。或逆適於恒流。或謗張於下類。伊皆難測。孰曰易知。將逆取順之由。反權合道之意耳。或曰。感通之說近怪乎。對曰。怪則怪矣。在人倫之外也。苟近人情之怪。乃反常背道之徒歟。此之怪也。非心所測。非口所宣。能至其涯畔矣。令神仙鬼物皆怪者也。仙則修鍊成怪。鬼則自然為怪。佛法中之怪則異於是。何耶。動經生劫依正法而修。致自然顯無漏果位中之運用也。知此怪正怪也。在人情則謂之怪。在諸聖則謂之通。感而遂通。」（CBETA 2019.Q3, T50, no. 2061, p. 855a1-13）

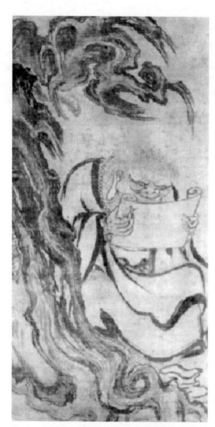

圖35：〈羅漢〉（寒山拾得），傳禪月繪，藤田美術館藏，掛幅，絹本，109.3x50.2cm，引自：
《日本繪畫館12 渡來繪畫》p.156、p.46。

　　此畫中之寒山雙手展卷（圖35-1）、拾得腳邊置箒（圖35-2），二人皆為髼髮之老叟作羅漢像，展現出彼為佛教之散聖身分。此種「寒山展卷、拾得執帚」及寒山拾得之滿頭髼髮、造型樣式，被宋、元之禪畫家作為榜樣來遵循及發揮與改造。

圖36：〈寒山拾得圖〉，梁楷繪，日本熱海美術館藏，紙本墨畫，81.1x34cm。引自：《水墨美術大系》第四卷《梁楷‧因陀羅》，圖39。

　　此畫中之寒山拾得樣式，以一副悠然自得之文人、隱士狀來表現。圖中可以看到梁楷之簡筆畫法，數筆輕寫臉面，半乾之淡墨三兩筆刷出頭髮，衣服則線條加上淡墨刷寫，荒荒數筆一揮而就，沒有背景餘物，主題人物布滿大半空間，他的〈李白行吟圖〉也是如此，純粹是圖像之表現，此為簡筆人物畫發軔之始。

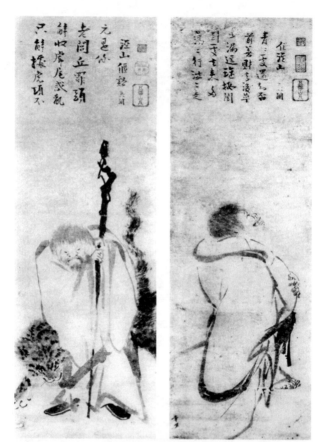

圖37：〈豐干布袋對幅圖〉，李確繪，偃谿廣聞贊，日本妙心寺藏，紙本水墨，重文，各
104.8x32.1cm。引自：《水墨美術大系》第四卷《梁楷‧因陀羅》，圖45、46。

圖37-1，〈豐干圖〉偃谿廣聞禪師（1189～1263）題贊：

只解拕虎頭

不解取虎尾

惑亂老閭丘

罪頭元是爾

徑山偃谿廣聞

鈐印（三枚）
圖37-2，〈布袋圖〉偃谿廣聞禪師題贊：

　蕩蕩行波波走
　到處去來多少
　漏逗寶樓閣前
　善財去後
　草青青處　還知否
　　住徑山　廣聞

鈐印（三枚）

　李確（生卒年不詳，為南宋樑楷之弟子），其〈豐干圖〉
（圖37-1）與〈布袋圖〉（圖37-2）成一對幅，此畫之風格繼承
了其師梁楷之簡筆畫風；老虎也入了〈豐干圖〉，此與先前之石
恪的〈二祖調心圖〉（見圖38），應可能是後來發展出來之〈四
睡圖〉（參見圖49：默庵靈淵筆、祥符紹密贊之〈四睡圖〉）之
早期的典範吧。另一值得一提之點為，梁楷之畫作無禪師題贊，
而到了其徒李確之此二圖，有了五山十剎之首的徑山寺廣聞禪師
之題贊，或許也是開展一時禪畫之新風尚，之後的禪畫多有禪師
大德之題贊。

圖38：〈二祖調心〉之一，石恪繪，東京博物館藏，紙本墨畫，35.4x64.2cm，引自： 東京博物
館監修，《宋元の繪畫》，p.18。

圖39：〈寒山拾得豐干圖〉，傳牧谿繪，絹本墨
畫，138.5x93.2cm。引自：《水墨美術大
系》第三卷《牧谿‧玉澗》，圖14。

　　牧谿之畫相較於梁楷，較為工筆寫人物，也多留一些留白，畫風較具南宋時之文人畫風格。畫中之寒山身著布衣（非僧服）、頭戴樺皮冠、腳穿木屐，如同閭丘胤偽序中所述：「樺皮為冠，布裘破敝，木屐履地」[10]並且以右手執筆題詩於石壁上，正是寒山詩中所云：「閑於石壁題詩句。」[11]之寫照。

二、鼎盛時之寒山拾得繪畫（南宋末至元代—因陀羅之時代）

　　寒山詩在兩宋期間，大為盛行，文人、禪師們盛行擬和、吟誦，尤其是在禪林中，眾多的禪師們很喜歡在上堂時提舉、評唱寒山拾得之話題，或以寒山詩為機鋒語，來接引禪子。宋元時期禪風鼎盛，不但禪林禪子眾多，同時文人、士大夫亦多習禪，再加以文人畫、墨戲的興起，不僅是畫僧，連文人們都喜好以寒山拾得為題材入畫，因此此時期寒山拾得繪畫非常之盛行。此時期之寒山拾得畫作之表現可分二種風格：一為以禪意、禪境為主之禪畫風格圖繪，另一為較注重繪畫之筆法、墨法規矩之文人畫風格圖繪；當然兩者之間並無明確之分界。

　　除了在本書第三章所介紹之因陀羅及傳因陀羅所繪之〈寒山拾得圖〉（圖18～22、33、34；為方便閱讀，本書將這些圖，重列舉於下一頁圖40）及禪林中當時（南宋末、元）所傳之二幅佚名之寒山拾得繪畫（圖41、42），屬於禪畫風格之繪畫外，尚有如顏輝（圖43）、及明初之劉俊（圖44）等文人畫家之畫作，雖亦略具禪意、禪趣，然其表現手法明顯地偏向於文人畫。

---

[10] 參見：《寒山子詩集》，（CBETA 2019.Q3, J20, no. B103, p. 653a12-13）。

[11] 參見：《寒山子詩集》：「一住寒山萬事休，更無雜念掛心頭，閑於石壁題詩句，任運還同不繫舟。」（CBETA 2019.Q3, J20, no. B103, p. 667b1-2）。

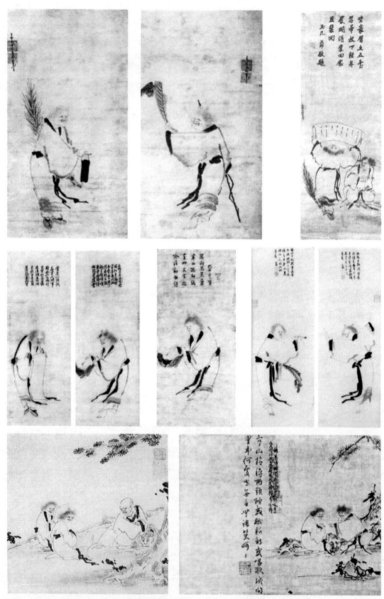

圖40：因陀羅及傳因陀羅所繪之〈寒山拾得圖〉（原第二章之圖18〜22、33、34）

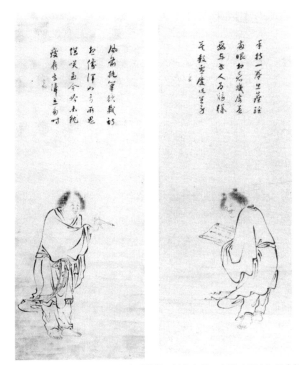

圖41：〈寒山拾得對幅圖〉，佚名繪，虎巖淨伏贊，紙本水墨，左圖（寒山）日本靜嘉堂文庫美
術館藏，82x31.5cm，右圖（拾得）日本常盤山文庫藏，78.9x32.4cm。引自：櫪木縣立博
物館《寒山拾得 描かれた風狂の祖師たち》，p.103。

　　寒山圖上方，虎巖淨伏禪師（生卒年不詳，活動於元世祖至
元末年）贊：

　　　　風前執筆欲裁詩
　　　　想像洋如有所思
　　　　堪咲至今吟未就
　　　　瘦肩高聳立多時
　　　　　　淨伏

拾得圖上方，虎巖淨伏禪師贊：

> 手持一卷出塵經
> 兩眼相看幾度春
> 要與世人為牓樣
> 莫教虛度此生身
> 　　　淨伏

繪圖者，佚名，然題贊之虎巖淨伏禪師為元世祖時代之人，此畫應是在因陀羅之前就已繪成了，此二幅圖流傳至日本，分屬不同館藏。其筆線細緻、流暢，風格與因陀羅之繪畫風格有明顯之差異。

圖42：〈寒山圖〉，佚名繪，惠照禪師贊，紙本水墨，89.1x31.2cm。引自：東京博物館《宋元の繪畫》，圖39。

圖左上方有惠照禪師（1290～1374）[12]之贊：

> 閭丘下拜
> 豐干饒舌
> 信步狼忙走出門
> 爭教背後無人說
> 比丘惠照拜題

鈐印（三枚）

　　繪圖者，佚名，然題贊之惠照禪師為元末、明初之人，此畫應約略晚於因陀羅。其筆法繼承了梁楷之風格，流傳到日本後，對日本室町時期之寒山拾得禪畫，有了明顯之影響，可參見底下所列舉之日本室町時期之寒山拾得繪畫。

---

[12] 惠照禪師據日本學者田中一松之研究（見《宋元の繪畫》〈圖版解說〉，p.11），亦作慧照禪師，為育王東嶼德海（1256-1327）法嗣，大鑑下第二十三世。少依瑞光院長老良公薙落。初謁晦機於淨慈，後謁東嶼德海。初住溫州明慶，天曆二年（1329）遷明之寶陀。後繼性空達師之席主育王，作三關語以驗參學。退位後，於妙喜泉築「夢庵」，自號「夢世叟」，有《千禪師語錄》行世。參見：法鼓，《人名規範資料庫》，慧照條。

圖43：〈寒山拾得對幅圖〉，傳顏輝繪，東京國立博物館藏，絹本，各27.6x41.8cm，引自：《宋元の繪畫》，圖47。

　　顏輝之畫則用筆多刻劃、筆法奇特、怪異，人物表情生動、傳神。此種畫法之寒山拾得圖像，到了明清之時，伴隨著民俗信仰之發展，成為和合二仙民俗圖像之樣圖。

三、因陀羅時代之後的寒山拾得繪畫（明清以迄）

　　入明之後，在中國寒山拾得禪意畫，已逐漸消失，究其原因為：一方面寒山拾得禪宗散聖身分因受到佛教世俗化、佛道混融之民間信仰的影響，逐漸轉變成和合二仙，另一方面禪林中之禪意畫，也因浙派文人畫之興起而沒落。寒山拾得題材之繪畫也幾

近消失，即使有也多偏帶文人畫風格或表現為和合二仙之繪畫。
然而，在宋元之際，禪（意）畫被大量的入宋、入元日僧攜回日
本，且受到日本室町幕府（1338～1573）統治者及武士階層的喜
好，而大放異彩，出現了大量的寒山拾得題材之禪畫。

圖44：〈寒山拾得對幅圖〉，傳劉俊繪，絹本著色，各134.1x73.1cm，東京國立博物館藏。引
自：櫪木縣立博物館，《寒山拾得─描かれた風狂の祖師たち》，p.20。

此畫之作者（傳）劉俊（1417～1487）[13]為明初之官員─士

13　參見：《畫史會要》卷四：（明）劉俊，字廷偉，人物、山水俱佳。另：
　　中央研究院數位文化中心 鏈結開放資料平台：劉俊，字士英，陝西寶雞人。
　　正統十年進士，授編修，累陞南京國子監祭酒，尋改南通政司左通政，累官南工
　　部右侍郎致仕，成化二十三年卒。俊初拒附石亨，人多其守。晚歲頗以衰頹
　　戀祿,士論薄之。https://data.ascdc.tw/demo_res.php?s=http%3A%2F%2Fdata.

大夫、文人，其畫中之寒山拾得雖仍然是「寒山執筆、拾得展卷」，然而其繪畫之風格及表現，無論是人物之衣著、神態、筆法皆不脫文人畫之表現。

圖45：〈寒山拾得圖〉，蔣貴繪，美國普林斯頓大學美術館藏，絹本著色，173.5x105.5cm。轉引自：崔小敬，《寒山：一種文化現象的探尋》，圖8。

此畫作者蔣貴（生卒年不詳）[14]他的繪畫學習吳偉（1459～1508）之文人畫，遙宗南宋之院體畫。此畫中之拾得持帚，穿著

---

ascdc.tw%2Fdnb%2FAgent%2FNO000024533&i=2&pj=history 2020.01.20點擊。

[14] 參見：《畫史會要》卷四：（明）蔣貴，號青山，儀真人，宗吳小仙（按：吳偉）。人物逼真、細膩，山水畫寫實似真。

破布衣，身分應似勞動者，寒山著白布衣、頭戴方巾，手提一壺酒，表現為一不第之落魄文人，回歸到寒山拾得之原始身分。此畫之主題雖仍為寒山拾得，但已不能視為禪畫了。

圖46：〈寒山拾得圖〉，羅聘繪，紙本水墨淡彩，78.2x51.3cm，美國納爾遜美術館藏，引自：洪文慶主編，《海外中國名畫精選III》，p.283。

此畫之作者為明末清初之揚州八怪[15]之一羅聘[16]所繪，羅聘工

---

[15] 揚州八怪是指於清康熙中期到乾隆末期時，活躍於揚州地區之一批性格、畫風相近的書畫家們之稱，亦有稱揚州畫派。其實不止八人，一般八怪多指：汪士慎（1686～1759）、李鱓（1686～1756）、金農（1687～1763）、黃慎（1687～1772）、高翔（1688～1753）、鄭燮（板橋，1693～1765）、李方膺（1696～1755）、羅聘（1733～1799）等八人。

畫且好禪悅，此畫筆法細緻，雖偏文人畫畫風，但具有禪趣、禪意。宋元之〈寒山拾得圖〉，自明代之後一變，不再有「因陀羅樣」─禪宗散聖之式樣，逐轉而成為和合仙人之樣式的民俗信仰繪畫。

圖47：〈和合二仙〉，黃慎繪。轉引自：崔小敬，《寒山：一種文化現象的探尋》，圖13。

16　中央研究院院數位文化中心 鏈結開放資料平台：聘，字雨峯，江都人。淹雅工詩，從農游，稱高足弟子，畫無不工。躭禪悅，夢入招提曰花之寺，髣髴前身，自號花之寺僧。多摹佛像，又畫鬼趣圖，不一本。游京師，跌宕詩酒，老而益貧。曾煨為兩淮運使，資之歸，未幾卒。妻方婉儀，亦工詩畫，好禪，號白蓮居士。https://data.ascdc.tw/demo_res.php?s=http%3A%2F%2Fdata.ascdc.tw%2Fdnb%2FAgent%2FNO000016218&i=1&pj=history 2020.01.20點擊。

　　此圖作者也是揚州八怪之一的黃慎[17]所繪，同是以寒山拾得為題材來入畫，但已完全脫離了寒山拾得禪畫之繪畫了，表現為民俗信仰式樣的民俗繪畫了。

　　以上所述之宋元時期的〈寒山拾得圖〉，大多數流傳到日本，其構圖及其繪畫風格影響了日本，在隨後之室町時期，發展出大批的寒山拾得繪畫，如下文所略舉之圖，除了圖51及52（隨後再述）外，展卷、題詩、指空、持帚等皆延續中國宋元之畫法，唯其髮式不同於中國的鬐髮，可能是基於日本人之髮式習慣不同；另也很少畫芭蕉葉了，蓋因日本不生長此種植物，全以手卷代之。至於圖51足利義持將軍所畫之〈寒山圖〉，幾乎是傳管道昇所繪之〈魚籃觀音圖〉之翻版（亦即戶田禎佑所指的，可能為因陀羅早期之作），在此亦不論，值得一提的是圖52靈彩的〈寒山圖〉，非常具有原創性，寒山執卷背向逆風而上寒山，「杳杳寒山道，落落冷澗濱…寂寂更無人，淅淅風吹面。」[18]、「山高多嶮峻，澗闊少玲瓏…欲知雲路處，雲路在虛空。」[19]不畏

---

[17] 黃慎（1687-1766），清代著名畫家，字恭懋，後已改字恭壽、菊莊，號癭瓢，又稱東海布衣。福建寧化人。幼家貧，後長期寓居揚州，賣畫為生。讀書常有古廟佛殿的長明粉下。初師上官周，學工細人物山水。後變化為粗筆揮寫，以簡馭繁，氣勢雄偉，筆意縱橫，於粗獷中見粗煉。他擬定民人物除歷史故事、神仙佛像之外，多從民民間生活取材，常畫勞動人民的形象。專畫流丐、縴夫、漁民等，往往只用寥寥數筆，便能形神兼備。寫山水、花鳥、蟲魚等，也無不工妙。為「揚州八怪」之一。https://kknews.cc/culture/l6bzjy2.html 2020.01.20點擊。
[18] 參見：《寒山子詩集》：「杳杳寒山道，落落冷澗濱，啾啾常有鳥，寂寂更無人。淅淅風吹面，紛紛雪積身。朝朝不見日，歲歲不知春。」（CBETA 2019.Q3, J20, no. B103, p. 654b21-23）。
[19] 參見：《寒山子詩集》：「時人尋雲路，雲路杳無蹤，山高多嶮峻，澗闊少玲瓏。碧嶂前兼後，白雲西復東，欲知雲路處，雲路在虛空。」（CBETA 2019.Q3, J20, no. B103, p. 656c12-14）。

249

飢寒困頓、不懼疾風險阻,直往解脫道行去。

　　底下將列舉數幅日本室町幕府時期(1338〜1573)的寒山拾得之禪畫(─因陀羅之後)於下:

圖48:〈寒山圖〉(一山一寧贊),大阪 藤井德義藏,紙本墨畫,72.2x29.7cm,引自:Kurt Brasch(クルト・ブラッシュ)著,《禪畫》,圖版4。

　　圖中間正下方,畫了「寒山展卷」,無繪者之任何銘記,不知是何人所繪,然圖上方處有一山一寧[20]之贊(由左行向右讀起):

---

[20] 參見法鼓,《人名規範資料庫》,一山一寧條:一山一寧(いっさんいちねい,1247〜1317)宋代臨濟宗楊岐派僧,台州胡氏。幼年出家,居普陀

雙澗聲中五峰頭

看展此一卷經

且不識字義

一錐風斷老無於此

　　一山比丘一寧贊

圖49：〈四睡圖〉（祥符紹密贊），默庵靈淵繪，前田育德會藏，紙本墨畫，73.7x32.5cm，引
自：《日本美術繪畫全集第一卷可翁‧明兆》，圖14。

───────

山，得法於頑極行彌。至元間（1271-1295），主昌國祖印寺。元成宗大
德三年（1299），敕使東航，勸化日本。師又精通朱子學，與弟子雪村友
梅同為日本五山文學之先河。其法派稱一山派，為日本禪宗二十四派之
一。日本書保元年（1317）示寂，享年七十一，被尊稱為一山国師。

　　默庵靈淵[21]所繪，圖正下方有豐干禪師左倚著一隻趴睡之虎，師右側有拾得倚靠著打盹，師後寒山趴著虎背憩，曰「四睡」；[22]從圖之左側有山岩及樹枝斜插，右上則有祥符紹密（生卒年不詳）之贊：

　　　老豐干抱虎睡

　　　拾得寒山打作一處

　　　做場大夢當風流

　　　依依老樹寒巖底

　　　祥符紹密拜手　　鈐印（白雲□□）

圖50：左圖（50-1）：〈寒山圖〉，可翁繪，紙本水墨，98.6x33.5cm，國寶級，私人藏；中圖（50-2）為〈寒山圖〉，傳可翁繪，78.5x30.7cm，兵庫縣 穎川美術館藏；右圖（50-3）為〈拾得圖〉，傳可翁繪，79.3x33cm，私人藏。分別引自：《日本美術繪畫全集第一卷 可翁‧明兆》，圖57、4、3。

　　可翁[23]及傳可翁所繪，無落款也無題贊，唯在圖下方邊角有一方鈐印，印文為「可翁」。左圖寒山「樺皮為冠，布裘破敝，木屐履地」[24]背負雙手，站立在（寒巖）松樹下，眼睛凝視著遠端上方，可能心中想著「吾心似秋月」吧！中圖寒山亦「樺皮為冠，布裘破敝，木屐履地」，但一手指向上方，應是在指月吧！（按：雖圖畫上沒有畫出月，因畫出之月已非月了，禪者因指而得月。）此圖與右圖「拾得執箒」（順著寒山之指，望遠方上空之月）想必原為一對幅。可翁這些圖有梁楷的〈寒山拾得圖〉（見圖36）筆法之痕跡，且與惠照禪師所贊之佚名作者的〈寒山圖〉（見圖42）畫法、風格相近。

---

[21]　黙庵靈淵（もくあん‐れいえん，？～1345）。元嘉曆（1326～1329）年間渡海入元，遍參天童山平石如砥、育王山月江正印、壽山本覺寺了菴清欲及天竺寺楚石梵琦等名僧。並訪西湖之六通寺，獲贈六通寺之開山和尚牧谿之遺印，被尊稱「牧谿の再来」，1345客死中國；後其畫作被其弟子攜回日本，《君台観左右帳記》誤判其為元人。

[22]　此「四睡」圖之所據禪意、禪境意涵，將會在下文之〈寒山拾得繪畫的表現〉小節中詳述之。

[23]　可翁（かおう，生卒年不詳），活躍於鎌倉時代（1185～1333）末期至南北朝時代（1331～1392）之畫僧。黙庵らと共に日本の初期水墨画を代表する存在として名高い。收藏於：穎川美術館
彼の作品に押捺されている二つの印章の解釈に従い、二通りの説がある。一つは、「可翁」の朱文方印の下に「仁賀」と判読される小さな朱文方印が押されることから、「可翁仁賀」という「賀」の字が付く事が多い詫磨派の絵仏師であるとする説。もう一つは「可翁」の方を重視し、「可翁宗然」という禅僧とする説である。この可翁は、筑後国出身で建長寺の南浦紹明に参じた後、元応2年（1320年）に元に渡り中峰明本、古林清茂などに参学、嘉暦元年（1326年）帰国後、博多崇福寺や京都万寿寺、建長寺、南禅寺に入寺、貞和元/興国6（1345年）に示寂した、当時の禅宗界の大立者である。宗然については同時代の記録も多いが、禅余の絵事に触れた史料はない。https://ja.wikipedia.org/wiki/%E5%8F%AF%E7%BF%81 20191011點擊

[24]　三件：閭丘胤，〈寒山子詩集序〉。

圖51：〈寒山尊像〉（春作叟禪興贊），足利義持繪，岡山縣美術館藏，紙本墨畫，
68.7x32.6cm，引自：櫪木縣立博物館，《寒山拾得 描かれた風狂の祖師たち》，圖版6。

此圖由室町幕府第四代執政將軍足利義持（あしかが よし
もち，1386～1428，Re1394～1423）所繪，在圖之正下方繪一手
執一卷經之寒山子，圖之左上角有春作禪興之贊（由左行向右讀
起）：

　　一個宰官身　一個風狂子
　　手中一卷經　了義不了義
　　　　　　　　　　　　　　　　　咄
　　寒山尊像
　　勝定院殿主筆

舂作叟禪與焚香拜贊

　　此畫之風格及其構圖，極類似本書第三章第一節中之圖8：傳管道昇所繪之〈魚籃觀音圖〉（按：依該圖之風格，日本學者戶田禎佑，認為是因陀羅早期之作），有可能足利義持是看了那幅畫作，而仿作的；由此圖之表現，可以想像十三世紀末、十四世紀初時—因陀羅早期剛到中土之際時之寒山拾得圖之風格。

圖52：左圖（52-1）：〈寒山圖〉，靈彩繪，東京 五島美術館藏，重文級，紙本水墨，83.3x35.3cm，引自：《日本美術繪畫全集第一卷可翁・明兆》，圖55。
　　右圖（52-2）：〈出山釋迦圖〉，梁楷繪，日野原 宣藏，絹本著色，119x53cm，引自：《水墨美術大系》第四卷《梁楷・因陀羅》，圖版3。

圖52-1為靈彩[25]所繪，無題贊，只有在圖右下方邊角處有一簽字（靈彩筆）及其上有鈐印（「脚踏實地」白文）。圖中寒山子手捧著經卷/詩篇手卷，在強風中，面帶笑容，獨自登陟「杳杳寒山道」上。據櫪木縣立博物館研究員橋本慎司對靈彩此圖之評語為：「寒山之姿有如釋迦出山一般」（按：揚溢著「悟之喜悅」）、（參見右圖52-2）。

圖53：〈寒山拾得對幅圖〉，墨谿繪，岡山 鄉地武夫藏，絹本淡彩，各37x20cm，引自：Kurt Brasch（クルト・ブラッシュ）著，《禪畫》，圖版14-15。

25 靈彩（れいさい，生卒年不詳，活躍於十五世紀初），東福寺之畫僧，畫風近於吉山明兆派。作品に「脚踏実地」の印を押す。これと、明兆の用印「破草鞋」、霊彩の兄弟弟子と見られる「赤脚子」の三印は、どれも『碧巌録』が出典の足に関係する用語で、禅語の成句としてもしばしばまとまって使用される。画風は明兆が推めた線描の図案化を発展させ、画題の内容よりも暢達な線描の繰り返しや慎重に統御された墨調を生かし、造形的な面白さを指向している。https://ja.wikipedia.org/wiki/%E9%9C%8A%E5%BD%A9 20191011點擊

　　此對幅為十五世紀後半葉墨谿[26]所繪，無款識及題贊。主題為：「寒山指月、拾得展卷」。

圖54：〈寒山拾得對幅圖〉，遮莫繪，岡山 鄉地武夫藏，紙本墨畫，各74.0x41.0cm，引自：櫪木縣立博物館，《寒山拾得 描かれた風狂の祖師たち》，圖版24。

　　此對幅為遮莫（しゃばく，生卒年不詳），於十六世紀時，仿：牧谿之〈寒山拾得豐干圖〉（見本章第一節之圖39）的習作品。主題表現：「寒山題巖、拾得磨墨」，二圖之下方邊角處皆

---

[26] 墨谿，生卒年不詳，活動於十五世紀後半葉。存留有畫作：〈孤篷庵〉，晚年の遠州の姿を想像して描かれたもので、上部に遠州の参禅の師である春屋宗園の賛がある。〈達磨図〉，雪舟等揚（1420〜1506）と同じく天章周文（しゅうぶん、生没年不詳，約活動於公元15世紀）に師事した墨谿筆の達磨図で、衣服にみる力強く野太い筆線描写は墨谿画の特徴のひとつである。https://ja.wikipedia.org/w/index.php?search=%E5%A2%A8%E8%B0%BF&title=%E7%89%B9%E5%88%A5%3A%E6%A4%9C%E7%B4%A2&go=%E8%A1%A8%E7%A4%BA&ns0=1 20191011點擊。

有遮莫之署名及二鈐印：圓印（印文不識）及一龜形圖案印。

圖55：〈寒山拾得圖〉， 左圖（55-1）：啟牧繪，櫪木縣立博物館藏，紙本墨畫，95.5x42.2cm。右圖（55-2）：興牧繪，正木美術館藏，紙本墨畫，44.0x27.6cm。引自：櫪木縣立博物館，《寒山拾得 描かれた風狂の祖師たち》，圖版14、15。

　　此二幅風格類同，皆為十六世紀時之祥啟畫派之風格，以「寒山指出，拾得注目」[27]為主題。左圖（55-1）為啟牧（生卒年不詳，為十六世紀號「榮普齋」之祥啟派畫家））所繪，右下角

────────────
[27] 《北磵居簡禪師語錄》〈寒山〉：「寒山指出，拾得執指。不曾見月，矮子看戲。」（CBETA 2019.Q2, X69, no. 1365, p. 678c14-15 // Z 2:26, p. 81a8-9 // R121, p. 161a8-9）

有鈐印，印文為「啟牧」白文；右圖（55-2）為興牧（生卒年不詳，為十六世紀之祥啟派畫家，《古畫備考》疑為仲安真康）所繪，無款印。

圖56：〈寒山拾得對幅圖〉，啟孫繪，本法寺藏，紙本墨畫，各73.5x28.7cm，引自：櫪木縣立博物館，《寒山拾得 描かれた風狂の祖師たち》，圖版13。

　　此二幅為本法寺之文殊菩薩尊像的左右幅像，為啟孫（生卒年不詳，為十六世紀號為休月齋之祥啟派畫家）所繪，二圖之外側下方邊角皆有「啟孫」之鈐印，無題款及題贊。以「寒山指月、拾得撫掌」為主題。

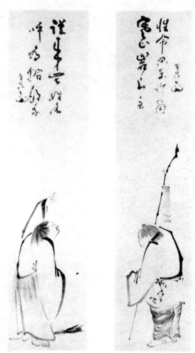

圖57：〈寒山拾得對幅圖〉，東嶺円慈贊，東京 細川護立藏，紙本墨畫，各127x28cm，引自：
Kurt Brasch（クルト・ブラッシュ）著，《禪畫》，圖版125。

此對幅為東嶺円慈[28]所繪，並題款、贊。

右圖57-1（寒山圖）：

　　寒山巖上主

　　性命只在竹筒

　　　　東嶺書」

---

[28] 東嶺円慈（とうれい えんじ，1721～1792）為日本江戶時代的臨濟宗
著名禪師，近世（十八世紀）臨濟宗禪中興之祖白隱慧鶴禪師（1686-
1769）之嗣法弟子。亦為著名之禪畫家，有〈面壁達摩圖〉、〈圓相圖〉
等佳作。

左圖57-2（拾得圖）：

　從來無姓名
　呼為拾得子
　　東嶺書

　此圖之人物衣服表現筆法，有顏輝之〈寒山拾得對幅圖〉
（見圖43）轉折曲角的風格。

圖58：〈寒山拾得對幅圖〉，仙崖義梵繪、自贊。日本　出光美術館藏，紙本水墨，各
　　　125.4x29.6cm。引自：櫪木縣立博物館《寒山拾得：描かれた風狂の祖師たち》，圖54。

此對幅為日本江戶時期（十八世紀～十九世紀）之禪師兼畫

家仙崖義梵（1750～1837）所繪及自贊：

　　左圖58-1（拾得）

　　　持帚不除塵
　　　指月不忘指

　　右圖58-2（寒山）

　　　吟詩不成調
　　　看經不解義

　　對禪林之參禪者，充滿著嘲諷之意。仙崖義梵創作了很多的禪畫，其筆法、畫風不尋常法，很隨意、自在，但求其具禪意、禪境，開創了近、現代之禪畫之風格。

四、寒山拾得繪畫的表現

　　從上面所列舉之寒山拾得圖中，有寒山、拾得單人畫配成對幅，或一幅畫上畫雙人、也有加入豐干成三人之圖、以及再加入虎成四睡圖，這些圖之主題不外乎：「題詩」、「執經/展卷」、「睡」、「（撫掌）笑呵呵」、「遙指或遙望上天抑遠方）」等。

　　寒山以詩留名，當然「題詩」之主題是畫家們的重點，而寒山詩多題寫於山巖、竹木、石壁上，故畫家以山巖石壁，如牧谿之〈寒山拾得豐干圖〉（圖39）、及遮莫之〈寒山拾得對幅圖〉（圖54）。亦有以芭蕉葉來取代竹木、樹皮作為詩的載體的，如第二章中所舉的因陀羅、及傳因陀羅所繪之寒山拾得畫中，大多畫寒山執芭蕉葉（題詩）。

　　至於執經、展卷，則因寒山詩中有：「少小帶經鋤」、「父母續經多」、「博覽諸經史」、「家有寒山詩，勝汝看經卷」多處提及經卷，且十三、四世紀之時，文人寫詩作詞皆題寫於手卷上，因此畫家想當然耳就畫上了經卷（雖然寒山是沒有錢去買手卷來寫詩）。

　　睡，此睡非僅僅指著生物不可缺之睡眠，固然一個人在一生中有三分之一的 時間在睡眠；在南宗禪裏，「睡、眠」是有特別的意義的，馬祖講「平常心是道」[29]、「行住坐卧、應機接物，盡是道，道即是法界。」[30]一脈相承，衍伸下來，之後眾多的禪師則言：「饑來喫飯困來即眠」[31]、「在處橫眠在處閒」[32]、「了取平常心是道，饑來喫飯困來眠。」[33]、「饑餐渴飲閒坐困眠」[34]、「二六時中，只守閒閒地，飢則喫飯、困則打眠、寒則向火、熱則乘涼。」[35]等等，諸祖師大德皆唱「眠」—「睡」也。它代表著

---

[29]　《馬祖道一禪師廣錄（四家語錄卷一）》：「平常心是道。何謂平常心。無造作。無是非。無取捨。無斷常。無凡無聖。」（CBETA 2019.Q2, X69, no. 1321, p. 3a13-15 // Z 2:24, p. 406c7-9 // R119, p. 812a7-9）

[30]　《馬祖道一禪師廣錄（四家語錄卷一）》：「行住坐卧。應機接物。盡是道。道即是法界。」（CBETA 2019.Q2, X69, no. 1321, p. 3a15-16 // Z 2:24, p. 406c9-10 // R119, p. 812a9-10）

[31]　《景德傳燈錄》卷6：「饑來喫飯困來即眠」（CBETA, T51, no. 2076, p. 247, c3）。

[32]　《汾陽無德禪師語錄》卷2：「僧問德山。如何是露地白牛。云叱叱。云飲噉何物。山云喫喫。白牛露地勿遮欄。在處橫眠在處閒。水草恣情甘美足。醍醐純出潤良田。」（CBETA 2019.Q2, T47, no. 1992, p. 610a22-24）

[33]　《圓悟佛果禪師語錄》卷6：「了取平常心是道。饑來喫飯困來眠。」（CBETA 2019.Q2, T47, no. 1997, p. 741a24-25）

[34]　《大慧普覺禪師語錄》卷5：「饑餐渴飲閒坐困眠」（CBETA 2019.Q2, T47, no. 1998A, p. 830a28）

[35]　《密菴和尚語錄》：「二六時中。只守閒閒地。飢則喫飯。困則打眠。寒則向火。熱則乘涼。上無諸佛可仰。下無眾生可度。」（CBETA 2019.Q2, T47, no. 1999, pp. 971c28-972a2）

放下、不執著，即《壇經》所言之「無念為宗，無相為體，無住為本。」[36]之無念、無相、無住是也。在五代末石恪有〈二祖調心圖〉傳世，此圖自來被認為是中國的禪畫之始，此圖共有二幅其中一幅畫有一祖師趴睡虎背打盹、調心（見圖38）。

宋元之禪師畫家們，想必應是參酌此畫、再配以寒山拾得圖以及豐干騎/攜虎傳奇（如圖37-1，李確之圖），以此主題入畫，創作了「四睡圖」之禪畫。

在上一章第三節之二曾提到，最為歷代禪師們所樂道、提舉、評唱的公案莫過於「寒山逢拾得，撫掌笑呵呵！」；而觀之彼時所流行之寒山拾得繪畫（禪畫），亦多是「笑呵呵」的，貫休嘗云：寒山子「歌惟樂道歌」、閭丘胤亦云：「或長廊唱詠……或於村墅與牧牛子而歌笑，或逆或順，自樂其性，非哲者，安可識之矣？」、寒山亦自云：「我自遯寒巖，快活長歌笑。」[37]放下一切，「獨居寒山，自樂其志」[38]、歡唱、歌笑是他的平常心、是他的道！

居山、巖修、保任：「自羨幽居樂，長為象外人。」[39]；題

---

[36] 《六祖大師法寶壇經》：「無念為宗，無相為體，無住為本。」（CBETA 2019.Q2, T48, no. 2008, p. 353a11-12）

[37] 《寒山子詩集》：「寒山無漏巖，其巖甚濟要。八風吹不動，萬古人傳妙。寂寂好安居，空空離譏誚，孤月夜長明，圓日常來照。虎丘兼虎谿，不用相呼召。世間有王傳，莫把同周邵。我自遯寒巖，快活長歌笑。沙門不持戒，道士不服藥。自古多少賢，盡在青山腳。」（CBETA 2019.Q2, J20, no. B103, p. 665b17-22）

[38] 〈寒山子詩集序〉讚：「獨居寒山，自樂其志。」（CBETA 201 9.Q2, J20, no. B103, p. 653c6-7）

[39] 《寒山子詩集》：「寒山唯白雲，寂寂絕埃塵，草座山家有，孤燈明月輪。石床臨碧沼，虎鹿每為鄰。自羨幽居樂，長為象外人。」（CBETA 2019.Q2, J20, no. B103, p. 655a15-17）

詩、示悟境：「把著滿面笑，楊脩見幼婦，一覽便知妙。」、並度有緣之眾生：「若能會我詩，真是如來母。」；訪友鬥機鋒、談禪、論道：「乍向國清中，時訪豐干老，仍來看拾公。」[40]、「寒山逢拾得，撫掌笑呵呵！」！

　　至於寒拾圖中，常有寒山或拾得以手指指向上[41]或指向遠方之描繪，「寒山指出、拾得執指（按：實際上應言拾得拊手）。」[42]、此景應可描述為：「寒山逢拾得，笑指世人羨空花水月，拾得在旁相視而會心一笑。」

　　另有寒山抬頭望上空、或雙眼凝著視遠方的寒拾圖。此可從寒山詩切入來看：「吾心似秋月，碧潭清皎潔，無物堪比倫，教我如何說？」將心比喻為有如皎潔的秋月、以月喻心，詩可藉文字來表達情境、藉物來比喻情境；而繪畫僅能以具象之圖像來表達，所以藉「望」（凝視）或「指」出，來表達「比」喻。此景應可描述為：「寒山笑望/指天上/遠方皎潔的秋月，心中想著：無物堪比倫，教我如何說？拾得在旁相視而會心一笑。」

　　「拾得展卷、寒山指月」，[43]則可解讀為「拾得展卷（按：實無卷可展！），欣賞寒山之新詩，寒山指著遠方上空之月（按：月亦非實），心領神會，兩人相視一笑。」

---

[40] 《寒山子詩集》：「慣居幽隱處，乍向國清中，時訪豐干老，仍來看拾公。獨回上寒巖，無人話合同。尋究無源水，源窮水不窮。」（CBETA 2019.Q2, J20, no. B103, p. 657b12-14）

[41] 寒山以指指天、或遠方，並非指天或指其他物，而是在「指月」。詳可參閱：巫佩蓉，〈吾心似秋月：中日禪林觀畫脈絡之省思〉，pp.107-111。

[42] 《北磵居簡禪師語錄》：「寒山指出。拾得執指。不曾見月。矮子看戲。」（CBETA 2019.Q2, X69, no. 1365, p. 678c14-15 // Z 2:26, p. 81a8-9 // R121, p. 161a8-9）

[43] 《南石文琇禪師語錄》卷2：「拾得展卷。寒山指月」（CBETA 2019.Q2, X71, no. 1422, p. 714c9 // Z 2:29, p. 202c4 // R124, p. 404a4）

第二節　因陀羅繪畫的表現與風格

中國之水墨畫自南朝謝赫提出畫之六法：「氣韻生動、骨法用筆、應物象形、隨類賦彩、經營位置、傳移模寫」，就一直為中國之畫家們所遵循，到了五代荊浩在其《筆法記》之六要：「一曰氣、二曰韻、三曰思、四曰景、五曰筆、六曰墨」，除了補充說明謝赫之六法外，尚提出了了繪畫之「墨法」的概念。其中謝赫之「骨法用筆」即是講繪畫之「筆法」，「經營位置」即是講繪畫之「構圖」。在這些有關中國水墨畫中之幾個表現準則中，以「筆法」、「墨法」、「構圖」三項，與本書之因陀羅繪畫研究有密切之關聯，本節將來以此三者來檢視、分析因陀羅之繪畫技法及風格分述於下。

一、筆法

（一）、繪畫之線條

從因陀羅所留存之繪畫或傳為其所作之繪畫中，可將其筆法之風格歸類為人物頭像及衣紋二類來看：

首先，來探討有關人物之頭像—以寒山拾得為例的筆法、造型（見表7），表中列出了寒山（左）、拾得（右）之頭像，從最早貫休之羅漢像到因陀羅之最著名的寒山拾得禪機圖。貫休之畫為卵圓頭型及披散下垂之短髮絲、飽經世故之老修行人頭像；梁楷約略繼承其造型，然改為笑容可掬之中年人，似為剃度後經很長之時間沒修剪而下垂之頭髮（直髮絲而非卷髮）；到了牧谿之手，又是一變，寒山滿頭亂髮，頭頂束著一小髮冠，呼應著閭

丘胤之序所言—樺皮為冠，拾得則鬗著一頭微卷之亂髮，頭型則較扁圓；顏輝之寒山則為略偏之中分髮型，髮絲略蓬鬆（為俗家人之像），拾得頭上梳著兩個有如髫齡兒童之小髮髻，可能是表現出侍者之像，大大之扁圓臉，帶著詭異之笑容；到了因陀羅之手，頭型承續了牧谿之樣式，但寒山之髮式則在頭上改梳著兩個小髮髻，其或作為「樺皮為冠」之象徵，拾得則如同牧谿鬗頭之樣，兩人之髮皆為蓬鬆之卷髮，而頭像皆呈現四分之三側面，寒拾二人之髮式、表情予人一副充滿禪悅、快樂地，非僧非俗、亦僧亦俗之山野禪修者之感。

　　就筆法而言，貫休、牧谿、顏輝頭像之畫法，較為工筆畫法，尤其是顏輝筆法甚為細膩，梁楷之頭像充分的表現出其簡筆畫法來，因陀羅則繼承了梁楷之簡筆畫法，並且以更簡約之數筆，點畫、勾現出寒山拾得之頭臉來，輪廓、表情均俱足，風格獨具，可謂之「因陀羅樣」（參見表7）。

本文圖號	圖畫名稱	收藏處所	寒山-拾得頭像	附註
圖35	羅漢(寒山/拾得)	藤田美術館		傳禪月繪
圖36	寒山拾得圖	熱海美術館		梁楷繪
圖39	寒山拾得圖			傳牧谿繪
圖43	寒山拾得對幅圖	東京國立博物館		傳顏輝繪
圖18	寒山拾得對幅圖	長尾美術館		因陀羅繪
圖19	寒山拾得圖	藤田美術館		傳因陀羅繪
圖20	寒山拾得對幅圖(慈覺贊)	東京國立博物館		傳因陀羅繪
圖21	寒山圖(法元贊)			傳因陀羅繪
圖22	寒山拾得對幅圖(清遠文林贊)			傳因陀羅繪
圖33	寒山拾得豐干圖	京都國立博物館		因陀羅繪
圖34	寒山拾得圖	東京國立博物館		因陀羅繪

表7：寒山拾得 式頭像對照表

衣紋又可約時間分為初期、中期、成熟期三期如下表：

期別	本文圖號	圖畫名稱	收藏處所	衣紋、筆線	附註
初期	圖 8	魚藍觀音圖	大阪市立美術館		傳管道昇繪(戶田禎佑認為可能為因陀羅早期之作)
初期	圖 41	寒山拾得對幅圖	分別為靜嘉堂文庫美術館及常盤山文庫藏		佚名繪‧虎巖淨伏贊
中期	圖 18	寒山拾得對幅圖	長尾美術館		因陀羅繪
中期 (對照圖)	圖 36	寒山拾得圖	熱海美術館		梁楷繪
成熟期	圖 33	寒山拾得豐干圖	京都國立博物館		傳因陀羅繪
成熟期	圖 34	寒山拾得圖	東京國立博物館		因陀羅繪

表 8：寒山拾得衣紋對照表

　　由圖41，宋元之際時虎巖淨伏贊之佚名的寒山拾得繪畫來看，當時之寒山拾得所著之衣服為宋代之文人服，寬袍大袖，多褶之裙裾；對照圖8之傳管道昇繪的〈魚籃觀音圖〉，其衣著亦為寬袍大袖、裙裾多褶之文人服，觀此〈魚籃觀音圖〉，其畫之風格有因陀羅之風格，但其筆法較為生硬、不自然，日本學者戶田禎佑認為可能為因陀羅早期之作，是有其可能。

　　由圖18～22因陀羅及傳因陀羅之繪畫來看，圖像之風格、筆法已有所轉變：一、寒山拾得之衣服雖仍為文人服，但已經沒有前期之寬大多褶了。二、人物之輪廓筆線簡約、合身，僅裙裾略有褶線及淡墨、渴筆略略輕掃。整體人物之筆法、風格有梁楷〈寒山拾得圖〉之遺風（見圖36）。這些〈寒山拾得〉繪畫可歸類為因陀羅繪畫之中期風格。

　　圖33、34本書將之歸類為「禪機圖」，雖繪畫之題材仍然為寒山拾得（豐干），然其蘊含禪機、深具禪境，與前述之寒山拾得繪畫有別。此二圖筆法簡練、衣襬、裙裾線條自然，「因陀羅樣」特色之濃墨、焦黑之衣領、衣帶，自然飄逸、流暢。本書將其歸類為因陀羅成熟期（晚年）之畫作（參見表8）。

　　綜言之，因陀羅所畫人物畫之線條，常以禿筆或硬筆細線條畫衣紋、輪廓，其線條細緻、均一，十分簡約、流暢；然後再用粗筆濃、焦之墨畫領襟、袖口、衣帶數條，線條粗黑、墨色淋漓，自然飄逸，產生動感；人物之頭髮則以筆尖、細筆畫，再用淡墨清掃，而形成一頭疏淡蓬鬆之頭髮。此種畫法形成一種特殊之風格，或可謂之「因陀羅樣」，與傳統之畫師以濕筆揮灑或乾筆皴擦不同，此或與其出身天竺，運筆與用墨與中土之文人、畫家習慣不同吧。

（二）、款書、署名之筆法

書法雖自魏晉之時已開其端，然實到了初唐時，才大開其盛，由於唐太宗酷愛王羲之的〈蘭亭集序〉帖，世傳有「蕭翼賺蘭亭集序帖」之軼事，[44]太宗本人亦善書；唐時取士，標準有：「身、言、書、判」[45]四則，其中之「書」即指「書法」，因之唐時書法家大興，知名之書法家有：歐陽詢（557～641）、褚遂良（597～658）、虞世南（558～638）、薛稷（649～713）、孫過庭（646～691）、李邕（678～747）、張旭（675?～750?）、顏真卿（709～785）、張懷瓘（生卒年不詳，活躍於開元年 間）、懷素（725～785）、柳公權（778～865）等等，多至不勝枚舉。

到了宋代時，帝室亦十分重視書法，宋太宗淳化三年（992年），以內府所藏之歷代墨跡，敕令翰林王著，編校摹刻輯成十卷，刻於秘閣，名為《淳化閣帖》，為法帖之始，是我國最早之輯歷代名家之法書墨蹟之法帖。兩宋書法名家亦輩出：句中正（929～1002）、陳堯佐（963～1044）、蘇軾、米芾父子、黃庭堅、蔡襄（1012～1067）、蔡京（1047～1126）、范成大（1126～1193）、吳琚（生卒年不詳，其父吳益1124～1171）等，及身為帝王之徽宗（1082～1135）、高宗（1107～1187），甚至連武將韓世忠（1089～1151）及岳飛（1103～1142）等都是有名之書法家。

---

[44] 世傳：唐太宗之御史蕭翼，奉旨從王羲之七世孫智永（生卒年不詳，陳、隋之時人）禪師的弟子辯才的手中，騙取「天下第一行書」——〈蘭亭集序〉帖，獻給唐太宗之的軼事。

[45] 唐時之科舉選官，需考量：「以三銓之法官天下之材，以『身、言、書、判』、德行、才用、勞效較其優劣而定其留放，為之注擬。」參見：《新唐書 志第三十六　百官一》第11冊，p.320（按：二十四史：頁1186）。

入元之後，亦有趙孟頫、鮮于樞（1246～1302）、鄧文原（1258～1328）（三人並稱為元初三大書家）、虞集（1272～1348）、歐陽玄（1283～1357）、康裡巎巎（1295～1345）、危素（1303～1372）等書法名家；又如畫家：趙孟頫、吳鎮（1280～1354）、柯九思（1290～1343）、倪瓚（1301～1374）等，也以書法見長；禪師楚石梵琦亦以善書具名。

細觀因陀羅之署款名之書法字跡：

「宣授汴梁上方祐國大光教禪寺住持 佛慧淨辨圓通法寶大師壬梵因」及簽名字跡「壬梵因筆」（見下圖59）

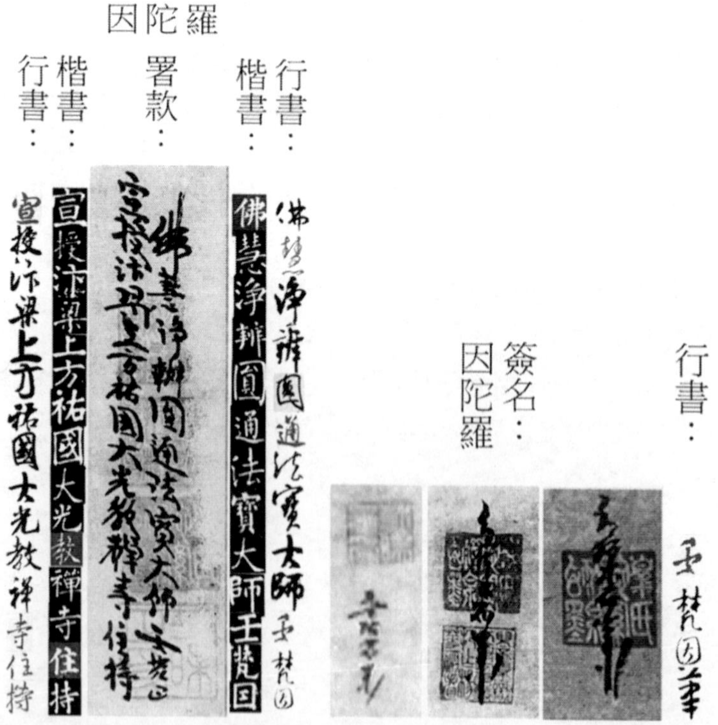

圖59：因陀羅之署款、署名之書法字跡及其鈐印。

　　左圖59-1中央為東京國立博物館藏，楚石梵琦贊之〈寒山拾得圖〉之署款：「宣授汴梁上方祐國大光教禪寺住持 佛慧淨辨圓通法寶大師壬梵因」，其筆畫似乎是以硬筆或禿筆寫就，字體筆畫生硬、歪斜，全無書法之點、勾、按、捺、撇等筆法、蠶頭燕尾之筆跡，且字之筆畫亦傾斜一邊（似乎是左撇子，以左手執筆書寫的字跡），頗不類中國文人、畫家所寫之字跡，此顯現因陀羅對中國軟性毛筆之筆法、用筆的生疏，可能是因其來自天竺，非自幼即執筆學書法之故。

　　圖59中之楷書字體，主要集自歐陽詢之楷體書，部分缺字則以柳公權之楷書補之；行書字體，主要集自王羲之之行體書為主，部分缺字則以米芾之行書補之，藉以用來參照對比因陀羅之署款、簽名之字體。

　　其次來談因陀羅繪畫中之鈐印：鈐印在中國書畫傳統上，亦屬於整幅畫作中之一部分，所謂之「詩、書、畫、印」一體；除了畫本身及題詩之詩、字外，畫家也非常地重視鈐印，通常畫家鈐印之位置有二：一為壓印在署款、署名之字跡上，另一為鈐印於署款、署名之字跡之下方或後一行，而不壓印到署名之字跡上；同時，畫家在用印時，均會十分敬謹、小心的鈐印，務使印文四平八穩的鈐印出。

　　因陀羅東京博物館藏之（楚石贊）〈寒山拾得圖〉的署款的鈐印，四枚鈐印之印文沒有一枚是完整的（見下圖之左圖60-1）。另一幅傳因陀羅的福岡市美術館藏之〈蘆葉達磨圖〉上之鈐印，則是印在署名字跡的上方空白處，且印的有點偏斜、不完整（見下圖之右圖60-2）。

　　就此二點來觀之，因陀羅對繪畫上之鈐印一事，似乎不甚重視，與傳統中國文人、畫家之觀念、作法有異，亦可能也是因為

因陀羅為梵僧之故。

圖60：因陀羅署款上之鈐印。左圖60-1採自：東京博物館藏之〈楚石贊〉〈寒山拾得圖〉；右圖60-2採自：福岡市美術館藏之〈蘆葉達磨圖〉。

二、墨法

中國文人水墨畫、乃至宋元時期發展出來之禪畫，雖無上彩，僅用白紙（或絹）黑墨來作畫，然墨分五色—濃、淡、乾、溼、焦。[46]〔唐〕張彥遠云：「運墨而五色具」[47]、「用墨色，如兼五采」[48]；〔五代〕荊浩更在其《筆法記》中特別把「墨」提出

---

[46] 亦有加入白（紙之底色）稱六色。

[47] 參見：〔唐〕張彥遠《歷代名畫記》第二卷：「夫陰陽陶蒸，萬象錯布，玄化亡言，神工獨運。草木敷榮，不待丹碌之采；雲雪飄揚，不待鉛粉而白。山不待空青而翠，鳳不待五色而綷。是故運墨而五色具，謂之得意。意在五色，則物象乖矣。」

[48] 參見：《歷代名畫記》第九卷：「用墨色，如兼五采。」

來講：「墨者，高低暈淡，品物淺深，文彩自然似，非因筆。」[49]

綜觀因陀羅所留存之畫，皆屬禪畫性質，或為祖師、散聖圖（維摩詰、寒山、拾得），或為敘述性禪宗公案，主要以人物為主，畫面單純，無山水畫之遠山近水氤氳之氣。因此在用墨上亦簡，景上之主要表現在渴筆淡刷碎岩、淡墨輕描土地、焦墨點苔石，此在中國之水墨畫中，並無甚特色。但在人物之表現上，則透過獨創地「因陀羅式」之飄逸的焦墨衣帶，把人物從畫面中鮮活的帶出來，堪稱一絕。

三、構圖

中國水墨畫發展到了北宋時，蘇軾、米芾大倡文人畫，[50]到了南宋初，畫院中出了三位畫師：梁楷、馬遠（1160～1225）、夏圭（生卒年不詳，約晚於馬遠數年）。梁楷已於前文述及彼首創了「簡筆畫」；馬遠、夏圭並稱馬夏，則創有「馬一角、夏半邊」之稱的畫風，畫面上開始留有大片面積空間之「留白」，此影響了後世之文人畫與禪畫的構圖。因陀羅之繪畫亦頗受此影響，在其繪畫中皆保留出很大之「留白」空間。

---

[49] 參見：〔五代〕荊浩《筆法記》。

[50] 亦有云文人畫始於唐之王維，然其大暢實起於北宋之蘇、米。詳見：黃河濤，《禪與中國藝術精神的嬗變》：「…如從內在審美意識來看，濫觴於六朝，宗炳的《畫山水序》是其標誌。以外部筆墨形式來看，認定唐代王維為其鼻祖。若從文人畫的內在意識和外部筆墨形式的統一來看，北宋蘇軾開其先河。」pp.292～3。

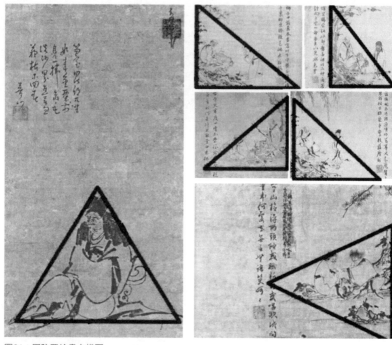

圖61：因陀羅繪畫之構圖

　　由上圖中可以很清楚的看出，因陀羅繪畫之構圖，左圖61-1
為〈維摩詰圖〉（原圖23）屬祖師相，右下圖61-6為〈寒山拾得
圖〉（原圖34）屬禪機圖，此二圖之構圖為「馬一角」型，僅在
圖下方、邊角作畫，其餘作大片的留白。而右上方之四小圖61-2
～5（原圖24～27）屬於公案圖，其敘述性較強，圖繪面積較大，
約略佔去了畫面之一半，為「夏半邊」型之構圖。

　　畫面的「留白」為何為後世之禪畫家所樂用？蓋因在南宋
時，畫家在繪畫上，以「一角」、「半邊」的大量留白，來表現
天際之開闊與自然之餘韻，皆是某種基於人與大自然之間主體性
的本質出發之美學觀，其意在於天地無盡之生命的昂然機趣相生

之可能性，故頗符合文學家之以遮詮之權度。另又因南宗禪主旨
講「無念、無相、無住」[51]，因此禪畫家常藉由畫面上之留白來表
現此「無念、無相、無住」之禪旨。禪宗所講的「無」並非空無
所有的「無」，這個「無」是真空妙有、空而不虛的「無」，例
如下圖馬遠之〈寒江獨釣圖〉

圖62：〈寒江獨釣圖〉，馬遠繪，現收藏於日本東京國立博物館，重文級。引自：《宋元の繪
畫》，圖107，東京國立博物館監修，1962。

　　畫中僅畫一葉扁舟，舟上一釣翁凝心垂釣，船舷以淡淡數筆
勾出水紋，其餘畫面全留白，但此反令人覺得江面浩瀚，天地悠
悠。「馬一角、夏半邊」之畫風，在中國文人眼中，雖被董其昌
列為院體派，但這種大片「留白」之畫風，頗能引發觀者之禪

---

[51] 參見：《六祖大師法寶壇經》卷1：「立無念為宗，無相為體，無住為
本。無相者，於相而離相。無念者，於念而無念。無住者，人之本性。於
世間善惡好醜，乃至冤之與親，言語觸刺欺爭之時，並將為空，不思酬
害，念念之中不思前境。若前念今念後念，念念相續不斷，名為繫縛。
於諸法上念念不住，即無縛也。此是以無住為本。」（CBETA, T48, no.
2008, p. 353, a11-18）

意，在日本被奉為重文級、甚或國寶級之禪畫。

「留白」不僅可留給觀畫者，空間上的無限延伸，有時也會帶給人一種「蕭條、淡泊」、「閒和、嚴靜、趣遠」之意境，[52]鈴木大拙在〈禪與繪畫藝術〉中提出了二個傳統文化之情景：「詫」[53]和「寂」[54]，最可以說明繪畫之「留白」之所以會引起禪畫家如此的重視。

因陀羅，把南宋畫家用來表現山水畫中之「空靈」、「幽遠」之「馬一角、夏半邊」的繪畫構圖技法，運用到其禪畫上，使得這些繪畫中蘊含了禪意、禪境，下一節中將詳述因陀羅繪畫的禪境形象表現。

第三節　因陀羅繪畫的禪境形象表現

一、禪境、詩境、畫境

要如何把禪境表現出來？禪是不可說、無法說的，但如果能把禪境化成詩境或畫境，以詩偈、繪畫來表現，即可把其寓意、蘊含之禪意、禪境表現、表述出來。王弼（226～249）在《周易

---

[52] 參見：《歐陽文忠公文集卷一三〇·試筆》〈鑒畫〉：「蕭條淡泊，此難畫之意，畫者得之，覽者未必識也。故飛走、遲速、意淺之物易見，而閒和、嚴靜、趣遠之心難形。若乃高下向背、遠近重複，此畫工之藝爾，非精鑒者之事也。」。

[53] 「詫」（wabi，わび）：是一種超越的冷漠，它的實際意義是「貧乏」，就是要安於貧乏，不要依賴世俗的財富、名望，但內心感覺到一種超乎時間和社會地位的最高價值。參見：《禪與藝術》，P.103。

[54] 「寂」（sabi，さび）：是單純素樸的無矯飾或古舊的不完善性。一種單純性，或無意實現的表現，或具有歷史的聯想。參見：《禪與藝術》，P.105。

略例》〈明象〉中云：「夫象者，出意者也。言者，明象者也。盡意莫若象，盡象莫若言。言生於象，故可尋言以觀象；象生於意，故可尋象以觀意。意以象盡，象以言著。」[55]是故禪師、詩人以詩來述其禪境，畫僧、畫家則以畫來表其禪境。

　　詩與畫皆可用來表現禪境，詩是以「言」—文字來表達，而畫乃以「象」—圖像來表現。兩者「相」雖為二，然「用」可為一；北宋時蘇軾嘗言：「味摩詰之詩，詩中有畫。觀摩詰之畫，畫中有詩。」[56]從蘇軾那個時代起，文人作畫開始注意到「以詩入畫、以畫擬詩」之詩畫意境了，即詩境、畫境可互相融通。

　　因此，把禪境化成詩境、畫境，以詩意、畫意來表現禪意。早期（唐、五代）之禪宗的祖師們發展出一種特殊之語詞，以不明講、不說破、借物喻境、借景述境，即所謂之「繞路說禪」的方法，藉「詩偈」來提舉、評唱，示禪境以接引禪子，或禪子以之表達自己之悟境求師證悟。

　　諸如，歷來有諸多禪師，在中秋月圓時，上堂吟寒山詩：「吾心似秋月，碧潭清皎潔，無物堪比倫，教我如何說？」[57]並

---

[55] 參見：王弼在《周易略例》〈明象〉中云：「夫象者，出意者也。言者，明象者也。盡意莫若象，盡象莫若言。言生於象，故可尋言以觀象；象生於意，故可尋象以觀意。意以象盡，象以言著。故言者所以明象，得象而忘言；象者，所以存意，得意而忘象。猶蹄者所以在兔，得兔而忘蹄；筌者所以在魚，得魚而忘筌也。然則，言者，象之蹄也；象者，意之筌也。是故，存言者，非得象者也；存象者，非得意者也。象生於意而存象焉，則所存者乃非其象；言生於象而存言焉，則所存者乃非其言也。然則，忘象者，乃得意者也；忘言者，乃得象者也。得意在忘象，得象在忘言。故立象以盡意，而象可忘也；重畫以盡情，而畫可忘也。

[56] 參見：《蘇軾全集校注》〈東坡題跋·書摩詰藍田煙雨圖〉：「味摩詰之詩，詩中有畫。觀摩詰之畫，畫中有詩。詩曰：『藍白石出，玉川紅葉稀。山路元無雨，空翠濕人衣。』此摩詰之詩，或曰非也。好事者以補摩詰之遺。」，p.2209。

[57] 參見：《寒山子詩集》：「吾心似秋月，碧潭清皎潔，無物堪比倫，教我

279

云：「寒山子作麼生？」意欲引發禪子們升起「禪境」。

另有許多禪師在睹「境」開悟時，所呈師證悟之詩偈，例如：靈雲志勤禪師，初在溈山。因見桃花開而悟道，有詩偈云：「三十年來尋劍客，幾回落葉又抽枝；自從一見桃華後，直至如今更不疑。」[58]圓悟克勤禪師，見鷄飛上闌干鼓翅而鳴，有所悟，呈詩偈曰：「金鴨香消錦繡幃，笙歌叢裏醉扶歸；少年一段風流事，祇許佳人獨自知。」[59]諸如此類，禪師們把他們所感受到之「禪意」、「禪境」，化成「詩境」，以詩偈來表達「禪境」。

到了北宋之時，蘇軾倡言「詩中有畫、畫中有詩」，並與米芾、黃庭堅等一班文人士大夫提倡文人畫、墨戲。蘇軾曾言：「論畫以形似，見與兒童鄰。賦詩必此詩，定非知詩人。」[60]他主張作畫不以形似但寫心中之鬱氣，米芾說他「作枯木枝幹，虯曲無端；石皴硬，亦怪怪奇奇無端，如其胸中盤鬱也。」[61]黃庭堅

如何說？」（CBETA 2019.Q2, J20, no. B103, p. 664b9-10）

[58] 參見：《潭州溈山靈祐禪師語錄》：「靈雲（生卒年不詳，長慶大安793~883禪師法嗣），初在溈山。因見桃花悟道，有偈云：三十年來尋劍客，幾回落葉又抽枝；自從一見桃華後，直至如今更不疑。師覽偈，詰其所悟，與之符契。師云：從緣悟達，永無退失，善自護持。」（CBETA 2019.Q3, T47, no. 1989, p. 580c14-18）

[59] 參見：《宗鑑法林》卷34：「（五祖山法演，1018~1104）山曰：如何是祖師西來意庭前柏樹子吟？（圓悟克勤，1063~1135）師有省遽出。見鷄飛上闌干鼓翅而鳴。復自謂曰。此豈不是聲。遂袖香入室。通所得呈偈曰。金鴨香消錦繡幃。笙歌叢裏醉扶歸。少年一段風流事。祇許佳人獨自知。山徧謂山中耆宿曰。勤侍者參得禪也。」（CBETA 2019.Q3, X66, no. 1297, p. 483b12-17 // Z 2:21, p. 218b9-14 // R116, p. 435b9-14）

[60] 參見：《蘇軾全集校注》〈書鄢陵王主簿所畫折枝二首之一〉：「論畫以形似，見與兒童鄰；賦詩必此詩，定知非詩人。詩、畫本一律，天工與清新。邊鸞雀寫生，趙昌花傳神。何如此兩幅，疏淡含精勻。誰言一點紅，解寄無邊春？」，p.3170。

[61] 詳見：米芾《畫史》，p.315。

則以「墨戲」來形容蘇軾之畫。[62]彼時之畫者作畫時，常不拘形式、工具，趙希鵠（生卒年不詳，活動於南宋理宗嘉熙年前後）云：「米南宮…其作墨戲，不專用筆或以紙筋或以蔗滓或以蓮房，皆可為畫。」[63]〔唐〕朱景玄（生卒年不詳，活動於唐武宗會昌時）在《唐朝名畫錄》序中云：「…張懷瓘（生卒年不詳，活動於開元年間）《畫品》斷神、妙、能三品，定其等格上、中、下，又分為三。其格外有不拘常法，又有逸品，以表其優劣也。」[64]〔宋〕黃休復更把逸格提為第一，神妙次之。云：「畫之逸格，最難其儔，拙規矩於方圓，鄙精研於彩繪，筆簡形具，得之自然，莫可楷模，出於意表，故目之曰逸格爾。」[65]

到了南宋之時，此種畫不拘常法、形似與不似的文人畫已蔚然成風，再加上禪宗的盛行，文人與僧人間詩偈唱和、書畫交流、互相緣引無礙。及至金、宋、元之際，萬松行秀倡把佛教修心與儒家治國思想結合起來，時人將萬松行秀禪學思想稱呼為「孔門禪」[66]，萬松行秀之入室俗家弟子耶律楚材（湛然居士，1190～1244）嘗言：「夫子之道治天下，老氏之道養性，釋氏之道修心。」[67]自此禪宗可謂已徹底的中國化了，演化出了適合中國文人、士大夫心理、生活情調、審美觀點之中國禪宗，它已深深融入中國文人、士大夫生活之中，成為日用生活中不可分割的

---

[62] 參見：屠友祥校注，《山谷題跋》〈題東坡水石〉：「東坡墨戲，水活石潤。」，p.220。

[63] 詳見：趙希鵠，《洞天清錄》，p.49。

[64] 參見：朱景玄，《唐朝名畫錄》，p.393。

[65] 參見：黃休復《益州名畫錄》，p.1377。

[66] 「孔門禪」之稱謂出自元好問（1190-1257）〈李屏山挽章二首〉：「談塵風流二十年，空門名理孔門禪。諸儒久已同堅白，博士真堪補太玄。孫況小疵良未害，莊周陰助恐當然。遺編自有名山在，第一諸孤莫浪傳。」（參見：姚奠中主編，《元好問全集》卷8，p.172）

[67] 參見：耶律楚材，〈寄趙元帥書〉，《湛然居士文集》卷八，p.85。

一部分了。有云：「僧而不兼外學，懶而愚，非博也，難乎其高。為儒而不究內典，庸而僻，非通也。」[68]兩宋以迄元時期之士大夫、文人多參禪，而禪僧亦多通儒學，他們相互品評、交流彼此之詩偈、書畫。詩、畫、禪相互交融合而為一。

今之學者韋賓，云：

> 「禪宗對士大夫的巨大的影響，一直持續到元代…耶律楚才（1190～1244）是曹洞宗匠萬松行秀（1166～1246）的弟子，劉秉忠（僧子聰，1216～1274）是臨濟中興名匠海雲印簡（1203～1258）的（按：再傳）弟子，趙孟頫（1254～1322）是中峰明本（1263～1323）的弟子，而中峰明本的幻住思想可能對元中後期如倪瓚等人產生了極大的影響。而在溝通隱逸文化與佛教關係的方面，自北宋中後期以後出現的『逃入於禪』[69]的思想是很重要的。」[70]

此時期，禪與文人已密不可分了。文人作畫，文人畫滲入了禪意，禪僧亦多學文人，提起畫筆，以畫來喻禪，用「畫境」來表現「禪境」，形成了禪意畫、禪畫，展開了宋元時期之禪畫之全盛期。

「禪意畫」、「禪畫」是一種獨特的藝術表現形式，禪者藉

---

[68]　參見：《釋鑑稽古略續集》卷 1，CBETA, T49, no. 2038, p. 903b5-6。

[69]　即所謂之「逃禪」，此處之逃禪，非指逃離禪，而是指遁世而參禪。參見：《杜甫全集》卷一，〈飲中八僊歌〉：「蘇晉長齋繡佛前，醉中往往愛逃禪。」

[70]　參見：韋賓，《宋元畫學研究》，〈佛教對宋元士大夫繪畫思想的影響〉p.449

由繪畫來表達出自己所感受到之禪意、禪境。禪畫的特點在於：筆法簡約、畫面質樸、題材單純、意境幽遠，體現出禪之「不立文字，直指本心」的直觀思想。禪畫雖說不拘形式，直用以寫禪、寫境，但既然是繪畫，還是須以「形」來表現，「形」決不是最終之目的，但要能傳達出畫者之禪意，要能使觀畫者感知此禪境。歐陽修號六一居士，彼雖無畫名，然其有觀畫詩：「古畫畫意不畫形，梅詩詠物無隱情，忘形得意知者寡，不若見詩如見畫。」[71]以禪者之心，來觀畫之形外意。如此畫者有禪意，觀者有禪心，機鋒相應，構成了禪畫。

如是以詩、畫以表詩境、畫境，而藉詩境、畫境來明禪境、禪意，然卻不可執著於此詩、此畫，應以心、以意去體悟，得其奧旨—禪悟！

二、因陀羅繪畫的禪境形象表現

本書前面所述之因陀羅及傳因陀羅繪畫，之所以被認為是禪畫、禪意畫，乃是因其畫中蘊含著禪意、深具禪境，茲舉例述於下

（一）、如圖23〈維摩詰圖〉，此圖畫屬於祖師相，然其不同於一般之祖師頂相圖—是以用來表達祖師之形像、精神、意志為主。此圖深具禪意，天地悠悠，維摩詰獨自「宴坐」，[72]緊抵著

---

[71] 參見：《歐陽修全集·居士集》卷六〈盤車圖〉，pp.42-43。

[72] 《維摩詰所說經》卷1：「舍利弗白佛言：「世尊！我不堪任詣彼問疾。所以者何？憶念我昔，曾於林中宴坐樹下，時維摩詰來謂我言：『唯，舍利弗！不必是坐，為宴坐也。夫宴坐者，不於三界現[14]身、意，是為宴坐；不起滅定而現諸威儀，是為宴坐；不捨道法而現凡夫事，是為宴坐；心不住內亦不在外，是為宴坐；於諸見不動，而修行三十七品，是為宴坐；不斷煩惱而入涅槃，是為宴坐。若能如是坐者，佛所印可。』」（CBETA 2019.Q3, T14, no. 475, p. 539c17-26）

雙唇，把的「默然」及「不二」[73]之禪境，充分的表達出來。

　　維摩詰，梵文 Vimalakīrti，意譯為淨名、無垢，意思是淨潔、無染污之人。大乘佛教中一位著名的在家居士、菩薩，古印度毘舍離地區之一富有之長者，資財萬貫，有妻妾、兒女，奴俾成群。他雖在俗，然精通大乘佛法，出家僧人猶不能及。於過去無數劫中，承事、供養無量諸佛，薰聞佛法，契入不二法門，能夠於相而不住相，對境而不生心，得聖果成就，為金粟如來化身或言再來之菩薩。其所說之教法，在大乘佛教中亦被視同為佛所說之經典來信奉，有關維摩詰所說之經，在佛教初傳入華之時，就有譯傳了，共曾有七譯，現只剩三譯本流傳下來：三國吳支謙譯之《佛說維摩詰經》、姚秦鳩摩羅什譯之《維摩詰所說經》、唐玄奘譯之《說無垢稱經》。在魏晉南北朝時期，伴隨著老莊思想、清談之風，盛極一時。東晉顧愷之曾於瓦棺寺北小殿畫維摩詰像光耀數日，[74]名噪一時，成為鎮寺之寶。也開啟了維摩詰畫像、造像之端，繼之有袁倩父子[75]創維摩經變圖、敦煌莫高窟諸多的維摩壁畫、龍門石窟之維摩造像...盛極一時，及至晚唐、五代

---

[73] 《維摩詰所說經》卷2：「文殊師利問維摩詰：「我等各自說已，仁者當說何等是菩薩入不二法門？」時維摩詰默然無言。文殊師利歎曰：「善哉，善哉！乃至無有文字、語言，是真入不二法門。」」（CBETA 2019. Q3, T14, no. 475, p. 551c20-24）

[74] 參見：張彥遠，《歷代名畫記》第五卷：「長康又曾於瓦棺寺北小殿畫維摩詰，畫訖，光彩耀目數日。《京師寺記》云：興寧中，瓦棺寺初置，僧眾設會，請朝賢鳴剎注疏，其時士大夫莫有過十萬者。既至長康，直打剎注百萬。長康素貧，眾以為大言。後寺眾請勾疏，長康曰：「宜備一壁」。遂閉戶往來一月餘日，所畫維摩詰一軀，工畢，將欲點眸子，乃謂寺僧曰：「第一日觀者請施十萬，第二日可五萬，第三日可任例責施。」及開戶，光照一寺，施者填咽，俄而得百萬錢。」，p.68。

[75] 參見：《書畫史會要》卷一：袁倩（生卒年不詳，劉宋時人）北面陸氏最為高足象人之妙亞美前修但守師法不出新意其於婦人特為古拙才質風力夾俊不墜家聲姚最曾見其莊周木雁圖下和抱璞圖筆勢健勁繼父之美，P.20。

之後，維摩壁畫、造像才逐漸消失。兩宋之際，有李公麟之〈維摩演教圖〉[76]（參見圖63），一改填色重彩為白描，維摩詰已從寺院、神壇走了下來，入元之後，幾已無人再觸及此佛畫、經變圖型式之畫題了。因陀羅以禪師、禪畫家之角度來作此畫，再輔以普門之贊，把整部《維摩詰經》之精神、境界表達無遺。

圖63：〈維摩演教圖〉/〈維摩不二圖〉，王振鵬繪，美國大都會藝術博物館藏，引自：〔美〕何慕文，《如何讀中國畫》p.89。

　　因陀羅僅僅在此〈維摩詰圖〉之下方，用不到八分之一的畫面（不計題款），畫一個略帶病容獨坐之老人─維摩詰，身著長袍儒衣，頭戴風帽、袖手、倚坐。因陀羅風格之人物：簡約、流暢之衣紋線條，加上飄逸之焦黑墨線衣帶，強烈黑白對比，帶出了畫面之生氣。大片之留白，維摩獨坐，顯露出宇宙之寧靜與悠遠，禪意十足。

---

[76] 此圖原無款識，明代董其昌（1555～1636）判為李公麟之作，然金維諾依據美國大都會博物館所藏之王振鵬（生卒年不詳，活動於1280-1329，元代宮廷畫家）所繪的《維摩不二圖》之跋文：「至大元年二月初一日拜住怯薛第二日，隆福宮花園山子上，西荷葉殿內，臣王振鵬特奉仁宗皇帝潛邸聖旨，臨金馬雲卿畫維摩不二圖草本。」判為金代馬雲卿（生卒年不詳，活動於1230，金代畫家）所繪，原李公麟之〈維摩演教圖〉應早已佚失了。參見：〔美〕何慕文（Maxwell K. Hearn）著石靜譯之《如何讀懂中國畫 大都會藝術博物館藏中國書畫精品導覽》，p.89。

儒袍表示維摩詰為居士，風帽表禪修者，[77]袖手表「無著」、「無住」；[78]倚坐隱几[79]表呵叱舍利弗林邊宴坐，為小乘人修行，非大乘禪法；[80]身旁地上數筆勾勒，顯現出念天地之悠悠、「獨坐大雄峰」之氣度；[81]大片之留白，表維摩丈室之「空性」[82]表「芥子納須彌」；[83]臉帶病容示疾，表大乘精神、與眾生同共樂苦；[84]

---

[77] 「連身風帽、袖手、跏趺坐、低垂的眼神已經成為歷代僧侶禪修時的特定著裝與姿態」，參見：李靜博論，《南宋禪宗繪畫研究》，PP173-190。

[78] 《南宗頓教最上大乘摩訶般若波羅蜜經六祖惠能大師於韶州大梵寺施法壇經》：「無念、無憶、無著。莫起誑妄，即自是真如性。用智惠觀照，於一切法不取不捨，即見性成佛道。」（CBETA, T48, no. 2007, p. 340a23-26）
「無念為宗，無相為體，無住為本。何名無相？無相者，於相而離相。無念者，於念而不念。無住者，為人本性，念念不住，前念、今念、後念，念念相續，無有斷絕。若一念斷絕，法身即離色身。念念時中，於一切法上無住。一念若住，念念即住，名繫縛。於一切法上，念念不住，即無縛也，是以無住為本。」（CBETA, T48, no. 2007, p. 338c3-10）

[79] 《歷代名畫記》第二卷：「顧生首創維摩詰像，有清羸示病之容，隱几忘言之狀」，p.29。

[80] 《維摩詰所說經》卷1：「曾於林中宴坐樹下，時維摩詰來謂我言：『唯，舍利弗！不必是坐，為宴坐也。夫宴坐者，不於三界現身、意，是為宴坐；不起滅定而現諸威儀，是為宴坐；不捨道法而現凡夫事，是為宴坐；心不住內亦不在外，是為宴坐；於諸見不動，而修行三十七品，是為宴坐；不斷煩惱而入涅槃，是為宴坐。若能如是坐者，佛所印可。』」（CBETA, T14, no. 475, p. 539c18-26）

[81] 《白雲守端禪師廣錄》卷4：「僧問百丈。如何是奇特事。丈云獨坐大雄峰。」（CBETA, X69, no. 1352, p. 321c10 // Z 2:25, p. 218b15 // R120, p. 435b15）

[82] 《維摩詰所說經》卷2：「文殊師利言：「居士！此室何以空無侍者？」維摩詰言：「諸佛國土亦復皆空。」又問：「以何為空？」答曰：「以空空。」又問：「空何用空？」答曰：「以無分別空故空。」又問：「空可分別耶？」答曰：「分別亦空。」」（CBETA, T14, no. 475, p. 544b28-c3）

[83] 《維摩詰所說經》卷2：「維摩詰現神通力，即時彼佛遣三萬二千師子[5]座，高廣嚴淨，來入維摩詰室，諸菩薩、大弟子、釋、梵、四天王等，昔所未見。其室廣博，悉皆包容三萬二千師子座，無所妨礙。於毘耶離城

緊抿著嘴唇，表「默然」⁸⁵維摩一默其聲如雷是也。

　　自來《維摩詰經》最為人稱道的是其「彈偏斥小，歎大褒圓」，普門題贊曰：「焦芽忽蘇 枯木回春」，回小向大。如來再來、示現與眾生同病苦，心無住無著、廣大可納太虛，此圖深蘊其意！

　　（二）、圖24-29、31皆為公案圖，分別表述早期禪宗史上幾個禪宗祖師，緣機接引禪子之公案，公案之因緣來由，已詳述於本書第三章第二節之各圖中，請參閱前文。此處將以圖24〈李渤參智常圖〉為例來探討、說明因陀羅之公案圖的禪境形象表現。

　　於圖24中，智常禪師跌坐於曠野松樹下之岩石上，李渤則立於前方執笏版恭敬行禮問訊，背景則只於畫面之左邊簡單畫著松樹之一側及一小塊禪師跌坐的岩石，其餘大半的畫面皆留白，畫面右側邊則有楚石之題贊。此為「夏半邊」型之構圖。人物用筆簡要，衣著也僅留簡單衣紋，其餘皆省略；腰帶、袖口則以焦墨

及閻浮提、四天下，亦不迫迮，悉見如故。」（CBETA, T14, no. 475, p. 546b5-10）

「諸佛菩薩，有解脫名不可思議。若菩薩住是解脫者，以須彌之高廣內芥子中無所增減，須彌山王本相如故，而四天王、忉利諸天不覺不知己之所入，唯應度者乃見須彌入芥子中，是名[6]住不思議解脫法門。」（CBETA, T14, no. 475, p. 546b24-29）

84　《維摩詰所說經》卷2：「眾生病從四大起，以其有病，是故我病。」（CBETA, T14, no. 475, p. 544c16-17）

「『如我此病，非真非有，眾生病亦非真非有。』」（CBETA, T14, no. 475, p. 545a26-27）

85　《維摩詰所說經》卷2：「文殊師利問維摩詰：『我等各自說已，仁者當說何等是菩薩入不二法門？』時維摩詰默然無言。文殊師利歎曰：『善哉，善哉！乃至無有文字、語言，是真入不二法門。』」（CBETA, T14, no. 475, p. 551c20-24）

帶出因陀羅式人物之特色。人物之臉龐則以淡墨勾勒，於皆隨意點染，形簡意賅、生意俱足；樹幹則以淡筆皴擦，表現出蒼老之肌理，禪師頭頂斜插出一小枝松枝，生氣盎然。

整幅畫以松下問道為主題，表達出禪修者棲隱於山野，自然、安逸、樂道，而李渤朝服執版則代表士大夫、文人階層，不畏荒野參問禪於悟者。老樹、枯岩、大片空曠，顯現出自然、深邃、空靈之禪境。

此種表現方式，相較於宋代繪畫講究形神兼備的手法，因陀羅的繪畫則表現出「存其形而意以具足」，可謂「逸品」之逸脫常形的手法了。最能表現出此手法者，首推梁楷，例如他的〈六祖截竹圖〉、〈寒山拾得圖〉等，開禪宗公案圖之先驅。到了因陀羅之時，我們可發現系列性的公案圖的手法之完成。公案圖不在形的表現，而在於其機鋒之表現，能使觀者在瞬間的剎那，悟入禪境，乃屬上乘，而因陀羅的這系列公案圖，堪稱為其中之佼佼者。

（三）、圖34楚石梵琦題贊之〈寒山拾得圖〉，此圖被日本文化廳指定為（日本）國寶，且和圖24-27共五幅併列為因陀羅之《斷簡禪機圖卷》（詳見本書第三章）。什麼是禪機圖？在第三章曾略述及：禪機圖就是以圖像、繪畫來示機鋒、下轉語之圖文；為接引禪子，以繞路說禪方式，所繪製之圖畫。它的功用，正如同禪師在上堂時所提舉之公案、祖師之語錄、偈、頌等，使參禪者見之，能有所啟發，進而能致開悟。

此圖構圖為「馬一角」型之構圖，由右上角斜向中央，呈側放之等腰三角形之構圖，僅僅簡單的在畫面右邊下方作畫，約占畫面之四分之一而已，畫面簡潔、單純，為黑白水墨之畫作，其

餘畫面空間皆留白，[86]顯現出天臺峰頂，雲深幽幽，僅老松一株、數壘小寒岩，一片空靈，天地之悠悠，「高高峰頂上，四顧極無邊，獨坐無人知，孤月照寒泉。」[87]在圖右側中央，寒山、拾得兩人鬅頭、跣足盤坐在地上，身旁地上有些青苔、小岩石，頭頂之右上方斜出一老松枝；老松樹下，寒山左手指向前方遠處，拾得拊掌，兩人笑呵呵！令人耳邊響起：昔年北磵居簡（1164～1246）禪師之吟唱：「寒山指出、拾得執指（拊掌），不曾見月（月在遠方山頭上），矮子看戲（兩人笑呵呵！）。」[88]眼前浮現：「巖前獨靜坐，圓月當天耀，萬象影現中，一輪本無照，廓然神自清。」[89]本詩中之禪境，令人心中「自覺浮生幻化事，逍遙快樂實奇哉。」[90]不禁拊掌、呵呵大笑！

---

[86] 「留白」不僅可留給觀畫者，空間上的無限延伸，有時尚給人一種「蕭條、淡泊」、「閒和、嚴靜、趣遠」之心，參見：歐陽修，《歐陽修全集·試筆》，〈鑒畫〉：「蕭條淡泊，此難畫之意，畫者得之，覽者未必識也。故飛走、遲速、意淺之物易見，而閒和、嚴靜、趣遠之心難形。若乃高下向背、遠近重複，此畫工之藝爾，非精鑒者之事也。」，p.1047。

[87] 《寒山子詩集》：「高高峰頂上，四顧極無邊，獨坐無人知，孤月照寒泉。泉中且無月，月自在青天，吟此一曲歌，歌中不是禪。」（CBETA 2019.Q3, J20, no. B103, p. 660b24-c2）

[88] 參見：《北磵居簡禪師語錄》，（CBETA 2019.Q2, X69, no. 1365, p. 678c14-15 // Z 2:26, p. 81a8-9 // R121, p. 161a8-9）

[89] 《寒山子詩集》：「巖前獨靜坐，圓月當天耀，萬象影現中，一輪本無照。廓然神自清，含虛洞玄妙，因指見其月，月是心樞要。」（CBETA 2019.Q3, J20, no. B103, p. 654b12-14）

[90] 《寒山子詩集》：「余家本住在天台，雲路煙深絕客來。千仞巖巒深可遁，萬重谿澗石樓臺。樺巾木屐沿流步，布裘藜杖繞山迴。自覺浮生幻化事，逍遙快樂實奇哉。」（CBETA 2019.Q3, J20, no. B103, p. 667a3-6）

小結

　　寒山子把他在寒巖所感受之的禪意、禪境，轉化成寒山詩，透過詩情、詩意，禪師們把它們化成公案提舉、評唱，畫僧們則把詩中之情境、公案裡的禪境，詮釋成圖像而畫出。一幅完美的禪畫、禪機圖，是要能把無形的禪意、禪境，用有形的線條、墨色，把它展現到畫布上，把無盡之禪意、禪境，融會到畫作裡，日本學者植田壽藏曾說，一個傑出的禪畫家，自身一定要有深切的禪悟經驗，才能畫得出真正禪境，而不是想像的禪境，就像山水風景畫家，必須去郊野實地體驗，不能躲在家裡憑空想像來畫一樣。[91]因陀羅據本書之研究推斷的，他會通印、中之如來、祖師禪法，中晚年後又奉敕出任汴梁上方祐國大光教禪寺住持，本身具有深刻的禪悟經驗，雖然其書法、筆法較生硬，然其獨創之簡約衣紋，配上飄逸之焦墨衣帶的簡筆人物，再加上「馬一角」式大面積之留白構圖的繪畫，蘊涵著深邃的禪境、透露出悠悠的禪意，堪稱是禪畫中之佼佼者。

---

[91] 參見：〔日〕植田壽藏，《佛教藝術》第55期〈禪の繪畫とは何か〉，pp.1-8。

第六章　結論

　　從繪畫發展史上來看，因陀羅繪畫是遙承續梁楷—牧谿一脈之簡筆水墨畫，發軔於兩宋之際，由文人、禪師及畫家在大環境文化、社會變革之推動下，演化而興起之禪畫。因陀羅所處之時代—元代之中末期（十三世紀末葉至十四世紀上半葉），正是禪畫發展之成熟期、頂峰期，藉由時代力量的推動，因陀羅站上了峰頂，他創造了獨特的「因陀羅樣」—簡約之衣紋、飄逸之濃黑焦墨衣帶，大面積「留白」清爽之畫面，帶著濃濃之禪意、深邃之禪境。他的繪畫，沒有太多的筆法、墨法之傳統包袱。自他之後，不管是明、清或是日本之禪畫家，我們雖然無法明確的指出，他的影響及傳承；但可以肯定因受到他的啟發及潛影響，而衍生出更自由、更自在之禪畫創作。近現代之禪畫，其源頭還是可朔至宋元之梁楷、牧谿、因陀羅一脈遙承之禪畫法脈。

第一節　因陀羅繪畫之影響

一、日本禪畫的交融

　　在南宋、元時，由入宋、入元之學僧及商販，帶回之大批的禪宗繪畫作品，引發了日本國內的禪畫之風潮，從十三世紀起，陸續出現眾多的禪畫家，諸如：默庵靈淵（參見圖49）、可

翁（參見圖50）、靈彩（參見圖52）、墨谿（參見圖53）、一休
宗純（1394～1481）、大巧如拙（1405～1496?，活動於十五世
紀）（參見圖64）、天章周文（生卒年不詳，活動於十五世紀前
後）、雪舟等揚（1420～1506）、遮莫（參見圖54）、十六世紀
時之祥啟畫派（如：啟牧、興牧等，參見圖55）、白隱慧鶴（正
宗國師，1685～1768）（參見圖65）、東嶺円慈（1721～1792，
白隱慧鶴之法嗣）（參見圖57、66）、仙崖義梵（1750-1837）
（參見圖58、67）等等，以及眾多佚名之禪畫師。

　　除了在第五章第一節中，所舉列之十四、五世紀，日本本國
禪畫師所繪製之寒山拾得禪畫外，底下將略舉數幅日本十五、六
世紀之後的著名的禪畫：

圖64：〈三教圖〉，傳大巧如拙繪，紙本水墨，21.8x98.5cm，京都 兩足院藏，引自：〔德〕Kurt
　　　Brasch（クルト・ブラッシュ）著（日文著作），《禪畫》，圖版10。

　　此幅畫作，傳為大巧如拙所繪，題材為儒釋道三教之教主，在於表現十五世紀當時之社會信仰，趨向於三教融合之風尚，畫法與第五章第一節之圖36、39對比，可以看出明顯的受到梁楷、牧谿、因陀羅一脈相傳之簡筆水墨畫風之影響。

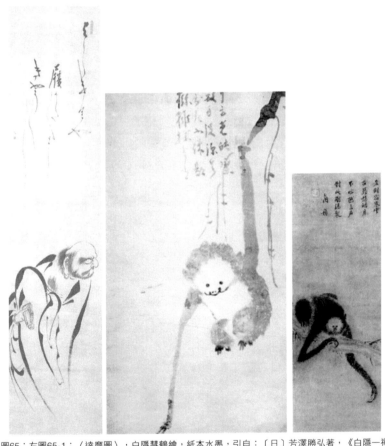

圖65：左圖65-1：〈達摩圖〉，白隱慧鶴繪，紙本水墨，引自：〔日〕芳澤勝弘著，《白隱一禪畫の世界》，p.170；中圖65-2：〈猿猴捕月〉，白隱慧鶴繪，紙本水墨，117.5x58cm，東京 細川護立藏，引自：〔德〕Kurt Brasch（クルト・ブラッシュ）著（日文著作），《禪畫》，圖版82；右圖65-3：〈猿猴圖〉，牧谿繪，絹本水墨，113x40cm，引自：〔日〕戶田禎佑著，《水墨美術大系》第三卷《牧谿・玉澗》，單色圖版73。

左圖65-1、中圖65-2二圖均為白隱慧鶴所繪，並自贊。

圖65-1於下方以流暢、簡單、俐落之線條畫出達摩立像，達摩手持單隻履，轉頭向後望，身子向前飄，表現出隻履西歸之意，圖上方題贊曰：

よしきりや
履かたかたに
きゃうきゃうし

此圖之畫風，有傳因陀羅繪之祖師頂相畫〈蘆葉達磨圖〉（天童雲外雲岫贊）（參見圖14）之風格。

圖65-2於圖之對角線中央下方，畫一隻猿猴，一手抓住上方之樹枝，懸掛住身軀，另一隻手向下直伸，雙眼凝神下望，欲撈取江中之水月。圖正上方題贊曰：

獼猴探水月
到死不休歇
放手沒深泉
十方光皓潔（由左至右讀起）

此圖無論是猿猴之畫法或畫之風格，有牧谿繪畫之風格（可與圖65-3牧谿之〈猿猴圖〉對照比較）。

圖66：東嶺円慈繪，左圖66-1：〈主人公圖〉，紙本水墨，88x31cm，東京 ブラッシュ藏，引
自：〔德〕Kurt Brasch（クルト・ブラッシュ）著（日文著作），《禪畫》，圖版146；
右圖66-2：〈圓相圖〉，龍安寺藏，引自：〔日〕福嶋俊翁、加藤正俊著，《禪畫の世
界》，圖版48。

　　此二圖均為東嶺円慈所繪，圖66-1下方以極簡單之線條，勾
畫出一個跏趺坐之側面人物，圖上方題贊曰：

　　　　頂門揮劍　　腳底煉丹
　　　　三世放下　　十方聽觀
　　　　莫受身心境法瞞
　　　　　　　不不庵主（由左至右讀起）

　　此畫為示法用之禪畫，教示禪子，禪坐時之應守持之身心狀態，且不可執境，為境所轉。有梁楷之〈六祖撕經圖〉、〈六祖破竹圖〉及因陀羅之〈丹霞燒佛圖〉之功用。

　　圖66-2在圖中偏右處畫一個大圓圈，大筆一揮而就，佔據了畫面的三分之二，其左方則以行草題贊曰：

　　　　天上天下唯我獨尊
　　　　　　　　　東嶺

　　打圓相[1]原為溈仰宗禪法之一種肢體語言，然而因溈仰宗不過數傳之後就法系不明了，此禪法也流失了，但此一打圓相卻融入他宗流傳了下來。圓相指真理之圓滿與絕對，又作一圓相。圓相象徵真如、法性、實相，或眾生本具之佛性等。禪僧每以拂子、如意、拄杖或手指等，於大地或空中畫一圓圈圖樣，有時亦以筆墨書寫此類圓相，表示真理之絕對性。[2]日本在十八世紀之時，白隱慧鶴即十分喜歡以大筆一揮而就，濃黑濕潤飽滿之一圓相，躍然於一雪白的紙上，東嶺円慈嗣其法，也承襲了此畫圓相之禪畫。此幅禪畫，亦作為示法用禪畫，象徵圓融一體之真如、實相，用以昭示禪子。

---

[1]　參見：《袁州仰山慧寂禪師語錄》：「耽源謂師云：「國師當時傳得六代祖師圓相，共九十七箇，授與老僧乃云：『吾滅後三十年，南方有一沙彌到來，大興此教，次第傳受，無令斷絕。』我今付汝，汝當奉持。」」（CBETA 2019.Q3, T47, no. 1990, p. 582a19-23）

[2]　參見：《佛光大辭典》圓相條。

圖67：仙崖義梵繪，左圖67-1：〈狗子佛性圖〉，紙本水墨，26x87cm，東京 細川護立藏，引
自：〔德〕Kurt Brasch（クルト・ブラッシュ）著（日文著作），《禪畫》，圖版160；右
圖67-2：〈□△○圖〉，紙本水墨，28.4x48.3cm，東京 出光佐三藏，引自：〔德〕Kurt
Brasch（クルト・ブラッシュ）著（日文著作），《禪畫》，圖版167。

　　左圖為一公案畫，描述趙州之「狗子有無佛性？」[3]公案，下

3　參見：《趙州和尚語錄》卷1：「問：『狗子還有佛性也無？』（趙
　　州）師云：『無』學云：『上至諸佛下至螻子，皆有佛性，狗子為什麼

方以簡單之線條，勾畫出公案主旨之畫面，上方書有一偈曰：

狗子佛性　莫言這無
風吹瀝瀝　東壁葫蘆[4]

　　此種故事性之公案圖，與因陀羅之〈李渤參智常圖〉、〈布袋蔣摩訶問答圖〉、〈閩王參雪峰圖〉有異曲同功，一脈相承。
　　右圖整個畫面上僅畫□△○三個圖形，此應從前一世紀流傳之圓相圖衍化而來的。圖左側有題詞曰：「轉柔最初禪」。（按：此圖亦有被後人稱之為〈宇宙之象徵〉，意為宇宙從最初之□多稜多角，逐漸轉為圓柔之○。）

　　從上面日本一系列禪畫，順著時間次序觀看下來，可以看出禪畫，從南宋梁楷、牧谿，以至因陀羅之禪意繪畫，流傳至日本後，日本之禪師、畫僧，將之承襲、衍化，逐漸發展而成，圖畫之畫法、筆法、構圖，從工筆而簡筆，以至完全不注重畫法、筆法，乃至書法文字、圖案等，只要其畫作能具禪意、有禪境即可，便可稱之為禪畫，近代京都學派之久松真一，即以其書法之字為禪畫。

二、對明清及近現代繪畫之影響

　　宋元時期可說是禪畫的一個承先啟後之重要階段，到了明初

　　無？』師云：『為伊有業識性在。』」（CBETA 2019.Q3, J24, no. B137, p. 361b26-28）
[4]　參見：《趙州和尚語錄》卷2：「問：『如何是祖師西來意？』（趙州）師云：『東壁上掛葫蘆多少時也？』」（CBETA 2019.Q3, J24, no. B137, p. 364c24-25）

之時，由於宋明新儒學家王陽明之心學大興，他援取佛、禪之心性論，入宋儒之理學而提出：心即理、致良知、知行合一之新儒家心性論，使得新儒學之風大興，也因之引起了文人畫的再度興起，沈周（1427-1509）、文徵明（1470-1559）、唐寅（1470-1524）等吳門畫派及之後的松江畫派引領畫壇，盛行文人畫，一直延續到明中後期萬曆年間董其昌（1555～1636）之時，才有「畫禪」之提出，此期間禪畫為文人畫之風所掩蓋，甚為落沒，幾無人涉及，文人們認為這些畫作甚為粗劣且鄙視之，稱其為：「麤惡無古法」、「誠非雅玩，僅可供僧房道舍，以助清幽耳。」

雖然如此，但在明代中後期時，有一落魄才子徐渭（字文長，號青藤老人，1521～1593）出現於世，他多才多藝，但為人猖狂、不拘小節，雖落魄潦倒，但詩、文俱佳，又懂音律、能操琴、喜戲曲，著有中國第一部南戲理論之著作《南詞敘錄》及《四聲猿》、《歌代嘯》等雜劇以及《徐文長文集》。書善行草，畫則取前人之精華脫胎換骨，不求形似但求神似，[5]工人物、山水、花鳥、竹木，而以潑墨花卉、葡萄最為有名，開創明代之潑墨寫意畫之風，為「青藤畫派」之創始者，對晚明、清初之畫壇，清初四僧、揚州八怪等影響頗大。他的畫雖不是純正的禪畫，但其寫意水墨畫，氣勢縱橫奔放，不拘小節，筆簡意賅，用墨多用潑墨，水墨淋漓，虛實相生，頗具禪意、禪境，有宋、元

---

[5]　參見：《徐文長文集》卷二十一〈書八淵明卷後〉：「覽淵明貌不能灼知其為誰。然灼知其妙品也。往在京邸見顧愷之粉本曰斫琴者殆類是蓋晉時顧陸筆筆精勻圓勁淨本古篆書家象形意其後為張僧繇閻立本最後乃有吳道子李伯時即稍變猶知宗之。迨草書盛行。乃始有寫意畫。又一變也。卷中貌凡八人而八猶一。如取諸影。僮僕策杖。亦靡不歷歷可相印。其不苟如此。可以想見其人矣。」p.152（《徐文長文集》卷二十一，pp.4-5）。

禪畫之風（見圖68）。

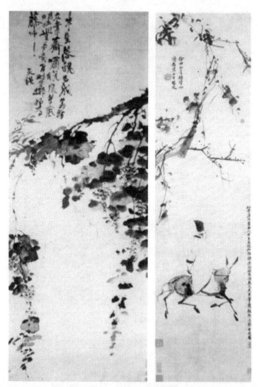

圖68：徐渭繪：左圖68-1為〈墨葡萄圖〉，紙本水墨，116.4x64.5cm，北京故宮藏，引自：洪文慶主編，《中國名畫賞析（II）明代至清中葉繪畫》，p.116；右圖68-2為〈驢背吟詩圖〉，私人藏，引自：劉樸等編，《徐渭石濤花鳥畫風》，圖30。

　　左圖68-1墨葡萄，水墨淋漓，有牧谿花鳥圖之風，右圖68-2線條簡約、構圖清爽，人物有梁楷、因陀羅之簡筆畫風。

　　至清初，滿族入統後，文人、遺民多隱世、逃禪，是時有擔當普荷（1593-1673）、藥地（方以智、大智，1611～1671）、清初四僧弘仁（漸江，1610～1663）、髡殘（石溪道人，1612

～1692）、朱耷（八大山人，1626～1705）、石濤（原濟，大滌子，苦瓜和尚，1642～1707）、等遺民，又帶起了禪畫之風潮。康熙乾隆之時，繼之而起的揚州八怪，桀傲不俗之畫風。之後又有龔晴皋（1755-1831）以古拙、苦澀之畫風名於世。

圖69：〈頭陀圖軸〉，擔當繪，紙本水墨，86.5x48cm，引自：雲南省博物館編，《擔當山水畫風》，圖8。

　　畫面之中下方畫一頭陀，面帶微笑趺坐在一石上，神情怡然。畫面上方自贊曰：

　　頭陀老漢沒指題
　　直以單情開法眼

　　　　鈍蒂兒孫興棒喝

　　　　不及一喙破天荒

　　　　　　　擔當題

　　頭陀之臉面略為工筆，顯然是受到明末之變形主義畫風之影
響，整幅畫之構圖、 風格不失因陀羅之禪畫〈維摩詰圖〉之意
趣。

圖70：〈山水冊頁之四〉，擔當繪，引自：雲南省博物館編，《擔當山水畫風》，圖154。

　　此畫為擔當普荷所繪，並題贊曰：

　　　　若有一筆是畫也非畫

　　　　若無一筆是畫亦非畫

　　　　　　　擔老人

　　簡略的筆法，寫一禪僧於山野僻靜處禪修，參「是畫非畫」
話頭，直承宋、元禪畫因陀羅之公案圖畫風。

圖71：左圖71-1〈松樹八哥圖〉，八大山人繪，紙本水墨，30x34.4cm，引自：東京聚樂社發行
　　　所，《八大山人畫冊 花鳥畫冊》圖一；右圖71-2〈叭叭鳥圖〉（局部），牧谿繪，引自：
　　　〔日〕戶田禎佑著，《水墨美術大系》第三卷《牧谿・玉澗》，原色圖版11。

　　八大山人之八哥、鴨子畫法，承襲了牧谿之筆法、墨法，構
圖亦清簡，只是增添一層苦澀，此乃為禪之個人風格使然，皆深
具禪趣。

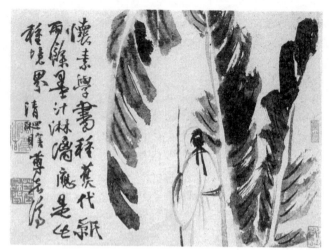

圖72：〈芭蕉人物圖〉，石濤繪，引自：劉樸等編，《徐渭石濤花鳥畫風》，圖80。

圖左自題跋曰：

懷素學書種蕉代紙

雨餘墨汁淋漓

應是此種境界

　清湘瞎尊者繪

石濤之芭蕉圖，大筆揮灑，淋漓酣暢，人物簡筆，線條流
暢，梁楷、因陀羅之遺風猶在。

到了晚清、民初又有虛谷（1823～1896）[6]、蘇曼殊（1884?
～1918）、弘一法師（演音，李叔同，1880～1942）等僧人
畫家，承續了清初四僧之禪畫。近現代又有吳昌碩（1844～

1927）、齊白石（1864～1957）、張大千（1899～1983）、潘天壽（1897～1971）、黃賓虹（1865～1955）、豐子愷（1898～1975）、林風眠（1900～1991）、傅抱石（1904～1965）等畫家，他們雖不是出家僧但多以「居士」自居，對「禪」多少都有涉獵，彼等之畫作或多或少都有「禪意」的存在，也承續了宋、元以來之禪畫的發展。

　　綜而言之，晚清以前之禪畫，多較具象，在筆法、畫面布局上，均以較為具象的方式，來表現。現代禪畫家們，諸如：曉雲法師（1912～2004）、李蕭錕、吳永猛、蕭勤等畫家均有禪畫之作品。這些現代版之禪畫，則以更寫意之手法、更抽象之筆法來作畫，來表達其個人所理解的禪意、或某種生命澈悟的禪境，將禪畫推向另一新的境界。

圖73：〈參禪老衲〉，潘天壽繪，82.2x39cm，私人收藏。引自：許禮平編，《中國近代名家書畫全集23　潘天壽/人物‧山水》，p.8。

　　潘天壽以傳統金石畫派之筆法，來描繪參禪之僧禪，在傳統中賦予新意，為現代之創新禪畫，其師承皆在石濤、八大山人之間。

圖74：左圖74-1〈屈子行吟圖〉，傅抱石繪，右圖74-2〈出山釋迦圖〉，梁楷繪，日野原宣藏，絹本著色，119x53cm，引自：《水墨美術大系》第四卷《梁楷・因陀羅》，圖版3。

　　此圖雖名之曰〈屈子行吟圖〉，但參照對比梁楷之〈出山釋迦圖〉，其意趣相似，也可算是一種新禪畫之承續與創新。

圖75：左圖75-1〈羅漢圖〉之一，弘一法師繪，紙本朱畫，138x35cm，引自：陳星著，《弘一大師繪畫研究》，p.177；右圖75-2為因陀羅之〈李渤參智常圖〉之局部：智常禪師。

　　羅漢之筆法線條簡約，有因陀羅之公案圖之禪師的風格；畫面單純、構圖有因陀羅之〈維摩詰圖〉之遺風。

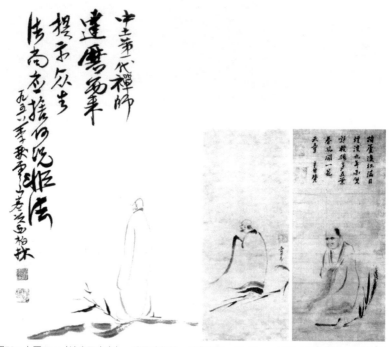

圖76：左圖76-1〈達磨西來意〉，曉雲法師繪，紙本水墨，46x29cm，引自：李蕭錕著，《禪 曉雲導師禪畫》，p.208；中圖76-2傳因陀羅繪之〈蘆葉達磨圖〉（原圖15）；右圖76-3傳因陀羅繪之〈蘆葉達磨圖〉（天童雲外雲岫贊）（原圖14）。

題款曰：

中土第一禪師
達磨西來
提示眾生
法尚應捨何況非法
　　一九五六年秋 雲山客次西柏林

清簡之筆線，摹寫達摩一葦渡江，不減古意。可對照參閱傳

因陀羅之二幅〈蘆葉達磨圖〉（圖76-2及圖76-3）。

三、對歐美繪畫之影響

　　二十世紀初，鈴木大拙於1921年，在英文雜誌*The Eastern Buddhist* 發表了有關「禪」之文章後，引起了西方世界巨大之回響，隨之又至英美弘揚禪法，將禪修、禪畫介紹到西方世界；約於此同時岡倉天心（Kakuzo Okakura，1863～1913）也把他1906年在美國出版之*The Book of Tea*，再以法文出版，受到西方人士之熱愛，開始吸引了西方藝術家之興趣；1923年亞瑟‧瓦萊（Arthur Waley）出版了*Zen Buddhism and Its Relation to Art*， 恩斯特‧格羅斯（Ernst Grosse）也出版了*Die ostasiatische Tuschmalerei*（東亞水墨畫）。

　　到了二戰後五十年代時，西方世界掀起了嬉皮運動時，禪與寒山之東方文化，再度被推上風潮。同時西方藝術家們也興起了對「直接情緒經驗的繪畫」[7]之偏好，他們不僅在西方之繪畫中尋找、同時也開始探尋東方文化之藝術作品，又再度掀起了，東方藝術之熱，此引起了印象派、達達派等藝術家們，嘗試在抽象 藝術中融入禪趣、禪味之風，發展出西方式的禪畫。

---

[7]　參見：〔荷〕海倫‧威斯格茲著，曾長生譯，《禪與現代美術 現代東西方藝術互動史》，p.12。

圖77：77-1Morris Graves, 'Blind Bird',1940,gouache,watercolor on mulberry paper,76.5x68.6cm. The Museum of Modern Art,New York，引自：〔NL〕Helen Westgeest, *Zen in the fifties—interaction in art between east and west*, Fig.29. 右上圖77-2為牧谿之〈叭叭鳥圖〉局部，右下圖77-3為八大山人之〈松樹八哥圖〉局部。

　　觀看此圖，很難說西雅圖之莫里斯・格拉夫斯，沒受到中國禪畫之影響。

圖78：Pierre Alechinsky, 'Variations sur Sengai symbole de l'Univers'.1968, Inkt and litho,55x76cm.
引自：〔NL〕Helen Westgeest, *Zen in the fifties—interaction in art between east and west*,
Fig.60.

此圖名為：〈仙崖宇宙之象徵的變調〉，觀看此圖，請參照
對比：圖67-2，仙崖義梵之〈□△○圖〉（〈宇宙之象徵〉）。

圖79：Jean Degottex, 'Vide du non-etre'（Emptiness of non-being）,10-1959, oil on canvas,150x235cm. Collection Galerie de France,Paris. 引自：〔NL〕Helen Westgeest, *Zen in the fifties—interaction in art between east and west*, Fig.63.

此圖名為〈不存在的虛空〉，充滿著禪意，有《瀟湘八景》空靈之意境。佛、禪中云：「真空妙有」，虛空非空無一物！只是如禪一般之空靈！

從上面所略舉之近現代西方之「禪畫」來看，很明顯的可以看出，基本上，他們是受到日本禪畫之影響，而非直接受到中國宋元禪畫之影響，此一則因在中國，元明之文人、畫家們，認為這些畫作甚為粗劣並鄙視為「龐惡無古法」、「誠非雅玩，僅可供僧房道舍，以助清幽耳」，終至於沒落，禪畫之畫作也殆半佚失。現今所留存之宋元鼎盛時期的禪畫，多是因為流傳到日本而被保存下來的。另一因素為二十世紀初、中葉時，日本學者到歐美之弘揚禪學，而引起西方藝術家們之注意與學習所致。縱然如此，其源頭還是可朔至宋元之梁楷、牧谿、因陀羅一脈相承之禪畫。

第二節　本書之學術貢獻與未來之展望

　　正如在本書開頭所云，筆者於數年前，作佛教圖像研究時，發現數種不同風格之維摩詰圖像，一頭栽入禪畫之領域，從唐之王維的「畫中有詩、詩中有畫」之文人畫，到五代孫位之逸品、北宋東坡之墨戲、南宋梁楷之簡筆畫、牧谿之麤惡無古法之畫，到元代因陀羅之日本國寶禪機圖，一路走下來。禪畫從無到萌芽、成長、開花、到結果；就禪畫的發展歷程而言，因陀羅之繪畫，是個頂點、標竿，就禪畫時代而言，因陀羅之時代，是個轉捩點，由盛而漸失。而因陀羅本身更是個謎樣之人物—「無來也無去」！

　　也正因為如此，筆者不揣學淺，致力於作跨領域之研究，以因陀羅之繪畫為主軸，將跨禪、詩、書畫三領域之禪畫，作了深入之研究與探討，得出以下一些小成果。

　　一、較精確的論證了因陀羅之年代：以往學界總是籠統地說，因陀羅約與楚石梵琦（1296～1370）同時期，本書依楚石梵琦語錄及其他一些佐證，較精確的推估因陀羅之年代為1275～1335之間。

　　二、對因陀羅之禪法法系背景之考證：爬梳歷史文件，從中推斷出因陀羅之禪法法系，為與東傳中土之菩提達摩的留在印度之同門師兄弟的南印度禪法傳承，尚保留著原印度佛教之如來禪，來華後並於杭州天目山與中鋒明本參習中國化之南宗臨濟楊歧之參公案祖師禪，會通印、中—如來禪、祖師禪二系之禪法，並將其融入到禪畫之中。

　　三、對禪境的形象演繹，以因陀羅繪畫的圖像為主軸，從當

時宋末、元時之政治環境、社會階層、民生經濟、宗教信仰、禪林風尚做一整體之梳理與整理，並推演其對日本、歐美及明清以至近、現代繪畫之影響。

四、對歷來之〈寒山拾得〉繪畫之畫境、詩境與禪境，做一番之梳理與對照。

筆者於此恰似一拾貝者，於茫茫之沙灘上，撿拾出美麗的貝殼出來：在浩瀚如煙之畫海中，梳理一脈相承之「因陀羅樣」禪畫系；希望這一些小小之貝殼，能拋磚引玉，在學界、畫界引起更多的研究與探討。

在研究禪畫之藝術的特征、藝術的價值時，須兼顧及其發展之時代因由。在以現代學術的觀點來探究時，不要僅僅站在繪畫之角度來看，更要從禪畫之發展的歷史背景和其對當時之時代意義，來思考並給予肯定；如此才能體現出禪畫的真正的價值、顯現出禪畫在中國的傳統文化上、傳統藝術上之傳承，及與現代藝術之銜接和順應未來藝術之發展。

2019年1月，在法鼓山舉辦的【第四屆近現代漢傳佛教論壇】會議中，德國海德堡大學Sarah E. Fraser（胡素馨）教授，發表了題為〈新禪宗風格在當代藝術：水墨藝術的表演性〉的演說：

> 「她獨辟蹊徑從實踐法門理解禪畫，探討了現代藝術及未來運用禪的方式時，一批新近東亞藝術家以非墨原料創作出水墨效果的作品，由此她認為在禪或道的相關作品中已經出現了新的階段，中國藝術家除了借用禪的語言之外，還以新的材質來構成禪的形式，創造出全球觀眾都能看懂的作品，創造出他們獨特的中國文化與藝術來站上國際舞台。」[8]

　　今日禪畫之發展趨勢，不問畫法、筆法、畫材，只要能體現出禪意、禪境之特徵，即可稱之為禪畫。以今日之科技的進展，不論是繪畫之媒體、材料、繪畫之方法、已與往昔大不相同，對繪畫之空間也已不僅僅局限於二維之平面了，禪為人類心靈本質之內取，不分東西方與古今，不在於形式與文化之別，如人類以其真實之智慧，打破陳窠，不落言語、概念或方法，皆可得入禪之徑，故未來禪畫之發展，吾人將拭目以待。

參考文獻

經典古籍

中華電子佛典協會，《CBETA, 中華電子佛典協會資料庫》，台北市：
2019。

〔三國〕王弼撰，《周易略例》，台北市：大安出版社，1999.06。

〔晉〕陳壽撰，宋裴松之注，《三國志》，北京市：中華書局，
1997.11。

〔南朝宋〕宗炳撰，《畫山水序》，收錄於《歷代論畫名著彙編》，台
北市：世界書局股份有限公司，2011.12。

〔南朝齊〕謝赫撰，《古畫品錄》，收錄於《南朝唐五代人畫學論
著》，台北市：世界書局股份有限公司，2012.02。

〔唐〕朱景玄撰，《唐朝名畫錄》，收錄於《南朝唐五代人畫學論
著》，台北：世界書局股份有限公司，2012.02。

〔唐〕張彥遠撰，《歷代名畫記》，收錄於《畫史叢書（一）》，台北
市：文史哲出版社，1974。

〔五代〕荊浩撰，《筆法記》，收錄於《南朝唐五代人畫學論著》，台
北：世界書局股份有限公司，2012.02。

〔五代〕貫休，《貫休十六羅漢象》，杭州市：浙江人民美術出版社，
1981.06。

〔五代〕貫休，杭州歷史名碑《十六羅漢圖》，杭州市：杭州出版社，
2003。

〔宋〕《宣和畫譜》，收錄於《畫史叢書（一）》，台北市：文史哲出版社，1974。

〔宋〕本中撰，《東萊詩集》，收錄於王雲五主編，《四庫全書珍本・九集,集部,別集類》，台北市：臺灣商務印書館股份有限公司。

〔宋〕江少虞撰，《宋朝事實類苑》，台北市：源流文化事業有限公司，1982.08。

〔宋〕米芾撰，《畫史》，收錄於《宋人畫學論著》，台北：世界書局股份有限公司，2012.03。

〔宋〕李昉、扈蒙、李穆、徐鉉、趙鄰幾、王克貞、宋白、呂文仲等人編著，《太平廣記》，台北市：文史哲出版社，1987。

〔宋〕郭熙撰，《林泉高致・山水訓》，收錄於《歷代論畫名著彙編》，台北市：世界書局股份有限公司，2011.12。

〔宋〕黃休復撰，《益州名畫錄》，收錄於《畫史叢書（三）》，台北市：文史哲出版社，1974。

〔宋〕黃庭堅撰，屠友祥校注，《山谷題跋》，上海市：上海遠東出版社，1999.01。

〔宋〕楊簡撰，《慈湖遺書》，收錄於《四庫全書・集部・別集類》，1161冊，台北市：商務印書館股份有限公司，2006。

〔宋〕趙希鵠撰，《洞天清錄》，台北市：臺灣商務印書館股份有限公司，1983。

〔宋〕樓鑰撰，《攻媿集》，收錄於王雲五主編，《叢書集成初編》，上海市：商務印書館，1935。

〔宋〕歐陽修撰，《新唐書》，北京市：中華書局，1997.11。

〔宋〕歐陽修撰，《歐陽修全集》，北京市：中國書店，1986年。

〔宋〕鄧椿撰，《畫繼》，收錄於《畫史叢書（一）》，台北市：文史哲出版社，1974。

〔宋〕蘇軾撰，周裕鍇等主編，《蘇軾全集校注》，石家莊：河北人民

出版社，2010。

〔宋〕釋惠洪撰，《石門文字禪》，收錄於王雲五主編，台北市：《四
　　庫全書珍本・十集 集部 別集類》，臺灣商務印書館股份有限公司。

〔金〕姚奠中主編，《元好問全集》，太原市：山西古籍出版社，
　　2004.01。

〔金〕耶律楚材撰，〈寄趙元帥書〉，《湛然居士文集》，收錄於《四
　　部叢刊初編集部》，上海市：上海商務印書館縮印無錫孫氏小添天藏
　　影印本，1965。

〔元〕方回撰，《欽定四庫全書》〈瀛樓奎律髓〉，收錄於王雲五主
　　編，《四庫全書珍本・八集》，台北市：臺灣商務印書館股份有限公
　　司。

〔元〕李志常撰，王國維校注，《長春真人西遊記校注》，新北市：廣
　　文書局，1996.10。

〔元〕倪瓚撰，《清閟閣全集・論畫》，收錄於《歷代論畫名著彙
　　編》，台北市：世界書局股份有限公司，2011.12。

〔元〕夏文彥撰，《圖繪寶鑑》，收錄於《元人畫學論著、六如畫
　　譜》，台北市：世界書局，2011.02。

〔元〕郝經撰，《陵川集》，收錄於王雲五主編，《四庫全書珍本・四
　　集》，台北市：臺灣商務印書館股份有限公司。

〔元〕莊肅撰，《畫繼補遺》，收錄於《續修四庫全書・子部・藝術
　　類》，1065冊，上海古籍出版社。

〔元〕陶宗儀撰，《南村輟耕錄》，北京市：中華書局，1997.11。

〔元〕湯垕撰，《畫鑑》，收錄於《歷代論畫名著彙編》，台北市：世
　　界書局股份有限公司，2011.12。

〔元〕蘇天爵撰，《元文類》，台北市：世界書局股份有限公司，
　　1989.04。

〔元〕蘇天爵輯撰，姚景安點校，《元朝名臣事略》，北京市：中華書

局，1996.08。

〔明〕白雲觀長春真人編纂《正統道藏》第114冊，《洞真部方法類》三卷〈玉清金笥青華秘文金寶內鍊丹訣〉，台北市：新文豐出版社，1995。

〔明〕朱謀垔撰，《畫史會要》，收錄於王雲五主編，《四庫全書珍本・二集》，台北市：臺灣商務印書館股份有限公司。

〔明〕宋濂等撰，《元史》，北京市：中華書局，1997.11。

〔明〕宋濂撰，《宋學士文集》，收錄於王雲五主編，《萬有文庫薈要》，台北市：臺灣商務印書館股份有限公司，1965.05。

〔明〕李濂撰，《汴京遺蹟志》，收錄於王雲五主編，《四庫全書珍本・十集》，台北市：臺灣商務印書館股份有限公司。

〔明〕徐弘祖撰，《徐霞客遊記》，鄭州市：中州古籍出版社，1997.04。

〔明〕徐渭撰，袁宏道評點，《徐文長文集二》，收錄於《續修四庫全書・集部・別集類》，1355冊，上海古籍出版社。

〔明〕莫是龍撰，《畫說》，收錄於《歷代論畫名著彙編》，台北市：世界書局股份有限公司，2011.12。

〔明〕陳邦瞻撰，王樹民點校，《元史紀事本末》，北京市：中華書局，2018.06。

〔明〕樊維城撰，胡震亨等纂修 國家圖書館 [天啟]《海鹽縣圖經》，杭州市：西冷印社出版社，2014.12。

〔清〕《欽定四庫全書》，北宋真宗天禧年間張君房撰，《雲笈七籤》，濟南市：齊魯書社，1988.09

〔清〕《欽定四庫全書》，沈翼機撰，《浙江通志》，廈門市，鷺江出版社，2004。

〔清〕于敏中等輯，《景印摛藻堂四庫全書薈要》，台北市：世界書局股份有限公司，1986-88。

〔清〕王士禎撰，《漁洋山人精華錄》，台北市：新文豐出版股份有限公司，1996。

〔清〕紀昀、永瑢撰，《欽定四庫全書總目提要》第四冊集部（一），台北市：臺灣商務印書館股份有限公司，1983.10。

〔清〕孫治撰，徐增重輯，《四庫全書存目叢書補編86冊》《唐音統籤》，濟南市：齊魯書社，2001.09。

〔清〕孫治撰，徐增重輯，《武林靈隱寺志》，收錄於《四庫全書存目叢書・史部・地理類》第245冊，莊嚴文化事業有限公司，1996。

〔清〕康熙四十六年（1707）編，《全唐詩》，台北市：明倫出版社，1971。

〔清〕陳尚君輯校，《全唐詩補編》，北京市：中華書局，1992。

〔清〕傅璇琮等主編，《全宋詩》，北京市：北京大學出版社，1991。

〔清〕揚州藏經院藏版，《合訂天台三聖二和詩集》，台北市：這一代出版社，1970.07。

〔清〕顧祖禹撰，《讀史方輿紀要》，上海市：上海書店出版社，1998.01。

中文文獻

王志瑞著，《宋元經濟史》，台北市：臺灣商務印書館股份有限公司，1969.04。

王明蓀著，《宋遼金元史》，台北市：眾文圖書公司，1990.11。

任宜敏著，《元代佛教史》，南投縣：南林出版社，2005.04。

余嘉錫著，《四庫提要辨證》，北京市：科學出版社，1958.10。

吳永猛，《禪畫欣賞》，台北市：慧炬出版社，1990.05。

妙虛法師、孫恩揚著，《禪畫研究》，北京市：人民美術出版社，2015.01。

李鳴飛著，《蒙元時期的宗教變遷》，蘭州市：蘭州大學出版社，

2013.04。

杭州市歷史博物館等編，《飛來峰造像》，北京市：北京文物出版社，
　　2002.09。

段玉明著，《指空─最後一位來華的印度高僧》，成都市：巴蜀書社，
　　2007.07。

胡適著，《白話文學史》，台北市：文光圖書公司，1964.06。

韋賓，《宋元畫學研究》，蘭州市：甘肅人民出版社，2009.03。

高俊良編著，《中國縣級以上政區地名考》，北京市：學習出版社。

崔小敬著，《寒山：一種文化現象的探尋》，北京市：中國社會科學出
　　版社，2010.04。

張伯偉著，《全唐五代詩格校考》，西安市：陝西人民教育出版社，
　　1996.07。

張伯偉著，《禪與詩學》，北京市：人民文學出版社，2008.04。

陳清香著，《羅漢圖像研究》，台北市：文津出版社有限公司，
　　1995.07。

陳慧劍著，《寒山子研究》，台北市：東大圖書股份有限公司，
　　1991.08。

陳懷恩著，《圖像學 視覺藝術的意義與解釋》，台北市：如果出版社，
　　2008.01。

程民生著，《宋代地域經濟》，台北市：雲龍出版社，1995。

項楚著，《寒山詩注》，北京市：中華書局，2000.03。

黃永武著，《中國詩學 ── 思想篇》，台北市：巨流圖書公司，
　　2009.09。

黃河濤，《禪與中國藝術精神的嬗變》，北京市：商務印書館國際有限
　　公司，1995。

黃敬家著，《寒山詩在宋元禪林的傳播研究》，台北市：臺灣學生書局
　　股份有限公司，2016.09。

楊曾文著，《宋元禪宗史》，北京市：中國社會科學出版社，2006.10。

葉珠紅著，《寒山詩集之流傳與影響》，台北市：花木蘭文化出版社，2015.03。

葉珠紅著，《寒山詩集論叢》，台北市：威秀資訊科技股份有限公司，2006.09。

熊江寧著，《普天佛香：宋遼金元時期的佛教》，鄭州市：中州古籍出版社，2014.04。

蔡鳳書著，《中日交流的考古研究》，濟南市：齊魯書社，1999.03。

鄭振鐸著，《中國俗文學史》，台北市：臺灣商務印書館股份有限公司，1999.04。

鄭樑生著，《明代中日關係研究—以明史日本傳所見幾個問題為中心》，台北市：文史哲出版社，1985.03。

蕭啟慶著，《九州四海風雅同 元代多族士人圈的形成與發展》，新北：中央研究院、聯經出版社，2019.03。

錢學烈著，《寒山拾得詩校評》，天津市：天津古籍出版社，1998.07。

嚴雅美著，《潑墨仙人圖研究：兼論宋元禪宗繪畫》，台北市：法鼓文化事業股份有限公司，2000.12。

釋印順著，《淨土與禪》，台北市：正聞出版社，1992。

中譯文獻

〔日〕小川隆著，彭丹譯，《禪思想史講義》，上海市：上海復旦大學出版社，2017.12。

〔日〕木宮泰彥著，陳捷譯，《中日交通史》，台北市：九思出版有限公司，1978.10。

〔日〕平川 彰著，莊崑木譯，《印度佛教史》，台北市：商周出版社，2002.10。

〔日〕忽滑谷快天著，朱謙之譯，《韓國禪教史》，北京市：中國社會

科學出版社，1995.03。

〔日〕鈴木大拙等著，劉大悲譯，《禪與藝術》，台北：天華出版社，1994。

〔印〕 Patanjali編著，清河新藏譯著，《瑜伽經》，新北市：經史子集出版社，2009.05。

〔法〕程抱一著，涂衛群譯，《中國詩畫語言研究》，南京市：江蘇人民出版社，2006.08。

〔法〕謝和耐著，耿昇譯，《中國5-10世紀的寺院經濟》，上海市：上海古籍出版社，2004.11。

〔美〕Panofsky著，戚印平、范景中譯，《圖像學研究：文藝復興時期藝術的人文主題》，上海市：上海三聯書店，2011.05。

〔美〕何慕文（Maxwell K. Hearn）著，石靜譯，《如何讀懂中國畫 大都會藝術博物館藏中國書畫精品導覽》，北京市：北京大學出版社，2015.09。

〔英〕E.H.Gombrich著，雨雲譯，《藝術的故事》，台北市：聯經出版社，2008.08。

〔英〕Peter Burke 著，楊豫譯，《圖像證史》，北京市：北京大學出版社，2008.02。

〔英〕詹姆士‧薩利（James Sully）著，蕭聿譯，《笑的研究——笑的形式、起因、發展和價值》，北京市：中國社會科學出版社，2011.06。

〔荷〕海倫‧威斯格茲著，曾長生譯，《禪與現代美術 現代東西方藝術互動史》，台北：典藏藝術家庭公司，2007。

〔意〕馬可‧孛羅撰，張星烺譯，《馬可孛羅遊記》，台北市：臺灣商務印書館股份有限公司，1972.09。

〔德〕萊辛（G.E.Lessing）著，朱光潛譯，《拉奧孔》（Laocoon），北京市：人民文學出版社，1979。

〔藏〕阿旺貢噶索南著，陳慶英、高禾福、周潤年譯注，《薩迦世系史》，拉薩市：西藏人民出版社，2002.09。

外文文獻

〔NL〕Helen Westgeest, *Zen in the fifties—interaction in art between east and west, Amsterdam:Waanders* Publishers. 1996。

〔US〕Erwin Panofsky, *Studies In Iconology* , Colorado,Westview Press,A Member of the Perseus Books Group,1972.

〔日〕久松真一著，《久松真一著作集》第五卷，京都市：法藏館株式會社，1955。

〔日〕久松真一著，《禪と美術》，京都市：思文閣株式會社，1976。

〔日〕川上涇、戶田禎佑、海老根聰郎等著，《水墨美術大系》第四卷《梁楷·因陀羅》，東京市：第一出版センター編集出版，1975。

〔日〕川上涇等編，《日本繪畫館12 渡來繪畫》，東京市：講談社株式會社，1971.10。

〔日〕中村宗一著，《禪の公案畫》，東京市：誠信書房株式會社，1989.05。

〔日〕戶田禎佑 小川裕充編，《中國繪畫總合圖錄續編 第四卷 總索引》，東京市：東京大學出版會，2001.05。

〔日〕戶田禎佑著，《水墨美術大系》第三卷《牧谿·玉澗》，東京市：第一出版センター編集出版，1975。

〔日〕白隱慧鶴，《寒山詩闡提記聞》，德川幕府延享（えんきょう）三年（1750）版。

〔日〕矢野環著，《君台観左右帳記の總合研究 茶華香の原点 江戶初期柳営御物の決定》，東京市：勉成出版，1999.02。

〔日〕佐藤秀孝，〈禪者の日中交流—宋代禪宗と日本禪林〉，收錄於鈴木哲雄編，《宋代禪宗の社會的影響》，東京市：山喜房佛書林株

式會社，2003。

〔日〕村井康彦校訂譯注，《君台觀左右帳記 御飾書》，東京市：世界文化社株式會社，1983.10。

〔日〕東京大學東洋文化研究所等編，《中國繪畫總合圖錄續篇 第三卷 日本篇I 博物館》，東京市：東京大學東洋文化研究所，1999.05。

〔日〕東京國立博物館監修，《宋元の繪畫》，東京市：便利堂株式會社，1958.11。

〔日〕松島宗衛著，《君台觀左右帳記研究》，東京市：中央美術社，1931.01。

〔日〕柳田聖山、梅原猛，《佛教の思想 無の探 求〈中國禪〉》，東京市：角川書店株式會社，1969。

〔日〕鈴木敬，《中國繪畫史 中之二 圖版註 年表 索引》，東京市：吉川弘文館株式會社，1981。

〔日〕鈴木敬著，《中國繪畫史 中之一 南宋遼金》，東京市：吉川弘文館株式會社，1981。

〔日〕鈴木敬著，《中國繪畫史 中之二 元》，東京市：吉川弘文館株式會社，1981。

〔日〕鈴木敬編，《中國繪畫總合圖錄 第一卷 アメリカ・カナダ篇》，東京市：東京大學出版會，1983.01。

〔日〕鈴木敬編，《中國繪畫總合圖錄 第三卷 日本篇I 博物館》，東京市：東京大學出版會，1983.01。

〔日〕鈴木哲雄編，《宋代禪宗の社會的影響》，東京市：山喜房佛書林株式會社，2002.11。

〔日〕福嶋俊翁、加藤正俊著，《禪畫の世界》，京都市：淡交社株式會社，1978.07。

〔日〕櫪木縣立博物館編集，《寒山拾得 描かれた風狂の祖師たち》，宇都宮市：櫪木縣立博物館，1994。

〔德〕Kurt Brasch（クルト・ブラッシュ）著（日文著作），《禪畫》，東京市：二玄社株式會社，1962.05。

期刊、論文文獻

〔日〕玉村竹二，〈楚石梵琦筆「雪舟」二大字について〉，《仏教芸術》11號，東京市：佛教藝術學會，1951.03，pp.24-29。

〔日〕植田壽藏，〈禪の繪畫とは何か〉，《仏教芸術》第55期，東京市：佛教藝術學會，pp.1-8。

孔濤，《北宋院體、文人和禪畫研究─兼論真情理三境繪畫美學》，博士學位論文，山東大學，2009。

吳永猛，〈論禪畫的特質〉，《華崗佛學學報》第08期，1985年，臺北：中華學術院佛學研究所。

巫佩蓉，〈吾心似秋月：中日禪林觀畫脈絡之省思〉，《國立臺灣大學美術史研究集刊》第三十四期，2013.03。

李靜，《南宋禪宗繪畫研究》，博士學位論文，山東大學，2017。

周裕鍇，《文字禪與宋代詩學》，博士學位論文，四川聯合大學，1997。收錄於：《中國佛教學術論典56》，高雄市：佛光山文教基金會，2002。

易宗達，〈詩人寒山的研究〉，《中國詩季刊》寒山詩專號一集 第三卷第三期，1972.09。

胡鈍俞，〈寒山詩評〉，《中國詩季刊》寒山詩專號一集 第三卷第三期，1972.09。

胥端甫，〈寒山世界〉，《中國詩季刊》寒山詩專號二集 第三卷第四期，1972.12。

孫恩揚，《潑墨畫研究》，博士學位論文，中國藝術研究院，2010。

陳鼎環，〈寒山的禪境與詩情〉，《中國詩季刊》寒山詩專號二集 第三卷第四期，1972.12。

楊曾文，〈汾陽善昭及其禪法〉，《中華佛學學報》第15期，2002。

葉珠紅，〈寒山子異名考〉，國立暨南國際大學《暨大電子雜誌》第37期，2006.02。

趙滋蕃，〈寒山子其人其詩〉，收錄於《合訂天台三聖二和詩集》1970年這一代出版社出版本中，（代跋之一）。

趙滋蕃，〈寒山詩評估〉，收錄於《合訂天台三聖二和詩集》1970年這一代出版社出版本中，（代跋之二）。

劉韋廷，〈元代佛道辯諍探微：以《大元至元辯偽錄》為主之討論〉，《輔仁宗教研究》第三十三期，2016。

劉貴傑，〈契嵩思想研究——佛教思想與儒家學說之交涉〉，《中華佛學學報》第二期，1988.10。

蕭啟慶，〈元代科舉特色新論〉《中央研究院歷史語言研究所集刊》第八十一本，第一分，2010.03。

鍾玲，〈寒山在東方和西方文學界的地位〉，《中國詩季刊》寒山詩專號二集 第三卷第四期，1972.12。

魏道儒，〈明本禪師的禪學思想〉，《圓光佛學學報創刊號》，1993.12。

工具書

丁福保編，《丁福保佛學大辭典》，台北市：天華出版社，1984.07。

朱芾煌編，《法相辭典》，台北市：台灣商務印書館股份有限公司，1994。

教育大辭書編纂委員會編纂；國立編譯館主編，《教育大辭書》，台北市：文景書局有限公司，2000.12。

教育部中國大辭典編纂處編，《國語辭典》，台北市：仙華出版社，1973。

慈怡主編，《佛光大辭典》，台北市：佛光出版社，1995。

漢語大詞典編纂處編，《漢語大辭典》，上海市：上海辭書出版社，
　2011。

羅竹風主編，《漢語大詞典》，上海市：漢語大詞典出版社，1990。

釋如常執行編輯，《世界佛教美術圖說大辭典》，高雄市：佛光山文教
　基金會，2013。

參考網站

《中央研究院數位文化中心》：https://data.ascdc.tw/demo_res.
　php?s=http%3A%2F%2Fdata.ascdc.tw%2Fdnb%2FAgent%2FNO000016
　218&i=1&pj=history

《中國哲學書電子化計劃網站》：https://ctext.org/wiki.pl?if=gb&res=438
　150&searchu=%E7%95%AB%E9%9B%AA%E4%B8%AD%E8%8A%A%
　D%E8%95%89

《中華百科全書》，（文化大學）：http://ap6.pccu.edu.tw/Encyclopedia_
　media/about.asp。

《佛光大辭典》：http://www.muni-buddha.com.tw/buddhism/025.htm。

《法鼓山財團法人聖嚴教育基金會》：http://www.shengyen.org.tw/
　DetailOrdinary.aspx?LCODE=TW&MMID=028&SMID=MN2017041316
　49360730&PID=A201704131650210079

《教育部國語小字典》： https://pedia.cloud.edu.tw/Entry/
　Detail/?title=%E7%AC%91 20191005

《蓬瀛仙館道教文化中心資料庫》：http://zh.daoinfo.org/w/index.php?title
　=%E5%BE%90%E9%9D%88%E5%BA%9C&variant=zh-tw

〔日〕外アソシエーツ「20世紀西洋人名事典」，（1995年刊），
　20世紀西洋人名《事典について情報》：https://kotobank.jp/
　word/%E3%82%AF%E3%83%AB%E3%83%88%20%E3%83%96%E3%
　83%A9%E3%83%83%E3%82%B7%E3%83%A5-1630174。

法鼓，《人名規範資料庫》：http://authority.dila.edu.tw/person/

法鼓，《地名規範資料庫》：https://authority.dila.edu.tw/place/

引用圖表

〔NL〕Helen Westgeest, *Zen in the fifties—interaction in art between east and west*, Amsterdam:Waanders Publishers. 1996。

《居庸關雲台網站》：https://www.google.com/search?q=%E5%B1%85%E5%BA%B8%E9%97%9C%E9%9B%B2%E5%8F%B0&sxsrf=ACYBGNRuwm3zD6ZAa_awaOY--h5hvlhVYg:1573200789639&source=lnms&tbm=isch&sa=X&ved=0ahUKEwjJ7-fRldrlAhWMzIsBHU6fBfcQ_AUIEigB&biw=1080&bih=456&dpr=1.25

〔日〕川上涇、戶田禎佑、海老根聰郎等著，《水墨美術大系》第四卷《梁楷‧因陀羅》，東京市：第一出版センター編集出版，1975。

〔日〕川上涇等編，《日本繪畫館12 渡來繪畫》，東京市：講談社株式會社，1971.10。

〔日〕戶田禎佑著，《水墨美術大系》第三卷《牧谿‧玉澗》，東京市：第一出版センター編集出版，1975。

〔日〕矢野環，《君台觀左右帳記の總合研究》，東京市：勉成出版，1999.02。

〔日〕東京大學東洋文化研究所等編，《中國繪畫總合圖錄續篇 第三卷 日本篇I 博物館》，東京大學出版會，1999.05。

〔日〕東京國立博物館監修，《宋元の繪畫》，東京市：便利堂株式會社，1958.11。

〔日〕東京聚樂社發行所，《八大山人畫冊 花鳥畫冊》，東京市：聚樂社發行所，1955.01。

〔日〕芳澤勝弘著，《白隱—禪畫の世界》，東京市：中央公論新社，2005.05。

〔日〕金沢 弘著 ，《日本美術繪畫全集第一卷可翁・明兆》，東京市：
　　集英社株式會社，1977.12。

〔日〕鈴木 敬著，《中國繪畫史 中之二 圖版註年表索引》，東京市：
　　吉川弘文館株式會社，1981。

〔日〕鈴木 敬編，《中國繪畫總合圖錄 第三卷 日本篇I 博物館》，東京
　　大學出版會，1983.01。

〔日〕鈴木哲雄編，《宋代禪宗の社會的影響》，東京市：山喜房佛書
　　林株式會社，2002.11。

〔日〕福嶋俊翁、加藤正俊著，《禪畫の世界》，京都市：淡交社株式
　　會社，1978.07。

〔日〕櫪木縣立博物館編集，《寒山拾得 描かれた風狂の祖師たち》，
　　宇都宮市：櫪木縣立博物館，1994。

〔義〕http://whc.unesco.org/en/documents/137378。

〔德〕Kurt Brasch（クルト・ブラッシュ）著（日文著作），《禪
　　畫》，東京市：二玄社株式會社，1962.05。

〔美〕何慕文（Maxwell K. Hearn）著，石靜譯，《如何讀懂中國畫 大
　　都會藝術博物館藏中國書畫精品導覽》，北京市：北京大學出版社，
　　2015.09。

王家鵬主編，（北京）故宮博物院藏文物珍品全集《藏傳佛教造像》，
　　香港：商務印書館有限公司，2008.03。

李蕭錕著，《禪　曉雲導師禪畫》，台北市：華梵護持委員聯誼會，
　　2009.10。

洪文慶主編，《中國名畫賞析（II）明代至清中葉繪畫》，新北市：錦
　　繡出版事業股份有限公司，2001.11。

洪文慶主編，《海外中國名畫精選III》，新北市：錦繡出版事業股份有
　　限公司，2001.11。

崔小敬，《寒山：一種文化現象的探尋》，北京市：中國社會科學出版

社，2010.04。

許禮平編，《中國近代名家書畫全集23　潘天壽/人物・山水》，香港：翰墨軒出版有限公司，1997.08。

陳星著，《弘一大師繪畫研究》，太原市：北岳文藝出版社，2006.01。

敦煌研究院編，《敦煌莫高窟》第三卷，北京市：文物出版社，1987.08。

雲南省博物館編，《擔當山水畫風》，重慶市：重慶出版社，1997.03。

熊江寧，《普天佛香：宋遼金元時期的佛教》，鄭州市：中州古籍出版社，2014.04。

劉樸等編，《徐渭石濤花鳥畫風》，重慶市：重慶出版社，1995.09。

嚴雅美著，《潑墨仙人圖研究：兼論宋元禪宗繪畫》，台北市：法鼓文化事業股份有限公司，2000.12。

釋如常執行編輯，《世界佛教美術圖說大辭典》，高雄：佛光山文教基金會，2013。

附錄

一、〈宋代中日禪僧交流法系表〉

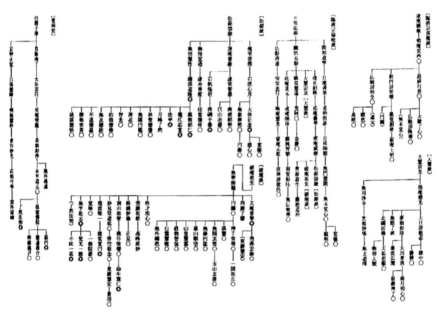

註：本表以南宋時期為主；○：表入宋日僧，◎：表渡日宋僧（包含韓僧）。
（按：本表轉引自：〔日〕鈴木哲雄編，《宋代禪宗の社會的影響》，〈日宋間の往來禪僧の法系譜〉，pp.509-511。）

二、〈指空禪師之印度禪法〉（載於《指空禪要錄》）

閔漬撰《指空禪要錄序》云：

「師（指空）於八歲出家，年至二十，學究三藏…… 然後

不憚險艱，至南天竺吉祥山普明尊者住處，密傳心印，為西天第一百八祖矣……師既傳衣，即以道眼普觀西方，知東方有可化之機，決意向東，人始號曰指空和尚……跋渉十萬八千餘里，初入雲南界，遊化許多年，遂達於帝京。親對日角，默傳妙旨，因受御香，名以往觀金剛山而出來。越泰定三年（忠肅王十三年）三月，到于我王京城西甘露寺，城中士女咸曰釋尊復出……寺門如市者，幾於二旬。及師移錫，到處皆然，至往金剛山，然後乃已。師以是年四月下旬，還自彼山，因受檀越順妃之請，住錫於城東崇福寺。與其門弟及諸山精衲之願赴者，約為一夏安禪，於寺之西南高爽處，別作戒場，依最上戒法，大開甘露之門。於是自王親戚裡、公卿大夫、士、庶人，乃至愚夫、愚婦，爭先雲集於會場者，日以千萬計。凡得聞一言一話者，如得無價寶珠……嗜酒肉者斷酒肉，好覡者絕巫覡……貪競之風斷息，驕淫之俗稍變。又當大旱，師乃一念興悲即致雨……我宗室昌源君見此《禪要》，切欲鋟梓流傳，請予為序。予雖老病，亦參門第之數，故不敢固辭，粗記海山之一滴一塵云耳。時泰定三年丙寅秋八月日……致仕驪興君默軒居士閔漬序（七十九目暗於筆）。」

《禪要錄》中頓入無生大解脫法門指要，具說戒,定,慧三學及依之解脫之道，其思想所基乃在般若。云：

「夫欲成於道，道以無修可證，欲悟於法，法以無思可悟，問曰：『云何無修可證,無思可悟？』師云：『道則非修而證，法則非思而悟，於道法中，無有一法而得成（證乎）悟。』問曰：『修何善法，可得證悟？』師云：『惟有最上無生戒法，若能受持，即得證悟。』問曰：『此戒法云何受持？』師云：『若受此戒法者，皆不可以愛厭有無，而為受持。』……問曰：『云何以正受持？』師云：『於此戒中，無凡無聖，非性非相，非有非無，亦非身心，亦非善惡，此則是戒。』……問曰：『既然不修善，

不行惡，作何正見，而可受此戒法，如何升入解脫法門？』師云：『若受此戒，不作、不斷、不受、不犯，處自在中，即得解脫。』問曰：『云何處自在之法，而得解脫？』師云：『以不思是非，不念善惡，亦不思真，亦不妄想，於中放下，此則名得大自在。既得自在又不作自在觀者，此則解脫』。」

以上說明無生戒，更說定云：

「問曰：『既由解脫，云何入觀諸定？』師云：『定以無行可得。』問曰：『云何無行可得？』師云：『所以定者，非行可得，既無可得者，於禪定中自然定，觀實相是也……若得禪定而不作禪定觀者，即名正定。』……問曰：『今得正定後，昔所作惡還受罪否？』師云：『亦無罪也……罪者猶如夢中所作，夢未醒時明明有罪，罪根未釋；夢已覺矣，空空無物，罪自何來？』。」

進說慧云：

「問曰：『從正定，云何發慧？』師云：『慧以無知可發……若以知而發者，則名愚……欲發慧者，過去慧不可知，現在慧不可知，未來慧不可知，如是一切妙慧實不知，諸般眾慧如斯斷者，則得諸佛真實智慧也。』。」

次說從慧中起妙用云：

「問曰：『從妙慧中，云何作用？』師云：『若作用時，不住一處，於不住境，不念、不住，若能如此，則名真空般若無礙之妙用也……如斯妙用，若能了知，雖凡夫則能頓入佛地也。』」

更說妙用之體云：

「問云：『此妙用中，以何為體？』師云：『以自在不動為體』……曰：『若生死時，體隨其否？』師云：『體本不動,亦無生死』問曰：『一切眾生有此體否？』師云：『有情、無情悉同一體。』問曰：『人皆有體，如何生死？』師云：『本無生滅，眾生迷本失路，妄見生死，故體同虛空。天地萬物，雖生動轉，

虛空自性，不隨其動，四大五蘊，雖然來往，其體寂然不動，即虛空之義也。』」

次言及宗云：

「問曰：『以何為宗？』師云：『以真空無相為宗……真空者，非空非不空，非相非不相，非有非非有……淨、垢、長、短元俱無，斯則真空也。無相者，巍巍堂堂，洞暎十方，杲杲明明，寂然不動，不形不相……相體性心，本來非有，此為無相也。』」

而頌之曰：

「佛相真空無相宗，古今非相亦非空，
妙體如如充法界，一輪赫赫大千中。」

指空置其旨於般若空宗，故頌云：

「我愛真空般若宗，巍巍充塞大虛空，
堂堂妙法誰能識，寶鑒沉西生自東。
邪正無分妙法踪，含靈蠢動體皆同，
有人著相求三昧，難了真空般若宗。」

又云：

「西來直指，重重指示，若有眾生，能返本舍幻，越聖超凡，重宣妙旨，使同圓種智者。所謂眾生，若能識心達本，若能以無礙大智照破四大、五蘊，悉皆空寂，所謂一了一切了，一不了一切不了，一動一切動，一不動一切不動。所以者何？則此一生常在於定，臨終之時，悉不能亂。即此一生，常在於亂，臨終之時，終不能定。若能一念相應者，眾魔不能起也。」轉引自：〔日〕忽滑谷快天著，朱謙之譯，《韓國禪教史》pp.216-219。

三、〈宋元禪師與禪畫簡表〉

（一）、此表收錄與傳世禪宗繪畫作品相的禪僧（包括其肖像、題贊及繪畫創作），只有相關文獻記載而無傳世相關作

品者，則暫不收錄。

（二）、此表按禪僧的生年先後編排順序，如不知生年，則以卒
年為序；若不知其生卒年，則以其大致活動年代編排依
據；如無任何基本資料，則置於表末。

（三）、人名旁有「＊」號者，表示確知其人非楊岐派法嗣；而作
品名旁有「＊」號者，表示其偽作或真偽未定。

（按：本簡表轉引自：嚴雅美著，《潑墨仙人圖研究：兼論宋元
禪宗繪畫》，〈禪僧與禪宗繪畫簡表〉，pp.185-193。）

法號及生卒年	出身地	渡日	收日僧為徒	宗派	相關美術作品
牧庵法忠（1084－1149）	四明（浙江寧波）姚氏			臨濟宗楊岐派佛眼清遠法嗣	《牧庵法忠像》
如庵智肱（不詳）	不詳			不詳，應為楊岐派法嗣	《牧庵法忠像贊》
佛照（拙庵）德光（1121－1203）	臨江軍（江西）彭氏子		與日學僧關係密切，日僧大日能忍為其法嗣	臨濟宗楊岐派，大慧宗杲法嗣	《達磨圖贊》
浙翁（佛心）如琰（1151－1225）	台州（浙江）周氏子		日僧道元入宋時參之	臨濟宗楊岐派大慧派佛照德光法嗣	《馬郎婦觀音圖贊》（其上「佛心禪師」印為1224年寧宗下賜）
北磵居簡（敬叟居簡）（1164－1246）	潼川（四川）		日僧天祐思順為其嗣	臨濟宗楊岐派大慧門下佛照德光法嗣	《梁楷布袋圖贊》、《北磵詩集》卷4〈贈御前梁宮幹〉、《北磵文集》卷6〈兩蟆贊，御前梁楷畫并引〉、〈詠梁楷寒山拾得〉、〈詠梁楷夜潮圖〉、〈詠梁楷煎茶圖〉、〈善財童子圖贊〉＊
石橋可宣（？－1210住徑山－？）	不詳		曾寫日僧南浦紹明送行頌	臨濟宗楊岐派，大慧派拙庵（佛照）德光法嗣	《豐干圖贊》、《寒山拾得圖贊》

					畫備考》卷8引《貞和集》（日本默菴靈淵二十二祖贊）
用章延俊 （1299— 1368）				臨濟宗大慧派笑隱大訢法嗣	〈子庭祖柏筆枯木圖贊〉
行中至仁 （1299— 1368）				臨濟宗大慧派元叟行端法嗣	〈子庭祖柏筆枯木圖贊〉
仲銘克新 （不詳）				臨濟宗大慧派笑隱大訢法嗣	〈子庭祖柏筆枯木圖贊〉
因陀羅 （活動年代與楚石梵琦有重疊）	梵僧			不詳	《禪機圖斷卷（有〈丹霞燒佛圖〉、〈布袋圖〉、〈智常禪師圖〉、〈李渤參智常圖〉、〈寒山拾得圖〉等）》、〈維摩圖〉、〈五祖再來圖〉（龍光院、Cleveland 兩本）、〈船子夾山圖〉、〈閩王雪峰圖〉、〈寒山拾得圖〉對幅*、〈寒山圖〉*、清遠文林贊〈寒山拾得圖〉*對幅、靈外雲岫贊〈蘆葉達磨圖〉*、〈寒山拾得圖〉*、〈寒山拾得圖〉*
夢堂曇噩 （？—1369年召入金陵—1373年）	浙江慈溪人			臨濟宗楊岐派大慧派妙峰門下元叟行端法嗣	〈四睡圖贊〉
季潭宗泐 （1318—1391）	海臨（浙江）周氏子		日僧無初德始爲其法嗣	臨濟宗楊岐派大慧門下笑隱大訢法嗣，有詩名	〈白衣觀音圖贊〉
見心來復 （1319—1391）	江西豐城黃氏（王氏），號蒲庵，與宗泐齊名	洪武間奉召渡日，以老病辭	日僧以亨得謙爲其法嗣	臨濟宗楊岐派松源派淨伏門下南楚師說法嗣，元末明初之著名詩僧	〈恩中筆布袋圖贊〉、〈傅雪洞筆繩衣文殊圖贊〉、《見心來復像》並贊
清遠懷潤 （1326—1375）				臨濟宗楊岐派大慧派笑隱大訢法嗣	〈子庭祖柏筆枯木圖贊〉
清遠文林 （元末明初？）	不詳			明初禪僧圓極居頂（1404年卒）的《圓菴	〈白衣觀音圖贊〉、〈傳因陀羅寒山拾得圖對幅贊〉

				集）所題到的青遠禪師住昌國時代疏，可能即爲此人	
祥符紹密（不詳）	不詳			不詳	〈默庵筆四睡圖贊〉
斷山正念（不詳）	不詳			不詳	〈傳孟玉澗山水圖贊〉
法膺（不詳）	不詳			不詳	〈因陀羅筆五祖再來圖贊〉
愚中（不詳）	不詳			不詳	見心來復贊《布袋圖》
一庵（不詳）	不詳			不詳	中峰明本贊《中峰明本像》
廣演（不詳）	不詳			不詳，可能爲中峰明本的再傳弟子（自屬「嗣孫」	〈白描本中峰明本像贊〉
鏡堂（不詳）	不詳		日僧虎關師練命人入元尋元畫工繪像，持歸後自贊之，此圖即此	可能爲職業畫工（?）	虎關師練贊《虎關師練像》
永福（不詳）	不詳			不詳	〈馬郎婦觀音圖贊〉
世月（不詳）	不詳			不詳	〈馬郎婦觀音圖贊〉
法元（不詳）	不詳			不詳	〈傳因陀羅筆寒山圖贊〉
慈覺（不詳）	不詳			不詳	〈傳因陀羅筆寒山拾得圖對幅贊〉
曉聰（不詳）	不詳			不詳，其字體與禪僧不同，但身分不明	〈祖師圖贊〉
無住子（不詳）	不詳			不詳	《朝陽對月圖對幅》並贊
正悟（不詳）	不詳			不詳，可能爲畫僧	雲外雲岫贊《白衣觀音圖》

滅翁文禮 （1167－ 1250）	臨安杭州 阮氏（浙 江）		臨濟宗楊岐派 松源崇岳法嗣	〈傳門無關達磨圖贊〉
癡絕道沖 （1169－ 1250）	武信長江 （四川） 苟氏子		臨濟宗楊岐派 密菴嗣曹源道 生法嗣	〈傳牧谿羅漢圖贊〉、〈觀音 圖贊〉﹡、〈出山釋迦圖贊〉﹡、舊 前田家藏傳卒翁筆〈布袋圖贊〉、 舊原氏藏傳卒翁筆〈布袋圖贊〉、 《蒲室集》卷13〈題殷濟川畫〉 （有「濟川名畫……，又癡絕虛 谷諸老題後……」）等
笑翁妙堪 （1177－ 1248）	四明毛氏 子（浙江）		臨濟宗楊岐派 大慧派無用淨 全法嗣	〈白衣觀音圖贊〉﹡
無準禪範 （1178－ 1249）	蜀（四川） 之梓潼雍 氏	收東福圓爾、性 才法心、妙見道 祐、才然法明等 日僧	臨濟宗楊岐派 密菴門下破庵 祖先法嗣	《佛鑑禪師（無準師範）像》、 〈無準師範墨跡〉、〈騎驢圖贊〉、 〈達磨、郁山主、政黃牛圖三幅 題贊〉﹡、〈達磨圖贊〉﹡、〈傳 門無關布袋圖贊〉﹡、〈觀音圖贊〉 ﹡、〈布袋圖贊〉﹡
大川普濟 （1179－ 1253）	奉化（浙 江）		臨濟宗楊岐派 大慧派佛心如 琰法嗣	〈梁楷布袋圖贊〉、〈惜煙、四 睡偈〉
東谷妙光 ﹡（？－ 1253）			曹洞宗宏智正 覺派下明極慧 祚法嗣	〈達磨圖贊〉﹡
石谿心月 （？－ 1254）	眉山王氏 （四川）	法嗣大休正念渡 日，另日僧無極 靜照為其法嗣	臨濟宗楊岐派 松源嗣掩室善 開（金山開） 法嗣	〈政黃牛圖贊〉、〈布袋圖贊〉
虛堂智愚 （1185－ 1269）	四明象山 （浙江） 陳氏	日僧南浦紹明、 巨山志源為其法 嗣	臨濟宗楊岐派 密菴門下松源 嗣運庵普巖法 嗣	〈法語〉、舊田安家藏〈傳卒翁 筆布袋圖贊〉、《虛堂語錄》 卷7〈跋梁楷忘機圖〉、〈佛日庵 公物目錄〉〈傳牧谿坐禪猿贊〉、 《御物御畫目錄》〈傳牧谿寒山 十德贊〉、同〈傳牧谿船子和尚 贊〉、同〈傳梁楷老子贊〉、同 傳牧谿〈達磨贊〉、〈山上宗二 記〉〈傳牧谿魚夫贊〉、〈傳牧 谿船子贊〉、〈玩貨名物記〉〈傳 牧谿三幅贊〉、同〈傳牧谿布袋 贊〉、《古今名物類聚》〈傳牧

					谿布袋贊》
偃溪廣聞 （1189－ 1263）	侯官林氏 子（福建）			臨濟宗楊岐派 大慧門下佛心 如琰法嗣	《李確豐干、布袋對幅贊》、〈牧 谿蜆子和尚圖贊〉、〈直翁六祖 挾擔圖贊〉、〈直翁布袋圖贊〉、 〈傳胡直夫布袋圖贊〉、〈藥山 李翔問答圖〉、〈白衣觀音圖贊〉 *、《御物御畫目錄》〈傳梁楷布 袋圖贊〉、〈傳胡直夫布袋圖贊〉 *、〈傳玉澗蘭圖圖贊〉*
兀庵普寧 （1197－ 1276）	四川	1260年渡 日，1265 年歸	臨濟宗宗覺派開 山祖，建長寺二 世祖	臨濟宗楊岐派 破菴嗣無準師 範法嗣	《兀庵和尚像》二幅
西巖了惠 （1198－ 1262）	蜀（四川） 之蓬州蓬 池羅氏			臨濟宗楊岐派 破菴門下無準 師範法嗣	〈出山釋迦圖贊〉、〈寒山圖贊〉 *
虛舟普渡 （1199－ 1277年住 徑 山 － 1280卒）	維揚江都 （江蘇） 人		日僧桂堂瓊林為 其法嗣	臨濟宗楊岐派 松源門下無得 覺通法嗣	〈山水圖贊〉、〈維摩圖贊〉*
蘭溪道隆 （1213－ 1278）	西蜀涪縣 （四川）	1246年渡 日	臨濟宗大覺派開 山祖，在日弘揚 臨濟禪，與律僧 月翁智鏡為舊 識，建長寺開山 祖，日本大應國 師南浦紹明曾為 其徒	臨濟宗楊岐派 密菴門下松源 嗣無明慧性法 嗣	《大覺禪帥（蘭溪道隆）像》二 幅、〈達磨圖贊〉
簡翁居敬 （ 南 宋 末）				臨濟宗楊岐派 曹源派癡絕道 沖（或無準） 法嗣	〈傳牧谿撫搜布袋圖贊〉〈圖贊 異紙〉*、〈蜆子和尚圖贊〉、〈杜 子美圖贊〉
若芬玉澗 *（ 南 宋 末 － 元 初）	不詳			天台宗，非禪 僧	《廬山圖》並《瀑布圖》（同屬 《廬山瀑布圖》斷簡）並贊、〈山 市晴嵐圖〉並贊、〈遠浦歸帆圖〉 並贊、〈洞庭秋月圖〉並贊（三 幅為《瀟湘八景圖》斷簡、〈山 水圖〉並贊、〈蘭圖〉*、〈山水 圖〉*

341

無學祖元 （1226— 1286）	浙江	1280 年渡 日	臨濟宗佛光派開 山祖，建長寺住 持兼 圓覺寺住 持，鞏固日本臨 濟禪之基礎	臨濟宗楊岐派 破菴嗣無準師 範法嗣	《佛光國師（無學祖元）像》、 《白樂天像贊》、〈六祖圖贊〉
牧谿法常 （？— 1270 年以 後，1293 年 以 前 卒）	蜀（四川） 人		畫作在日本甚受 重	臨濟宗楊岐派 破菴派無準師 範法嗣，曾住 六通寺，後六 通寺僧多為其 嗣，善畫	《猿圖》、《鶴圖》、《觀音圖》、 《蜆子和尚圖》、《老子圖》、 《羅漢圖》*、《芙蓉圖》*、《六 柿圖》*、瀟湘八景之《遠浦歸帆 圖》*、瀟湘八景之《漁村夕照》 *、《寒山拾得豐干圖》*、《虎 圖》*、《龍圖》*、《叭叭鳥圖》 多幀*、《蔬果圖》多幀*、餘繁 不及備載
高峰原妙 （1238— 1295）	吳江徐氏 （江蘇）			臨濟宗楊岐派 破菴派下雪巖 祖欽法嗣	《牧童圖贊》*
愚極智慧 （ ？ — 1300 ， 1297 年以 降住淨慈 寺，年 80 餘）				臨濟宗楊岐派 破菴嗣石田法 薰法嗣，根據 日人所編《緇 苑殘芳》，曾 替牧谿作入陣 法語	〈題傳牧谿雪峰玄沙問答圖〉、 〈傳牧谿馬祖龐居士問答圖贊〉
虎巖淨伏 （ ？ — 1303）	淮 安 人 （江蘇）		日僧明極梵俊為 其法嗣	臨濟宗楊岐派 松源門下虛舟 普度法嗣	〈寒山圖贊〉、〈拾得圖贊〉
鏡堂覺圓 （1244— 1306）	西蜀（四 川）	1279 年隨 無學祖元 渡日	住日本圓覺、建 長、建仁等寺	臨濟宗楊岐派 無準嗣環溪惟 一法嗣	〈猿猴圖贊〉
東叟元愷 （南宋末 至元初）	不詳			臨濟宗楊岐派 大慧派拙菴下 大川普濟法嗣	〈傳牧谿朝陽圖贊〉
靈外雲岫 *（1242— 1324）	明州（浙 江）昌國 人		多收日僧為徒， 如東陵永璵為其 嗣，墨跡亦多	曹洞宗直翁智門 下東谷光嗣直 翁德舉法嗣	〈正悟筆白衣觀音圖贊〉、〈傳 因陀羅筆蘆葉達磨圖贊〉
一山一寧 （1247— 1317）	台州（浙 江）	1299 年以 元使身分 渡日	臨濟宗一山派開 山祖，建長寺住 持，後住南禪 寺，在京都弘揚 宋朝禪	臨濟宗楊岐派 密菴門下寒巖 嗣頑極行彌法 嗣	〈達磨圖贊〉、〈傳李堯夫蘆葉 達磨圖贊〉、〈蘆葉達磨圖贊〉、 〈傳思堪筆平沙落雁圖贊〉（里 見家藏）、〈蘆雁圖贊〉兩幅、 〈白衣觀音圖贊〉、〈蓮舟觀音

					〈圖讚〉、〈寒山圖讚〉、〈牧牛圖讚〉
西礀子曇 （1249－ 1306）	浙江台州	1271年應招渡日，後歸，1299年又隨一山一寧渡日	初渡日時侍東福寺圓爾與建長寺蘭溪道隆，再渡日後住鎌倉圓覺寺和建長寺	臨濟宗楊岐派松源派運庵普巖嗣石帆惟衍法嗣	〈六代祖師圖讚〉
中峰明本 （1263－ 1323）	杭州錢塘人（浙江）		墨跡在日甚受重，日僧瞭庵明聰、義南、無隱元晦、古先印元，復庵宗己、業海本淨、明叟齊哲、遠溪祖雄、宗日等爲嗣	臨濟宗楊岐派破菴派無準門下，高峰原妙法嗣，一生不住官寺，稱爲幻住，與趙子昂相善	〈絕際永中筆白衣觀音圖讚〉、〈觀音圖讚〉、〈一庵筆中峰明本像讚〉、〈中峰明本像讚〉、〈廣演讚中峰明本像〉、〈蘆葉達磨圖讚〉*、〈傳管道昇魚籃觀音像讚〉*、《中峰廣錄》卷10〈跋梁楷畫妙峰禪師四鬼夜移圖〉、〈出山釋迦圖讚〉*、〈傳牧谿筆杭巖嗣良書觀音圖讚〉
絕際永中 （元初與中峰明本同時）	以吳中姑蘇爲活動地點			可能是臨濟宗楊岐派破菴派高峰妙原禪師法嗣，與中峰明本爲師兄弟，一生以出版爲務，亦稱幻住	中峰明本讚〈白衣觀音圖〉
蘿窗（元人與牧谿接近）	不詳			居六通寺，與牧谿畫意相當，元人詩文集中有題畫詩	《竹雞圖》並讚、傳蘿窗《蓮鷺圖》*、傳蘿窗《寒山圖》*
平石如砥 （1268－ 1357）	不詳			臨濟宗楊岐派密菴門無準門下東巖淨日法嗣	〈白衣觀音圖讚〉、〈四睡圖讚〉、〈傳默庵筆布袋圖讚〉、〈默庵筆白衣觀音圖讚〉
清拙正澄 （1274－ 1339）	福州人（福建）	1326年渡日	臨濟宗大鑑派開山祖，住建長寺、淨智寺、圓覺寺、建仁寺、南禪寺等，並爲開善寺開山，多教化武士，作《大鑑清規》，整頓	臨濟宗楊岐派密菴門下石田法薰嗣愚極智慧法嗣	〈政黃牛圖讚〉、〈馬祖龐居士問答圖〉、〈聖僧文殊圖讚〉、〈岩竹圖讚〉

			日本禪林規矩		
橫陽悟逸（宋末元初？－1335年以後歿）	福州懷安聶氏子（福建）			臨濟宗楊岐派無準嗣絕岸可湘（一說愚極智慧）法嗣，永覺元賢《繼燈錄》有傳	〈五祖荷鐵圖贊〉
玉黔思珉（？－1310－1332年間住杭州保福寺－1337卒）					〈傳牧谿對月圖贊〉
月江正印（？－1333年以降住四明阿育王寺－1340年尚在世）	福州連江人，清拙正澄之兄			臨濟宗楊岐派松源門下虎岩淨伏法嗣	〈默庵筆布袋圖贊〉、〈傳因陀羅寒山拾得圖贊〉、〈德聰禪師像贊〉
曇芳守忠（1275－1348）	南康（江西）都昌黃氏			臨濟宗楊岐派大慧派北磵系玉山德珍法嗣	〈十八羅漢圖贊〉
雪窗普明（？－1349年尚在世）	松江曹氏子（江蘇）			臨濟宗楊岐派大慧派北磵系晦機元照法嗣，《圖繪寶鑑》有小傳	〈光風轉蕙圖〉、〈蘭竹圖〉、〈懸崖雙清圖〉、〈懸崖幽芳圖〉、另古今著錄畫蘭多幅
華國子文（？－1351年）				臨濟宗楊岐派松源派竺西懷坦法嗣	〈四睡圖贊〉
鏡堂思古（1328年前後）			遣元致和元年（1328）予日僧鐵牛景印偈	臨濟宗楊岐派虎丘派破庵系方山文寶法嗣	〈傳牧谿蘆雁圖贊〉
千巖元長（？－1357年）	越蕭山董氏（浙江）		收大拙祖能、碧巖聚榮等日僧為徒	臨濟宗楊岐派中峰明本法嗣	顧善之筆《千巖元長像》並自贊

雪庵（諱溥光、字玄揮，賜號玄悟大師）傳見《書史會要》，能書，後因元文宗命還俗爲昭文館大學士，不甚清楚	山西省大同李氏				〈羅漢圖冊並贊〉
平山處林（1279—1361；1341—67年住淨慈寺）	杭州仁和（浙江）			臨濟宗楊岐派破菴下無準門下及庵宗信法嗣	〈傳高然暉放犢圖贊〉、〈傳高然暉寒林歸樵圖贊〉
子庭祖柏（1284—1353）	四明鄞縣人（浙江）南宋史浩子孫			禪僧，宗派未詳，但與其相善者多爲楊岐派僧人	《石菖蒲圖》並題、《枯木圖》雙幅
了庵清欲（1288—1363）	台之海臨人（浙江？），世居大雄山		號南堂遺老，著名詩僧，曾有多位入宋日僧參之，寂瑤爲其法嗣	臨濟宗楊岐派松源門下古林清茂法嗣	〈蘆葉達磨圖贊〉、〈默庵筆布袋圖贊〉
大千惠照（1289—1373）				臨濟宗楊岐派松源派虛堂智愚嗣東嶼德海法嗣	〈寒山圖贊〉
楚石梵琦（1296—1370）	明州象山人（浙江）			臨濟宗楊岐派大慧派妙峰之善門下元叟行端法嗣	〈因陀羅布袋圖（《禪機圖》斷卷）贊〉、同〈李渤參智常圖（《禪機圖》斷卷）贊〉、同〈寒山拾得圖（《禪機圖》斷卷）贊〉、同〈丹霞燒佛圖（《禪機圖》斷簡）贊〉、同〈智常禪師圖（《禪機圖》斷簡）贊〉、同〈蕭王問答圖（《禪機圖》斷簡）贊〉、〈傳因陀羅閻王參雪峰圖贊〉、〈傳因陀羅五祖再來圖贊〉、《古

四、閭丘胤之〈寒山子詩集序〉

唐朝議大夫使持節台州諸軍事守刺史上柱國賜緋魚袋閭丘胤撰

詳夫寒山子者。不知何許人也。自古老見之。皆謂貧人風狂之士。隱居天台唐興縣七十里。號為寒巖。時來國清寺。寺有拾得。知食堂。尋常收貯殘飯菜滓於竹筒內。寒山若來。即負之而去。或長廊徐行。叫喚快活。獨言獨笑。時僧捉罵打趁。乃駐立撫掌。呵呵大笑。良久而去。且狀如貧子。形貌枯悴。一言一偈。理合其意。沈而思之。隱況道情。凡所啟言。洞該玄默。乃樺皮為冠。布裘破弊。木屐履地。是故至人遯迹。同類化物。或長廊唱詠。唯言咄哉咄哉。三界輪迴。或於村墅與牧牛子而歌笑。或逆或順。自樂其性。非哲者安可識之矣。胤頃受丹丘薄宦。臨途之日。乃縈頭痛。遂召日者。醫治轉重。乃遇一禪師名豐干。言從天台山國清寺來。特此相訪。乃命救疾。師乃舒容而笑曰。身居四大。病從幻生。若欲除之。應須淨水。時乃持淨水上師。師乃噀之。須臾祛殄。乃謂胤曰。台州海島嵐毒。到日必須保護。胤乃問曰。未審彼地當有何賢。堪為師仰。師曰。見之不識。識之不見。若欲見之。不得取相。乃可見之。寒山文殊。遯迹國清。拾得普賢。狀如貧子。又似風狂。或去或來。在國清寺庫院走使。廚中著火。言訖辭去。胤乃進途。至任台州。不忘其事。到任三日後。親往寺院。躬問禪宿。果合師言。乃令勘唐興縣有寒山拾得是否。時縣申稱當縣界西七十里。內有一巖。巖中古老見有貧士。頻往國清寺止宿。寺庫中有一行者。名曰拾得。胤乃特往禮拜。到國清寺。乃問寺眾。此寺先有豐干禪師。院在何處。并拾得寒山子。現在何處。時僧道翹答曰。豐干禪師院在經藏後。即今無人住得。每有一虎。時來此吼。寒山拾得二

人現在廚中。僧引胤至豐干禪師院。乃開房唯見虎迹。乃問僧寶德道翹。禪師在日。有何行業。僧曰。豐干在日。唯攻舂米供養。夜乃唱歌自樂。遂至廚中竈前。見二人向火大笑。胤便禮拜。二人連聲喝胤。自相把手。呵呵大笑。叫喚乃云。豐干饒舌饒舌。彌陀不識。禮我何為。僧徒奔集。遞相驚訝。何故。尊官。禮二貧士。時二人乃把手走出寺。乃令逐之。急走而去。即歸寒巖。胤乃重問僧曰。此二人肯止此寺否。乃令覓訪。喚歸寺安置。胤乃歸郡。遂製淨衣二對。香藥等。持送供養。時二人更不返寺。使乃就巖送上。而見寒山子乃高聲喝曰賊賊。退入巖穴。乃云報汝諸人各各努力。入穴而去。其穴自合。莫可追之。其拾得迹沈無所。乃令僧道翹尋其往日行狀。唯於竹木石壁書詩。并村墅人家廳壁上所書文句。三百餘首。及拾得於土地堂壁上書言偈。並篡集成卷。胤棲心佛理。幸逢道人。乃為讚曰。

菩薩遯迹	示同貧士	獨居寒山	自樂其志
貌悴形枯	布裘弊止	出言成章	諦實至理
凡人不測	謂風狂子	時來天台	入國清寺
徐步長廊	呵呵撫指	或走或立	喃喃獨語
所食廚中	殘飯菜滓	吟偈悲哀	僧俗咄捶
都不動搖	時人自恥	作用自在	凡愚難值
即出一言	頓袪塵累	是故國清	圖寫儀軌
永劫供養	長為弟子	昔居寒山	時來 地
稽首文殊	寒山之士	南無普賢	拾得定是
聊申讚歎	願超生死		

轉錄自：《合訂天台三聖二和詩集》閭丘胤：〈寒山子詩集序〉（CBETA 2019.Q2, B14, no. 87, pp. 733a11-734b3）

五、《太平廣記》五十五卷〈仙傳拾遺〉，〈寒山子〉則

寒山子者，不知其名氏。大曆中，隱居天台翠屏山。其山深邃，當暑有雪，亦名寒巖，因自號寒山子。好為詩，每得一篇一句。輒題於樹間石上。有好事者，隨而錄之。凡三百餘首。多述山林幽隱之興，或譏諷時態，能警勵流俗。桐柏徵君徐靈府。序而集之，分為三卷，行於人間。十餘年忽不復見。咸通十二年，毘陵道士李褐，性褊急，好凌侮人。忽有貧士詣褐乞食，褐不之與，加以叱責。貧者唯唯而去。數日，有白馬從白衣者六七人詣褐，褐禮接之。因問褐曰：「頗相記乎。褐視其狀貌，乃前之貧士也。逡巡欲謝之，慚未發言。忽語褐曰：「子修道未知其門，而好凌人侮俗，何道可冀。子頗知有寒山子邪。答曰：「知。」曰：「即吾是矣。吾始謂汝可教，今不可也。修生之道，除嗜去欲，嗇神抱和，所以無累也；內抑其心，外檢其身，所以無過也；先人後己，知柔守謙，所以安身也；善推於人，不善歸諸身，所以積德也。功不在大。立之無怠，過不在大，去而不貳，所以積功也。然後內行充而外丹至。可以冀道於髣髴耳。子之三毒未剪，以冠簪為飾，可謂虎豹之鞹，而犬豕之質也。」出門乘馬而去，竟不復見。

轉錄自：《太平廣記》五十五卷〈仙傳拾遺〉。

六、《宋高僧傳》卷19，〈唐天台山封干師傳（木漬師寒山拾得）〉

釋封干師者。本居天台山國清寺也。剪髮齊眉布裘擁質。身量可七尺餘。人或借問。止對曰隨時二字而已更無他語。樂獨春穀。役同城旦。應副齋炊。嘗乘虎直入松門。眾僧驚懼。口唱唱道歌。時眾方皆崇重。及終後於先天年中在京兆行化。非恒人之

常調。士庶見之無不傾禮。以其躡萬迴師之後。微亦相類。風狂之相過之。言則多中。先是國清寺僧厨中有二苦行。曰寒山子。曰拾得。多於僧厨執爨。爨訖二人晤語。潛聽者多不體解。亦甚顛狂紀合相親。蓋同類相求耳。時閭丘胤出牧丹丘。將議巾車。苦頭疼羌甚。醫工寡効。邂逅干造云。某自天台來謁使君。且告之患。干曰。君何慮乎。便索淨器吮水噴之。斯須覺體中頗佳。閭丘異之。乃請干一言定此行之吉凶。曰到任記謁文殊。閭丘曰。此菩薩何在。曰國清寺厨執爨洗器者是。及入山寺。問曰。此寺曾有封干禪師。曰有。院在何所。寒山拾得復是何人。時僧道翹對曰。封干舊院即經藏後。今闃無人。止有虎豹。時來此哮吼耳。寒拾二人見在僧厨執役。閭丘入干房。唯見虎跡縱橫。又問干在此有何行業。曰唯事舂穀供僧粥食。夜則唱歌諷誦不輟。如是再三歎嗟。乃入厨見二人燒柴木有圍爐之狀。閭丘拜之。二人連聲咄[3]吒。後執閭丘手褻之若嬰孺呵呵不已。行曰封干饒舌。自此二人相携手出松門。更不復入寺焉。干又嘗入五臺巡禮。逢一老翁。問曰。莫是文殊否。翁曰。豈可有二文殊。干禮之未起。恍然失之。

次有木㵎師者。多遊京邑市鄽間。亦類封干。人莫輕測。封豐二字出沒不同。韋述吏官作封疆之封。閭丘序三賢作豐稔之豐。未知孰是。

寒山子者。世謂為貧子。風狂之士弗可恆度推之。隱天台始豐縣西七十里。號為寒暗二巖。每於寒巖幽窟中居之。以為定止。時來國清寺有拾得者。寺僧令知食堂。恒時收拾眾僧殘食菜滓。斷巨竹為筒。投藏于內。若寒山子來即負而去。或廊下徐行。或時叫噪凌人。或望空曼罵。寺僧不耐以杖逼逐。翻身撫掌呵呵徐退。然其布襦零落面貌枯瘁。以樺皮為冠。曳大木屐。或發辭氣宛有所歸歸于佛理。初閭丘入寺訪問寒山。沙門道翹對

曰。此人狂病。本居寒巖間。好吟詞偈言語不常。或臧或否終不可知。與寺行者拾得以為交友。相聚言說不可詳悉。寺僧見太守拜之。驚曰。大官何禮風狂夫耶。二人連臂笑傲出寺。閭丘復往寒巖謁問。并送衣裳藥物。而高聲倡言曰。賊我賊退。便身縮入巖石穴縫中。復曰。報汝諸人各各努力。其石穴縫泯然而合杳無蹤跡。乃令僧道翹尋共遺物。唯於林間綴葉書詞頌。并村墅人家屋壁所抄錄得二百餘首。今編成一集人多諷誦。後曹山寂禪師注解。謂之對寒山子詩。以其本無氏族越民唯呼為寒山子。至有庭際何所有。白雲抱幽石句。歷然雅體。今巖下有石亭亭而立。號幽石焉。

拾得者。封干禪師先是偶山行至赤城道側。仍聞兒啼遂尋之見一子可數歲已來。初謂牧牛之豎。委問端倪云。無舍孤棄于此。封干携至國清寺付與典座僧。或人來認必可還之。後沙門靈熠攝受之令知食堂香燈。忽於一日見其登座與像對槃而飡。復呼憍陳如曰小果聲聞。傍若無人執筯大笑。僧乃驅之。靈熠咨尊宿等罷其堂任。且令厨內滌器。洗濯纔畢澄濾食滓。以筒盛之。寒山來必負而去。又護伽藍神廟每日僧厨下食。為烏鳥所取狼藉。拾得以杖扑土偶三二下罵曰。汝食不能護。安護伽藍乎。是夕神附夢與闔寺僧曰。拾得打我。明日諸僧說夢符同。一寺紛然始知非常人也。時牒申州縣。郡符下云。賢士隱遁菩薩應身。宜用旌之。號拾得為賢士。又於寺莊牧牛。歌詠呼天。當其寺僧布薩時。拾得驅牛至僧集堂前倚門撫掌。大笑曰。悠悠者聚頭。時持律首座咄曰。風人何以喧礙說戒。拾得曰。我不放牛也。此群牛者多是此寺知僧事人也。拾得各呼亡僧法號。牛各應聲而過。舉眾錯愕。咸思改往修來感菩薩垂跡度脫。時道翹纂錄寒山文句。於寺土地神廟壁。見拾得偈詞。附寒山集中。

系曰。按封干先天中遊遨京室。知閭丘寒山拾得俱睿宗朝人

也。奈何宣師高僧傳中閭丘武臣也。是唐初人。閭丘序記三人不言年代使人悶焉。復賜緋乃文資也。夫如是乃有二同姓名閭丘也。又大溈祐公於憲宗朝遇寒山子指其泐潭。仍逢拾得於國清。知三人是唐季葉時猶存。夫封干也天台沒而京兆出。寒拾也先天在而元和逢。為年壽彌長耶。為隱顯不恒耶。易象有之。小狐汔濟。其此之謂乎。

轉錄自：《宋高僧傳》卷19，〈唐天台山封干師傳（木槵師寒山子拾得）〉（CBETA 2019.Q2, T50, no. 2061, pp. 831b3-832b9）

七、《景德傳燈錄》卷27

天台豐干禪師者。不知何許人也。居天台山國清寺。剪髮齊眉衣布裘。人或問佛理。止答隨時二字。嘗誦唱道歌乘虎入松門。眾僧驚畏。本寺廚中有二苦行。曰寒山子拾得。二人執爨終日晤語。潛聽者都不體解。時謂風狂子。獨與師相親。一日寒山問。古鏡不磨如何照燭。師曰。冰壺無影像猨猴探水月。曰此是不照燭也更請師道。師曰。萬德不將來教我道什麼。寒拾俱禮拜。師尋獨入五臺山巡禮。逢一老翁師問。莫是文殊否。曰豈可有二文殊。師作禮未起忽然不見（趙州沙彌舉似和尚。趙州代豐干云。文殊文殊）後迴天台山示滅。初閭丘公胤出牧丹丘將議巾車。忽患頭疼醫莫能愈。師造之曰。貧道自天台來謁使君。閭丘且告之病。師乃索淨器呪水噴之斯須立瘥。閭丘異之。乞一言示此去安危之兆。師曰。到任記謁文殊普賢。曰此二菩薩何在。師曰。國清寺執爨洗器者寒山拾得是也。閭丘拜辭。方行尋至山寺。問此寺有豐干禪師否。寒山拾得復是何人。時有僧道翹對曰。豐干舊院在經藏後今闃無人矣。寒拾二人見在僧廚執役。閭丘入師房唯見虎迹。復問道翹。豐干在此作何行業。翹曰。唯事

舂穀供僧閑則諷詠。乃入厨尋訪寒拾。如下章敘之。

天台寒山子者本無氏族。始豐縣西七十里有寒明二巖。以其於寒巖中居止得名也。容貌枯悴布襦零落。以樺皮為冠。曳大木履時來國清寺就拾得取眾僧殘食菜滓食之。或廊下徐行。或時叫噪望空慢罵。寺僧以杖逼逐。翻身拊掌大笑而去。雖出言如狂而有意趣。一日豐干告之曰。汝與我遊五臺即我同流若不與我去非我同流。曰我不去。豐干曰。汝不是我同流。寒山却問。汝去五臺作什麼。豐干曰。我去禮文殊。曰汝不是我同流。暨豐干滅後。閭丘公入山訪之。見寒拾二人圍鑪語笑。閭丘不覺致拜。二人連聲咄叱。寺僧驚愕曰。大官何拜風狂漢耶。寒山復執閭丘手笑而言曰。豐干饒舌。久而放之。自此寒拾相携出松門更不復入寺。閭丘又至寒巖禮謁。送衣服藥物。二士高聲喝之曰。賊賊便縮身入巖石縫中。唯曰。報汝諸人各各努力。其石縫忽然而合。閭丘哀慕令僧道翹尋其遺物。於林間得葉上所書辭頌。及題村墅人家屋壁。共三百餘首傳布人間。曹山本寂禪師注釋謂之對寒山子詩。

天台拾得者不言名氏。因豐干禪師山中經行。至赤城道側聞兒啼聲遂尋之見一子可數歲。初謂牧牛子。及問之云。孤棄于此。豐干乃名為拾得。携至國清寺。付典座僧曰。或人來認必可還之。後沙門靈熠攝受令知食堂香燈。忽一日輒爾登座與佛像對盤而餐。復於憍陳如上座塑形前呼曰。小果聲聞僧驅之。靈熠忿然告尊宿等罷其所主。令厨內滌器。常日齋畢澄濾食滓以筒盛之。寒山來即負之而去。一日掃地。寺主問。汝名拾得。豐干拾得汝歸。汝畢竟姓箇什麼在何處住。拾得放下掃箒叉手而立。寺主罔測。寒山搥胸云。蒼天蒼天。拾得却問。汝作什麼。曰豈不

見道。東家人死西家助哀。二人作舞哭笑而出。有護伽藍神廟。
每日僧廚下食為鳥所有。拾得以杖抶之曰。汝食不能護。安能護
伽藍乎。此夕神附夢于合寺僧曰。拾得打我。詰旦諸僧說夢符
同。一寺紛然牒申州縣。郡符至云。賢士隱遁菩薩應身宜用旌
之。號拾得為賢士（隱石而逝見寒山章）時道翹纂錄寒山文句。
以拾得偈附之。今略錄數篇。見別卷。

　　〈轉錄自：《景德傳燈錄》卷27，〈禪門達者雖不出世有
名於時者一十人〉（CBETA 2019.Q2, T51, no. 2076, pp. 433b11-
434a18）

八、《天台山國清禪寺三隱集》釋志南序〈天台山國清禪寺三隱集記〉

　　豐干禪師。唐貞觀初。居天台國清寺。〈衣布裘。人或問佛
理。止答隨時二字。常唱道。乘虎出入。眾僧驚畏。無誰語。有
寒山子。拾得者。亦不知其氏族。時謂風狂子。獨與師相親。
寒居止唐興縣西七十里寒巖。以是得名。拾因師至赤城道側。
聞兒啼聲。問之。云孤棄於此。乃名拾得。攜至寺。付庫院。
後庫僧靈熠。令知食堂香燈。忽登座。與佛像對盤而餐。復於聖
僧前。呼曰小果。熠告尊宿等易令廚內滌器。常日齋畢。澄濾殘
食菜滓。以筒盛之。寒來即負之而去。寒容貌枯悴。布襦零落。
以樺皮為冠。曳大木屐。時至寺。或廊下徐行。或廚內執爨。或
混處童牧。或時叫噪。望空嫚罵。或云咄哉咄哉。三界輪迴。僧
以杖逼逐。即撫掌大笑。一日問師。古鏡不磨。如何照燭。曰冰
壺無影像。獼猴探水月。曰此是不照燭也。更請師道。曰萬德不
將來。教我道什麼。寒拾俱作禮。師謂寒曰。汝與我遊五臺。即
我同流。若不與我去。非我同流。曰我不去。師曰。汝不是我同
流。寒問汝去五臺作什麼。曰我去禮文殊。曰汝不是我同流。師

尋獨入五臺。逢一老翁。問。莫是文殊否。曰豈有二文殊。及作
禮。忽不見。後回天台而化。寒因眾僧炙茄。以茄串打僧背一
下。僧回首。寒持串云。是什麼。僧云這風顛漢。寒示傍僧曰。
你道這箇師僧。費卻多少鹽醬。趙州到天台。行見牛迹。寒曰上
座還識牛麼。此是五百羅漢遊山。州曰既是羅漢。為什麼作牛
去。寒曰蒼天蒼天。州呵呵大笑。寒曰笑作什麼。州曰蒼天蒼
天。寒曰這小廝兒。卻有大人之作。溈山來寺受戒。與拾往松
門。夾道作虎吼三聲。溈無對。寒曰自從靈山一別。迄至于今。
還相記麼。溈亦無對。拾拈拄杖曰。老兄喚這箇作什麼。溈又無
對。寒曰休休。不用問他。自從別後。已三生作國王來。總忘卻
也。拾掃地。寺主問姓箇什麼。住在何處。拾置箒叉手而立。主
罔測。寒搥胸曰蒼天蒼天。拾問汝作什麼。寒曰豈不見道東家人
死。西家助哀因作舞。笑哭而出。又於莊舍牧牛。歌詠叫天。曰
我有一珠。埋在陰中。無人別者。眾僧說戒。拾驅牛至。倚門撫
掌微笑曰。悠悠哉。聚頭作。相這箇如何。僧怒呵云。下人風
狂。破我說戒。拾笑曰。無嗔即是戒。心淨即出家。我性與汝
合。一切法無差。驅牛出。乃呼前世僧名。牛即應聲而過。復曰
前生不持戒。人面而畜心。汝今招此咎。怨恨於何人。佛力雖然
大。汝辜於佛恩。護伽藍神。僧廚下食每每為鳥所耗。拾杖扶
之。曰汝食不能護。安能護伽藍乎。神附夢于合寺僧曰。拾得打
我。詰旦說夢一一無差。視神像果有所損。驚異。牒申郡縣。郡
謂賢士遯迹菩薩應身。號拾得賢士。初閭丘胤將牧丹丘。頭疾醫
莫能愈。遇禪師名豐干。言自天台來謁使君。告之病。師曰身居
四大。病從幻生。若欲除之。應須淨水。索器呪水。噀之立愈。
閭丘異之。乞言示此去安危之兆。師曰記謁文殊普賢。此二菩
薩。見之不識。識之不見。若欲見之。不得取相。國清寺執爨滌
器。寒山拾得是也。閭丘到任三日。至國清。問此寺有豐干禪師

否。寒山拾得。復是何人。僧道翹對曰。豐干舊址。在經藏後。今聞無人矣。寒山拾得尚處僧廚。閭丘入師房。止見虎迹。復問在此作何行業。翹曰唯事舂碓供僧。閒則諷詠。入廚尋訪寒拾。見於竈前向火。撫掌大笑。閭丘致拜。二人連聲呵叱。執手復大笑曰。豐干饒舌饒舌。彌陀不識。禮我何為。相攜出松門。自此不復入寺。閭丘歸郡。送淨衣香藥到巖。寒高聲喝曰賊賊。遂入巖石縫中。且曰報汝諸人。各各努力。石縫忽合。後有僧采薪南峰。距寺東南二里。遇一梵僧。持錫入巖。挑鎖子骨。曰取拾得舍利。乃知入滅于此。因號巖為拾得。閭丘俾道翹尋訪遺迹。於林間葉上。得寒所書辭頌。及村墅人家。三百餘首。拾亦有詩數十首。題石壁間云。按舊序。二人呵叱。自執手大笑。閭丘歸郡。遣送衣藥。與夫挑鎖子骨等語。乃知寒山不執閭丘手。閭丘未嘗至寒巖。拾得亦出寺門二里許入滅。今傳燈所錄誤矣。因筆及此。以俟百世君子。淳熙十六年。歲次己酉。孟春十有九日。住山禹穴沙門志南謹記。

　　轉錄自：《合訂天台三聖二和詩集》（CBETA 2019.Q2, B14, no. 87, pp. 734b4-736a7）

九、〈朱晦庵與南老帖〉（索寒山子詩）

　　五月十三日熹悚息啟上：久不聞動靜，使至特辱惠書，獲審比日住山安隱為慰。天臺之勝，夙所願游。往歲僅得一過山下，而以方有公事，不能登覽，每以為恨。今又聞故人掛錫其間，想見行住坐臥，不離水聲山色之中，尤以不得往同此樂為念也。新詩見寄，筆勢超精，又非往時所見之比。但稱說之過，不敢當耳。二刻亦佳作也，但攙行奪市，恐不免失故步耳。寒山子詩彼中有好本否？如未有，能為讎校刊刻，令字畫稍大，便於觀覽，亦佳也。

寄惠黃精筍乾紫菜多品，尤荷厚意。偶得安樂茶，分去廿餅，幷雜碑刻及唐詩三冊，謾附回使，幸覘至。相望千里，無由會面，臨書馳情，千萬自愛，不宣。熹悚息啟上國清南公禪師方丈。

熹再啟：清眾各安佳，兒輩附問，黃婿歸三山已久，時得書也。〈出師表〉未暇寫，俟寫得轉寄去未晚也。寒山詩刻成幸早見寄，有便足附至臨安趙節推廳，托其尋便，必無不達。渠黃巖人也。熹再啟。

轉錄自：〔日〕白隱慧鶴，《寒山詩闡提記聞》，德川幕府延享（えんきょう）三年（1750）版，卷三，pp.22-23。

十、〔明〕《正統道藏》第114冊，《洞真部方法類》卷中〈玉清金笥青華秘文金寶內錬丹訣〉

余初未達此理，後到此田地，始信師言之不我欺也。今以師不言之者，並言之。夫五行之用，不可缺一，故綿綿若存之頃，脾氣與胃氣相接而歸於心縷；肝氣與膽氣相接，後大小腸接於腎縷；肺氣伏心氣而通於鼻。是氣也，皆靜定之餘，元氣周流，自東而西，自南而北之氣也。西南乃氣之會也，氣合而歸于此，卻自夾脊直透上中丹田，而降於腎腑。兩腎中間，有治命橋一帶，故『寒山子』曰上有接神窟，橫安治命橋者，此也，氣降至于此，陽氣與精氣盛而上衝，與此氣相接於一，則固圍於鼎器之外，日用之則日增。經營之力，故鄞鄂之成肇，於此也。忽然有一物，超然而出，不內不外，金丹之事，不言可知矣！一半玄之又玄，一半者何也？曰：金丹之士，到此則一半矣。超然而出者，乃玄關一竅也。其大無外，其小無內，有形之中也，無形之中也，先就有形之中尋無形之中，乃因命而見性也；就無形之中尋有形之中，乃因性而見命也。先性固難，先命則有下手處，譬

之萬里雖遠有路耳。先性則如水中捉月，然及其成功一也。先性
者或又有勝焉！彼以性制命，我以命制性，故也未容輕議，用力
不得到者，知其然也。未見不必存之以有，恐至著相。或又曰：
子畫圖中多有竅，何也？曰：斯竅也，非採取交會圖中之竅也。
蓋一陰一陽之謂道，往來不可窮，用之則充塞于一身之中。此物
之作用，不用則歸藏於心田之側，了無形像，然則何物耳？回意
之主耳，左屬陽，右屬陰，秘秘秘秘，到這裏方是返太極處。日
返太易者自太極，返太極者自太和，致太和者自陰陽始，故曰陰
陽和而風雨時，嘉禾生者，譬之若此。大衍五十，天數一，地數
二，天三地四，天五地六，天七地八，天九地十，陽奇陰耦。天
數二十五，地數三十，合而為五十有五。大衍之數，五十去五，
以象五行者，後之鼎內外是也。又就其中尅一，象太極之不動，
其用四十有九。又就其中尅一，以為鄞鄂，其用四十有八。學人
行爐鼎用火之法，以四卦為主，以六十卦為用，存乾坤坎離也。
又以大衍圖求其象，則循環之理明矣！周天之法泄矣！如或未
明，更請看爐鼎圖論云。（卷中第十一，p.0011。）

十一、〔清〕《欽定四庫全書》，北宋真宗天禧年間張君房撰，《雲笈七籤》卷七十三〈大還心鏡〉[1]

〈寒山子至訣〉云：但悟鉛真，藥必自神；但記汞正，藥如
自聖。修之合聖，天地同慶；得因師傳，為道之經。所以古之
聖人，不直言之，托之《周易》，寄之五行，合之符契，真仙
之理，莫若大丹之神歟！大凡人間之大丹，疑誤萬端，有智者了
解，用之一神，所以秘易成難，貴道不可輕也。昔三聖遺言，著

---

[1] 參見：〔清〕《欽定四庫全書》，北宋真宗天禧年間張君房撰，《雲笈七籤》卷七十三〈大還心鏡〉，p.416。

之金簡，名曰《參同契》，世皆寫之，悟無一二。得其理者，未敢造，明其事者猶豫因循，疑來，倏忽而邁，榮華閃目，金玉縈心，財色介懷，百年空棄，長生之道，罕有留心，不知為色欲勞神，光陰侵歲，以此之故，遞有多疑。或至人述以遠近之丹，愚者便說秦皇漢武。秦皇即口是心非，貪情肆欲，漢武乃雖慕玄境，心在色情，何得而長生不死？何不言黃帝與上古人乎？黃帝傳玄女還丹之術，言補金汞於丹田。後人不訣，真宗誤入御女之道。豈太上仙女，必無對心說傳色之心？愚者感之，仿於萬古，其歌訣書在《金丹論》中者，得可明矣。

國家圖書館出版品預行編目

因陀羅禪畫的研究：以寒山拾得繪畫為核心 /
蘇原裕著. -- 臺北市：致出版, 2020.11
　面；　公分
ISBN 978-986-5573-01-0(平裝)

1.禪宗 2.佛教藝術

226.6　　　　　　　　　　　109017702

因陀羅禪畫的研究
──以寒山拾得繪畫為核心

作　　者／蘇原裕
出版策劃／致出版
製作銷售／秀威資訊科技股份有限公司
　　　　　114 台北市內湖區瑞光路76巷69號2樓
　　　　　電話：+886-2-2796-3638
　　　　　傳真：+886-2-2796-1377
網路訂購／秀威書店：https://store.showwe.tw
　　　　　博客來網路書店：http://www.books.com.tw
　　　　　三民網路書店：http://www.m.sanmin.com.tw
　　　　　金石堂網路書店：http://www.kingstone.com.tw
　　　　　讀冊生活：http://www.taaze.tw

出版日期／2020年11月　　定價／450元

致 出 版　　　　　　　　向出版者致敬